本书受教育部哲学社会科学重大课题攻关项目“‘一带一路’沿线国家汉语教育比较研究”（项目号20JZD044）资助

汉语本科教育研究（第二辑）

张 浩◎主编

HANYU BENKE JIAOYU YANJIU

时事出版社
北京

图书在版编目（CIP）数据

汉语本科教育研究．第二辑/张浩主编．—北京：时事出版社，2021.1

ISBN 978-7-5195-0409-0

Ⅰ.①汉…　Ⅱ.①张…　Ⅲ.①汉语—对外汉语教学—文集　Ⅳ.①H195.3-53

中国版本图书馆 CIP 数据核字（2020）第 261084 号

出 版 发 行：时事出版社
地　　　址：北京市海淀区万寿寺甲 2 号
邮　　　编：100081
发 行 热 线：（010）88547590　88547591
读者服务部：（010）88547595
传　　　真：（010）88547592
电 子 邮 箱：shishichubanshe@sina.com
网　　　址：www.shishishe.com
印　　　刷：北京朝阳印刷厂有限责任公司

开本：787×1092　1/16　印张：20.25　字数：325 千字
2021 年 1 月第 1 版　2021 年 1 月第 1 次印刷
定价：98.00 元

序　言

《汉语本科教育研究（第二辑）》如期与大家见面了。在本辑中，我们会一如既往地关注汉语本科教育研究的发展，凝练教学研究成果，不断发展和壮大学术研究团队。

编写该论文集是为了更好地对汉语本科教育问题做更全面的论述，吸纳汉语国际教育的最新研究动态，启迪汉语作为第二语言的教学和汉语国际教育事业的发展。本辑基本涵盖了汉语本科教育课程建设研究、汉语国际教育教学研究、教学资源建设和文化传播与跨文化交际四个部分的内容。所论述问题都由汉语本科教育所统领，相互联系又各有侧重，以期较为全面地论述汉语本科教育方面的经验和目前面临的问题，希望更多学者能够关注该领域的研究难题和发展现状及未来，更好地促进汉语本科教育的发展。

北京语言大学汉语学院专注于来华留学生本科教育，从 1993 年至今，探索出适合汉语本科学历教育的教学体系，在课程建设方面取得一定成效，为汉语本科教育研究提供了良好的土壤，孕育了一批又一批汉语研究者。汉语学院是全国率先开展汉语本科学历教育的基地之一，是汉语国际教育研究重镇。七十年来，无数北语先辈鞠躬尽瘁，全心全意躬耕于汉语国际教育的热土，总结出“结构第一、突出功能和注重文化”的北语模式以及“精讲多练”的北语经验，为后来者吸收借鉴，为汉语国际教育发展夯实了基础。

本辑收录了关于汉语国际教育本科教育课程建设研究方面的论文3篇，包括汉语言专业经贸方向本科留学生培养研究论文2篇和留学生本科毕业论文训练方法的研究1篇。研究均立足现代教育改革方向和未来高等教育人才培养目标，以期对汉语本科学历教育研究有所补充和发展。

首先，教材、教师和教法在汉语国际教育中的重要性毋庸置疑，没有“三教”问题就难以构建汉语国际教育学科的基石。故而，关于“三教”问题，本论文集收录了8篇关于汉语国际教育教学研究方向的论文，内容包括了初级阶段到高级阶段的教学方法的总结、教学材料的选取，创造性地提出在初级阶段就要循序渐进地训练语篇能力、开展语篇教学实践活动的建议。而且，有学者通过问卷调查对研究较少的高级阶段的留学生语体能力和古代汉语课程学习情况做了初步的考察与分析，为高级阶段的汉语教学提供了更多的实证材料，总结了一些课程实施和能力培养方面的教训与经验，值得一读。

其次，近来，受疫情影响，线上教学的热度方兴未艾。经过半年的探索，线上线下混合式教学成为当前的研究热点。其实，早在2019年12月，北京语言大学汉语国际教育学部就已经作为主办方召开过首届“汉语国际教育混合式教学与慕课建设”的国际研讨会。来自海内外的专家学者已经意识到混合式教学正在蓬勃发展，汉语慕课作为新生事物正走向蓬勃之路。大家齐聚一堂，探讨交流混合式教学与慕课教学的经验、面临的问题及自己的一些见解。第二辑中也择优收录了参会论文12篇，作为教学资源建设的重要补充。

2012年兴起的汉语慕课在此次远程教学中极大地发挥了其大规模、开放性的功效。面对疫情的阻隔，汉语教学资源乘着“互联网+”的东风得以在世界各地播撒，渴望学习汉语的二语学习者和教师也享受着这一红利。这些都离不开汉语慕课先驱们的探索和总结，“摸着石头过河”的艰辛已有人品尝，今天的我们可以站在巨人的肩膀上，更好地利用汉语慕课研究成果，更方便地找到汉语教学资源，更快捷地将资源转化为教学成果。

第三，在汉语教学资源建设相关研究中，有学者以CNKI数据库为文献知识资源，运用Bicomb、SPSS和Citespace等软件，绘制出2012—2019

年度学界汉语慕课研究热点知识图谱，对汉语慕课进行了可视化分析，进一步明晰了汉语慕课的研究进程和发展空间。此外，还根据教学实践，就“理论+操练”型课程应如何制作慕课、如何实施混合式教学进行探索，提出对慕课制作的要求，探究科学的汉语慕课教学设计流程。也有研究者从学习者角度出发，以体验式学习为基础，调查研究汉语慕课课程的学习体验与评价，从中探讨和分析汉语国际教育慕课教学的相关问题，并给出相应建议。尤其是针对韩国和马来西亚的国别化汉语慕课教学研究，对汉语慕课如何更好地实现个性化教学，提高大规模学习下的针对性教学和学习效率提供了强有力的支持，启迪了更多国别化、个性化汉语慕课研究的开展。

最后，学习一门外语不仅要学习语言本身，还要学习语言背后的文化，能够合理、得体地使用第二语言，获得成功跨文化交际的能力。因此，汉语作为第二语言的教学不但要教授语言技能，还要教授语言背后所代表的文化，这两者相辅相成、缺一不可。汉语的二语学习者越了解中国文化，汉语水平越容易提高。而在汉语的国际传播中促进对中国文化和语言了解的桥梁就是跨文化交际能力。若教师和学习者均能学习一些跨文化交际的知识，利用跨文化交际的策略跨越文化障碍，实现成功的跨文化交际，这将对实现汉语的国际传播大有裨益。

在文化与跨文化交际相关研究中，问卷调查法、课堂观察法等研究角度对我们分析文化传播和跨文化交际中的问题并加以总结、分析，从而提出解决策略，提供了一定的参考和帮助。《面向本科留学生的跨文化交际课教学方案探讨》以及《浅谈语境化在跨文化教学中的意义》为具体开展来华本科留学生的跨文化交际课程和教学模式的构建提供了一点范例，从而帮助二语学习者切实提高跨文化理解能力与汉语表达能力。

综上，汉语国际教育学是一门综合性、边缘性的学科，汉语本科学历教育作为其中历史悠久、占比较大的一部分，可研究的内容实在太多，例如如何结合学生的未来职业发展需求为学生提供一定的专业化学习支持，这也是我们本科教育研究需要继续探究的问题。本书研究只是抛砖引玉，为后续研究者提供一些研究帮助和指引，试图用北京语言大学的汉语教学研究成果和多元教学资源回馈汉语教与学以及汉语研究。

本书受到教育部哲学社会科学重大课题攻关项目“‘一带一路’沿线国家汉语教育比较研究”的资助，是该项目的基础研究丛书之一。本书得以付梓，离不开诸多专家学者和师友们的鼎力支持，仔细审阅论文，提出宝贵修改建议，在此深表谢意。虽几番易稿，严加审核，但难免有所疏漏，诚挚欢迎大家批评指正。

张　浩

2020 年 10 月

目　录
CONTENTS

一、课程建设研究

汉语言专业经贸方向本科留学生创新能力培养研究
——以北京语言大学汉语言专业经贸方向为例 …………………… 弓月亭/3
基于汉语国际教育本科培养目标的经贸汉语综合课
教学探索 ………………………………………………………………… 聂学慧/10
留学生本科毕业论文的难点和训练方法 ………………………… 刘敬华/19

二、教学研究

汉语国际教育专业本科留学生语法模拟教学现状研究
——以北京语言大学为例 ……………………………………………… 郭姝慧/31
有关初级汉语综合课语篇教学的几点思考 ……………………… 葛　娟/40
初级汉语阅读课课外阅读材料研究 ……………………………… 杨　琦/52
高级水平留学生语体能力的初步考察与分析 …………………… 韩庆玲/60

汉语国际教育硕士微课教学设计与教学技巧
——基于对唐风汉语微课大赛参赛作品的分析与思考 …………………………… 田　艳　谭　斌/70

视听说写四维一体教学法在高级汉语综合课中的应用 ………… 张秀红/79

关于高级阶段留学生古代汉语课程学习情况的调查研究 …… 张亚茹等/91

浅谈扩展式教学法在词汇教学中的应用 ……………………… 张耀颖/106

三、教学资源建设

国内高校汉语慕课研究知识图谱 ……………………………… 管延增/117

HSK 四级慕课词汇教学策略及设计 ………………………… 郝佳璐/129

基于翻转课堂的混合教学模式在面向留学生的英汉翻译课程的应用 ……………………………………………… 何　洁/138

第二语言教学视角下韩国汉语教育中 MOOC 应用现状考察 ……………………………………………… 李秀彬/146

基于新混合学习理念的慕课设计 ……………………………… 刘　畅/157

基于语料库的汉语连词“和”偏误类型分析 ………………… 刘丽萍/165

慕课在汉语国际教育中高级阶段的发展现状与应用思考 …… 刘　璐/176

汉语国际教育慕课体验式学习调查研究 ……………………… 彭　坤/186

马来西亚学生疫情期间线上汉语学习效果调查 ……………… 全　军/196

汉语国际教育线上教学模式研究 ……………………………… 张　浩/210

汉语慕课交互效果考察与分析
——以《HSK 入门课程》为例 …………………… 徐小童　田　艳/216

利用网络会议平台 Zoom 进行语言教学的实践
探究 …………………………………………………… 徐秀芬　诺　敏/226

混合式学习模式在《文化中国：现当代文学》课教学中的
应用 ………………………………………………………………… 张爱东/236

基于慕课（MOOC）的汉字与中国文化教学新举措……………… 张道升/245

四、文化传播与跨文化交际

非目的语环境下意大利汉语教师跨文化障碍调查与分析 …… 郭　九/257

国际中文教学中文化传播策略探析 ……………………………… 王中南/267

汉语本科教育中的跨文化理解力探析 …………………………… 赵　璞/274

论姚木兰与林黛玉的艺术共性
——从《京华烟云》对《红楼梦》的仿拟说起 …………… 刘奕男/282

面向本科留学生的跨文化交际课教学方案探讨 ……………… 史艳岚/297

浅谈语境化在跨文化教学中的意义 ……………………………… 舒　燕/307

一
课程建设研究

汉语言专业经贸方向本科留学生创新能力培养研究

——以北京语言大学汉语言专业经贸方向为例

弓月亭*

摘　要：随着新一轮科技革命和产业变革的兴起，创新教育已成为高等教育创新发展的必然要求，成为现代教育改革的趋势和高校未来发展的方向。为了培养留学生的创新能力，北京语言大学汉语学院经贸系注重专业实践与综合素质的共同提高，打造全方位、全过程的创新人才培养机制，把创新教育融入人才培养的始终。但留学生创新能力培养中，也存在诸如实践学分在课程体系中占比较低且结构比较单一，考核评价机制不利于学生创新能力的培养等问题。为了培养出适合未来发展需要的创新型人才，我们需要做出相应的改变。

关键词：创新能力培养；现状；问题；途径

引言

随着新一轮科技革命和产业变革的风起云涌，人工智能等新技术的孕育兴起，第四次工业革命浪潮以前所未有的态势席卷而来。“9 月 17 日，

* 弓月亭，北京语言大学汉语学院教师。

世界经济论坛发布的题为《2018 未来就业》报告显示，自动化技术和智能科技的发展将取代 7500 万份工作。"① 创新创业教育已成为高等教育创新发展的必然要求，成为现代教育改革的趋势和高校未来发展的方向。目前，国内各高等教育机构已纷纷通过各种方式方法对学生开展创新教育，摸索适合本校情况的创新教育的方法和途径。面对扑面而来的第四次工业革命，风头正劲的汉语国际教育事业要想跟上时代的步伐而不被"淘汰"，为"在第四次工业革命中打造创新性社会"做出自己的贡献，也必须把创新能力培养作为教育的核心和主旋律。本文将以北京语言大学汉语言专业经贸方向为例，分析本科留学生创新能力培养的现状及存在的问题，探索培养经贸方向本科留学生创新能力的方法和途径。

一、汉语言专业经贸方向本科留学生创新能力培养的现状

创新创业能力是每一个学生都应该具备的素养，为了提高留学生的创新创业能力，顺应学科交叉和产业跨界的社会发展趋势，北京语言大学汉语学院非常注重专业实践与综合素质的共同提高，打造全方位、全过程的创新创业人才培养机制，把创新创业教育融入人才培养的始终。

首先，充分利用各种资源，为留学生打造了专业方向特色鲜明、多元开放的课程体系。在北京语言大学（以下简称北语）汉语学院，经贸方向的留学生不仅可以修读本系开设的全部课程，还可以按照自己的意愿和兴趣选修汉语言、汉英双语、韩汉翻译、汉语国际教育等不同专业或方向的课程。此外，汉语学院积极与本校其他学院合作，为选修全校共选课的留学生提供修读的便利，形成不同学科、不同专业方向、不同国籍的学生齐聚一堂、相互学习，不同思维方式相互撞击，新思想不断涌现的喜人局面。

其次，教学过程中，教师们注重"以学生为中心"，注重学生自主学习

① 《世界经济论坛报告：2022 年人工智能将新增 5800 万个新岗位》，新华网，2018 年 9 月 18 日，http：//www. xinhuanet. com/fortune/2018 －09/18/c_1123448184. html。

和自我思考等能力的培养，注重提高学生的创新兴趣和交流沟通、组织协调能力。在课堂教学过程中，经贸方向的教师们除了传道授业解惑外，还有意识地对学生进行创新创业意识的培养，鼓励学生敢为人先，敢冒风险，不怕失败；通过情景教学、小组合作等方法，让学生按照教师布置的任务清单自主协商分工后去查阅搜集资料、商量讨论，最后以演示、报告等形式向教师和同学们做汇报；积极挖掘专业课程教育中的创新创业元素，为学生提供体验或实践的机会。比如，三年级的经贸洽谈课程通过模拟洽谈的方式，让学生灵活运用国际贸易实务课程上学习的知识，将孤立的学习单元贯穿起来。此外，教师们充分利用现代教育技术带来的便利，将课堂教学和网络教学结合起来，推出《商务汉语》（中国商务概览）、《商务汉语》（中国经济聚焦）等在线课程，使留学生能够根据自己的情况随时随地学习。

第三，为留学生准备了丰富多样的社会实践活动。在组织开展第二课堂教学活动时，北语非常注重结合学科和专业方向：每年均会组织经贸方向三年级的留学生到工厂企业、各种展会参观；组织四年级的学生到西单、城乡贸易中心等商业繁华地带进行实地调查，到工商局、税务局等咨询开办企业事宜；邀请自主创业的往届毕业生、成功的民营企业家与学生座谈，向学生传授创新创业经验；花费相当大的人力和财力为三年级下学期留学生组织为期一周的京外语言实践活动。在毕业论文环节，鼓励学生将毕业论文写作与教师科研项目、创新创业训练项目、学生自身的工作实际相结合，鼓励学生深入实践一线进行调查研究，获取一手资料，锻炼学生的人际交往能力和发现问题、解决问题的能力，提高学生毕业论文的创新性、实用性。近 5 年来，经贸方向每年都有约 10 名学生参加国家级大学生创新项目。

二、汉语言专业经贸方向本科留学生创新能力培养中存在的问题

（一）课程体系中实践教学占比较低且结构单一

“实践和锻炼是培养大学生创新能力的必备环节。它有利于提高学生

的创新意识，增强学生理论联系实际、发现问题、分析问题和解决问题的能力。”① 据了解，在国内高校的商务英语专业教学中，实践教学都占有相当重要的位置。以对外经贸大学商务英语专业为例，在该专业的中国学生的课程体系中，实践教学学分为 28 分，在学生毕业应取得的最低总学分（180 学分）中占比为 15.6%；在该专业的来华留学生的课程体系中，实践教学学分为 26 分，在学生毕业应取得的最低总学分（156 学分）中占比为 16.7%。而且，他们的专业实践教学学分中不仅包括毕业论文应得的 12 学分，还包括社会实践（包括社会调查和其他实践）与专业实习（包括认知实习和岗位实习）应得的学分。但从目前经贸方向留学生的培养方案来看，留学生们只要顺利通过规定数量的课程考试或者考核，最低拿到 142 个学分，再通过毕业论文答辩，拿到毕业论文实践的 8 个学分就可以顺利毕业。其他社会实践活动的重要性在课程体系中基本没有体现，且毕业论文实践教学学分在总学分中的占比仅为 5.3%。

（二）考核评价机制不利于学生创新能力的培养

为了更好地体现学生的真实水平，在考核评价学生方面，学院给予了授课教师团队充分的自主权：授课教师团队可以自行决定平时成绩和期末考试成绩在期末总成绩中的占比为 5∶5、4∶6 还是 3∶7，是闭卷考试还是开卷考试，选修学生人数较少的课程是利用最后一次课堂教学时间随堂考试还是由学院教务办公室统一安排考试时间等。但从培养学生创新能力的角度来看，我们的考核评价机制还存在很多问题。首先，考核方式单一。目前除了三年级经贸洽谈、四年级商务口语交际两门课程为口试，经济调研和市场营销为提交报告外，其他课程考核均以笔试方式进行，较少运用其他考核方式。其次，大部分课程的多数考核内容都来自于课堂学习，有的考题就是教材后面的练习题，学生只要记住课堂所学，就能获得较好的分数。考核中缺少让学生自由发挥，充分展示个人思想、真实学习情况和能力水平的内容。再次，从各门课程的成绩评定来看，大部分课程

① 王琛（2018）应用型本科院校英语专业学生创新能力培养途径探析，《安徽科技学院学报》第 2 期。

都是根据统一考试结果来进行成绩评定，学生的课堂表现、学习态度等在成绩评定中占比较低。这样的考核评价机制既不利于激发学生学习的自主性，也抑制了学生创新精神的培养。

（三）组织社会实践活动时对发挥学生的主观能动性重视不够

目前我们组织社会实践活动的基本模式是：相关教师按照一定的目的联系好参观访问的企业或单位，学生按照既定安排前往实地参观考察，听企业人员介绍有关情况，以及学生就自己感兴趣的问题提问，企业相关人员解答。可以看出，这样的语言实践活动完全是在教师的主导下完成的，学生基本处于被动参与的状态，从创新能力培养的角度来看，学生得到的锻炼和提升有限。特别是对有些学生来说，由于是被动参与，如果活动内容并非自己感兴趣的，学生的参与积极性将更低。这样的社会实践活动可能连进行社会实践活动的基本初衷都不能实现，遑论创新能力的培养了。

三、汉语言专业经贸方向本科留学生创新能力培养途径

（一）完善现有的社会实践教学体系

1. 增加有学分的社会实践活动

“创新教育的基础是实践……高校的创新教育要贯彻教育与生产劳动相结合、教育与社会实践相结合的要求，培养学生的创新精神和创新能力。”① 留学生创新能力的培养也应该基于实践。多年深入接触留学生后，我们发现留学生中不乏各种人才：擅长唱歌、跳舞乃至杂技表演的，具有各类体育专长甚至得过国家级证书或奖项的……留学生们也希望在中国找到发挥自己所长的舞台，展示自己的实力。北语中国学生有各种社团，除了现有的社会实践活动，经贸方向留学生的培养计划中可以考虑要求留学生根据自己的兴趣爱好加入各种社团组织，积极参与各种社团活动，以深

① 赵振红（2006）高校创新教育理念及实施策略，《沈阳师范大学学报（社会科学版）》第2期。

入了解中国，提高自己的跨文化交际能力和专业知识水平，提升综合素质。此种社会实践活动可以要求学生在三年级的第一个学期结束以前完成，并给予2个学分。

2. 增加专业实习

“专业实习能够全面提升大学生的社会阅历、为人处世水平等综合素质，能够对大学生今后的顺利就业起到积极的促进作用。”① 因此，各高校都把专业实习作为学生毕业的必要条件之一，并赋予相应的学分。经贸方向的课程体系中增加专业实习，既可以丰富现有的实践教学体系，也有利于学生语言运用能力及发现问题、解决问题能力的提高，还有利于学生了解社会需求，发现自己能力和知识等方面存在的不足，并在后来的学习中更加积极主动地加以弥补。进行专业实习的最佳时间为四年级开始前的寒、暑假期间。此时，留学生们经过3年的学习，已经具备了比较高的汉语知识与技能，对中国文化、政治、经济与历史有了相当程度的了解，也掌握了一定的经济贸易知识和理论，能用汉语从事一定的跨文化商务交际活动。专业实习结束，应当要求学生提交实习报告，并据此给予成绩评定，可以设定为2个学分。

（二）改变考核方式

1. 考核方式多样化

除了必要的课程考试外，经贸方向的课程考核可以采用多种方式。比如经贸洽谈可以采用两人一组模拟洽谈的方式进行考核，国际贸易实务和经济法基础与实务等课程可以采用案例分析的方式进行考核，世界经济贸易等课程可以通过成果演示、小论文等方式进行考核等。

2. 考核内容由知识的掌握转向是否具备相应能力

经贸方向留学生的就业方向非常广泛，职业岗位所需要的知识远远超过所开课程的知识范围，学生在有限的学习时间内拼命学习也难以满足现实工作的需求。俗话说“授之以鱼不如授之以渔”，教给学生学习的方法、

---

① 张琛麟、翟承宇（2015）大学生专业实习对其就业的促进作用，《人才资源开发》第12期。

思维的方式，让学生具备在实际工作和生活中自主学习的能力才是本科教育的目的。因此，经贸方向的课程在命题考试时应当尽可能减少只有唯一答案的考核知识掌握程度的客观性试题，而增加考核学生能力的主观性试题的比重，探索非标准答案的考试，发挥学生答题的主观能动性，并在评阅时对具有创新思想的学生给予更高的评价。

（三）信任留学生，将各种社会实践活动的组织领导权交给他们

在四年一次的留学生长途语言实践活动中，他们都会有一次和当地中国学生的联欢活动。这些活动基本是由班主任老师安排下去，学生自己组织准备，但几乎每次联欢活动中，留学生们的热情和独特创意都会让实习带队教师和合作方师生大呼过瘾、大开眼界，可见留学生们是具有组织领导能力和合作精神的。在以后的各种社会实践活动中，教师们完全可以放手让学生自己组织准备。比如，北京每年都会举办众多展会，也有很多可以免费接待参观的工厂企业，在组织短途的参观活动时，教师们完全可以在提供基本信息的基础上，放手让学生自己查询相关资料、联系参观事宜等。

结语

创新人才培养不是一蹴而就的事情，需要多方面的共同努力。对汉语能力和经贸知识水平与中国学生都有差异的本科外国留学生进行创新教育，我们还需要进行更多的探索和努力。

参考文献

1. 沈庶英（2015）重视和加强新形势下的来华留学实践教育，《中国高等教育》第 11 期。

2. 刘辰洁、孙潇雨、王继红（2013）对外汉语视域下课内外语言实践的几点探索——以哈尔滨师范大学为例，《学理论》第 24 期。

基于汉语国际教育本科培养目标的经贸汉语综合课教学探索*

聂学慧**

摘　要： 高等学校留学生汉语言专业本科有关大纲和标准，对毕业论文指导迄今为止并没有具体明确的规定或描述。本文在梳理和综述前人研究的基础上，针对目前汉语综合课毕业论文写作教育缺失的情况，采用任务型语言教学模式，探索经贸汉语综合课兼顾学生毕业论文写作的训练。调查表明，学生对此持肯定态度。本文建议，高级阶段经贸汉语综合课应适当拓展教学内容，部分承担起培养包括学术认知技能在内的学术化和专门化汉语能力的任务。

关键词： 高级汉语综合课；经贸汉语综合课；写作教育缺失；任务型教学法

一、问题的提出

汉语综合课是北京语言大学（以下简称北语）汉语学院留学生汉语言

---

* 本文受北京语言大学 2019—2020 学年实验课项目资助，编号为：XK201904。

** 聂学慧，北京语言大学汉语学院经贸系教师。

本科专业的必修课。四年级下学期，课程学习和撰写毕业论文同时进行。由于课程内容对撰写毕业论文没有直接的帮助，学生对课程学习不够重视。学生论文写作知识与训练的缺乏，又导致论文指导困难重重，甚至有人呼吁取消留学生本科论文写作这一教学环节。本文以经贸汉语综合课课堂实验为基础，探索课程学习兼顾毕业论文写作训练，力争使学生学习效益最大化。

二、有关教学大纲对汉语言本科毕业论文的写作要求及指导规范缺失

近年来，来华留学人数增长较快，但格局是亚洲生源占主体，非洲和“一带一路”倡议沿线国家生源增速较快。来华留学的学历生在2016年占比为47.4%。选择汉语言、经济学等七个专业的比例更大（李小红等，2018）。从来华生源国看，生源质量不容乐观，这与北京语言大学目前生源的实际情况相符，给本科毕业论文指导和规范提出许多挑战，毕业论文写作和指导工作已成为当前一项不容忽视的重要任务（亓华，2006）。

能否取消留学生汉语言本科论文写作，首先需要梳理对外汉语教学领域相关的大纲、标准，了解相关规定。

（一）《高等学校外国留学生汉语言专业教学大纲》（以下简称《专业大纲》）

毕业前要撰写不少于5000字论文，通过论文答辩……四年级教学“写”的要求为：独自撰写5000字以上毕业论文，能做到观点明确、材料翔实、条理清楚、语言流畅（国家汉办，2002：1—19）。很显然，对毕业论文的要求描述过于笼统，缺乏具体的评价标准和指导规范。

（二）《汉语水平等级标准与语法等级大纲》（以下简称《标准与等级》）

其五级标准对应于教学四年级和HSK（高等）。“写”的要求为：……能撰写不少于5000字的毕业论文，论点明确、论据较充分、语言表达通顺

得体，……，充分表达自己的思想观点（国家汉办，1996：11—30）。对毕业论文标准，从论点、论据、语言表达方面做了描述，但要求仍偏于笼统，不够具体客观。

以上两个大纲明确规定，汉语言专业本科生必须撰写毕业论文，必不可少，不可偏废。遗憾的是，对论文要求和描述过于笼统，更没有一个统一规范的论文指导大纲或者专业教学文件。由于对外汉语本科专业学历教育的特殊性，毕业论文指导中普遍存在人为降低论文写作标准和要求的做法（亓华，2006）。

三、对外汉语综合课教学、研究现状与本科毕业论文写作教育的缺失

（一）北京语言大学中高级阶段综合课教学研究现状

《对外汉语综合课课堂教学研究》一书对汉语综合课的“教学目标、内容、原则、方法”进行了广泛探讨，涉及“综合课教学的各种因素，包括教学模式、教学理念、教学策略、教学评价等”，[①] 比较全面地反映了北语综合课的教学和研究现状。统计如表2—1所示：

表2—1　对外汉语综合课教学研究

题目	研究重点
1. 中级汉语综合课的定位与教学要求	教学目标定位
2. 中级汉语综合课教学的几个问题	教学重点、问题
3. 中级汉语综合课实施探究式学习的研究	教学模式、方法
4. 中级汉语综合课教学中词汇语义网络的构建	词汇教学
5. 中级汉语综合课的语法教学——以《桥梁—实用汉语中级教程》为例	语法教学
6. 中高阶段综合课课文教学结构研究	课文教学

① 崔希亮（2010）《对外汉语综合课课堂教学研究》，北京语言大学出版社。

续表

题目	研究重点
7. 高级汉语综合课的课文整体教学	课文整体教学
8. 汉语综合课课文教学过程分析	课文教学过程
9. 汉语词汇的文化特征与中级阶段综合课的词汇教学	词汇教学
10. 高级汉语综合课教学中的文化因素	文化因素的教学

资料来源：崔希亮（2010）《对外汉语综合课课堂教学研究》，北京语言大学出版社。

可见，中高级汉语综合课研究都局限于课程定位、语言要素、教学法及模式，并未提及课程教学与毕业论文写作教育的关系。

（二）对外汉语教学界其他学者关于综合课的研究观点

陈雯雯（2018）指出，目前国内中高级阶段综合课教学研究少，专用型教学研究更少。李泉（2010）指出，综合课承担着语言知识教学和语言技能训练的双重任务。应根据综合课的阶段性特点和具体教学内容，有重点、有目的地进行知识教学，有区别、有主次地进行技能训练。据此，我们认为，四年级综合课应明确把阅读和写作（包括毕业论文写作）的技能训练作为教学的主要内容和重点。

（三）相关教学大纲、中高级阶段教学规范对综合课课程性质特点的概述

陈田顺（1999）概括中级汉语综合课的课程性质是综合性，即要围绕限定的词汇、语法、功能、文化项目进行听、说、读、写的综合训练。高级汉语课（综合课）的课程性质是以阅读理解为基础、以重点词语和常用句式为基本内容、以准确而得体的口语和书面语表达为训练目标的语言技能课。《专业大纲》（国家汉办，2002：204—215）中对四个年级综合课共性和个性描述是：均为“综合语言技能训练课”，如提高对汉语各种复句的运用能力、快速阅读能力及成段成篇表达能力（四年级）。

综上可见，相关大纲、课程规范和研究者们对高级汉语综合课的课程性质、目标的描述都局限于课程本身，并没有把本科培养目标最后的外化

成果——毕业论文有意识地纳入课程教学目标及训练之中。

本科论文写作是汉语言专业留学生达到专业培养目标和学士学位资格认证的重要依据。论文写作是知识、认知、语言表达技能的综合体现，不经过专门训练，学生并不能自动获得论文写作的学术能力。在对外汉语教学界和外语教学界，诸多学者积极探索培养和训练学生论文写作能力的方法，从毕业论文的指导策略、留学生毕业论文写作思维图式的培养、学术汉语写作教材的建设等方面进行了研究（亓华，2006；付丽，2011；陈钰，2016；高增霞等，2016；邓淑兰，2017；韩京和等，2012）。更有学者呼吁，应培养包括学术认知技能在内的学术化和专门化汉语能力，使赴华留学的学习者有能力迅速适应在国内大学接受专业教育、专业学习（井茁，2013）。

四、课程教学与毕业论文写作训练结合，弥补论文写作教育的缺失

李泉（2010）认为，对外汉语综合课教学问题之一是“学生接触的活的语言太少，缺乏感性认识”，不利于汉语习得。经贸汉语作为专门领域汉语，其实践性更为突出，对学生语言技能要求也更高。本科教学最后阶段，如何实现“教学内容向论文写作层次跨越”，① 我们应尝试把任务型语言教学理念和模式引入经贸汉语综合课课堂教学中，探索课程教学与本科论文写作训练相结合，以解决学生的当务之急，最大程度提高学生汉语综合运用的能力，包括毕业论文写作的学术能力，使短时学习达到效益最大化。

高级教学阶段所涉及的任务一般关涉一个复杂语言事件，完成任务过程中要综合运用语言，任务型教学理念使它在高级汉语综合课教学中具有很好的适用性（于天昱，2017）。

任务型语言教学认为，掌握语言的最佳途径是让学生通过完成任务活

① 罗青松（2004）汉语言专业留学生毕业论文指导初探——谈对外汉语学历教育高级阶段写作教学的原则与方法，《第七届国际汉语教学讨论会论文选》，北京大学出版社。

动来学习语言，让学生为预定学习目的去开展有意义的语言活动（龚亚夫、罗少茜，2003：16）。任务型语言教学模式大致分为三个阶段（李广凤，2015）：任务前、任务环和任务后。任务中（任务环）是任务实施的阶段，是任务型语言教学的核心，强调学习者在语言真实的使用即大量的输入输出语言过程中感知语言的使用，强调情境、目的和真实的交流。论文摘要写作就是基于学生当前真实的学习需求和目的，激发参与任务的主动性和积极性。

运用任务型语言教学模式，在经贸汉语综合课上开展论文摘要和结语写作训练的任务活动。其大致分为三个模块，课堂具体过程如下：

1. 在任务前阶段：告知学生话题和任务目标。话题范围开放，中国经济社会领域的任何话题均可。任务目标，选择一篇文章练习论文摘要和总结的写作。

2. 任务中阶段：确定任务目标为完成论文摘要和结语。任务清单包括两个任务链：一是先阅读学习1—3篇学术论文的摘要和结语，找出语言表达格式、结构。二是在网上选择一篇文章，完成对该文章的摘要和结语的写作。教师提供资源为中国知网（CNKI）或其他学术网站，提供任务支架。每个任务链又包括几个小任务环节。比如任务链二，学生要写出摘要和结语，就包括5个小任务环节：（1）分析篇章结构、总结段落大意、概括全文。（2）找出10个左右的成语、经贸词语、流行词语。（3）文章主要内容，以文字、图片、视频的形式呈现10张左右的PPT，包括一张结语PPT。PPT作为口头报告，个人或小组在班级汇报。（4）原始文章和学生写出的摘要和结语，上传到北语慕课平台。（5）参考慕课平台教师给出的摘要和结语写作的思维图式与流程。

3. 任务后阶段：聚焦语言，要求学生对任务中特殊语言形式总结汇总。比如结语总结的词语句式有：总之；综上所述；从……可以看出等。论文摘要常用的语言表达方式有：本文以……为研究对象；对……加以考察（探讨、分析）；本文从……方面探讨了……等。

掌握这些语言表达句式，有助于建构写作摘要的相关语言图式，获得迁移的能力。当学习者构建了语言、文体图式后，就能写出符合文体图式的论文（邓淑兰，2017），图式可以帮助学生写出较为规范的论文摘要，对写作发挥着有力的指导作用。

高级阶段的任务过程表现为由复杂的任务链和任务环节构成的层级系统，学生在完成任务的各个环节，要综合运用语法、词汇、篇章等方面的语言知识，以及综合运用听、说、读、写四种语言技能。在任务的循环和反复中，语言运用的综合性和流利度都得到提高，最终外化为较为规范的一系列口语和书面语篇，较好地实现了综合课培养学生综合运用语言的能力的目标。此外，学生要运用判断、概括、分析评价等思维能力，而且要运用资源策略及自我监控能力。语言和能力的综合运用，激发了学生参与、探究的兴趣，实现了认知、情感和心理动机三个维度的教育目标。比如一个喜欢吃肉的越南学生，选择的话题是中国最近猪肉价格上涨的原因。该学生收集了大量资料，从非洲猪瘟、冷库存量下降、进口减少等几个方面较为深入地分析了中国市场猪肉涨价的原因，并且给出中国政府在稳定市场、降低肉价保证人民生活水平等方面采取的各种措施。在个人报告中，使用“蔓延，库存量，出现……的局面，遏制，供不应求”等经贸词语长时间地表述事实和自己的看法，增强了全体学生对中国当前社会经济热点问题的了解。学生在真实的交际情境、交际目的和真实的材料处理中综合运用语言，在完成任务的过程中锻炼了汉语综合运用的能力和跨文化的感知理解力。

由于任务前阶段话题的范围十分宽泛，明确的任务目标和汇报环节保证了全体学生的参与和评价。多种多样的话题，丰富了语言输入和输出的数量。任务后阶段，作为外化结果的口头报告和书面摘要、总结的产出，符合任务型语言教学任务的评价方式，达到课程目标的要求。任务完成后的调查问卷发现，43 位参与的学生中，有 33 人（占 76.7%）希望在经贸汉语综合课中适当增加一点与毕业论文写作有关的练习；有 27 人（占 62.8%）认为综合课摘要写作的练习对毕业论文写作有帮助；有 25 人（占比为 58.1%）认为完成任务的口头报告对毕业论文答辩有帮助。

高级汉语综合课作为最后阶段的主干课，理应为四年本科人才的成型出炉接好最后一棒。本文对借鉴任务型语言教学理念和模式，探索将经贸汉语综合课课程教学与毕业论文写作训练相结合的教学改革，以及随着汉语国际教育的快速发展，教学模式、课程设置等遇到的问题与挑战，进而如何在传统课堂教学中拓展教学内容，均做了一点粗浅的探究。

参考文献

1. 李小红等（2018）近十年高等教育之来华留学教育：成绩与挑战，《国家教育行政学院学报》第 4 期。

2. 亓华（2006）留学生毕业论文的写作特点与规范化指导，《云南师范大学学报（对外汉语教学与研究版）》第 4 卷第 1 期。

3. 国家汉办（2002）《高等学校外国留学生汉语言专业教学大纲》，北京语言文化大学出版社。

4. 国家汉办（1996）《汉语水平等级标准与语法等级大纲》，高等教育出版社。

5. 崔希亮（2010）《对外汉语综合课课堂教学研究》，北京语言大学出版社。

6. 陈田顺（1999）《对外汉语教学中高级阶段课程规范》，北京语言大学出版社。

7. 陈雯雯（2018）国内近十年 TCSL 研究现状与思考，《云南师范大学学报（对外汉语教学与研究版）》第 16 卷第 4 期。

8. 付丽（2011）留学生毕业论文写作教学策略探索，《黑龙江教育（高教研究与评估）》第 5 期。

9. 陈钰（2016）留学生论文指导策略的有效性研究，《语言教学与研究》第 6 期。

10. 高增霞等（2016）论学术汉语在对外汉语教学中的重要性，《云南师范大学学报（对外汉语教学与研究版）》第 14 卷第 2 期。

11. 邓淑兰（2017）如何在留学生毕业论文写作教学中培养图式意识，《海外华文教育》第 11 期。

12. 韩京和等（2012）英语学术论文写作教育的缺失——基于中国留学生批判性信息素质考察的研究，《河北大学学报（哲学社会科学版）》第 2 期。

13. 井茁（2013）从中介语发展分析到高级汉语课程设置——内容依

托型教学研究的启示，《世界汉语教学》第 1 期。

14. 李泉（2010）汉语综合课的性质和特点探讨，《海外华文教育》第 3 期。

15. 于天昱（2017）任务型高级汉语综合课教学—以人物专访为例，《语言教学与研究》第 2 期。

16. 龚亚夫、罗少茜（2003）《任务型语言教学》，人民教育出版社。

17. 李广凤（2015）任务型教学的形成、引进、探索和趋势，《课程・教材・教法》第 9 期。

18. 罗青松（2004）汉语言专业留学生毕业论文指导初探—谈对外汉语学历教育高级阶段写作教学的原则与方法，《第七届国际汉语教学讨论会论文选》，北京大学出版社。

留学生本科毕业论文的难点和训练方法*

刘敬华**

摘　要：按照要求，来华本科留学生需要完成毕业论文并通过答辩，才能获得学士学位。随着来华留学生学历教育的拓展，近年来研究者逐渐关注毕业论文等学术汉语写作问题。尽管已经有相关手册作为指导，本科留学生仍面临许多难点。本文在前期调查的基础上，提出相应的训练方法：认清毕业论文写作和一般语言写作的差异，在此基础上于平时进行有针对性的训练；探讨开设学术汉语写作课的可能性；定期修改、细化手册，提供论文模板和示范论文。

关键词：留学生；本科毕业论文；难点；训练方法

* 本研究为北京语言大学梧桐创新平台"中央高校基本科研业务费专项资金"（项目编号：17PT03）阶段性成果。本成果受北京语言大学院级项目资助（中央高校基本科研业务费专项资金）（项目批准号：20YJ40003）。在思考酝酿过程中，与汉语学院唐翠菊老师有过多次讨论，受益良多。文中表述失当等处当由作者负责。

** 刘敬华，北京语言大学汉语国际教育学部汉语学院/语言科学院语言政策与标准研究所教师，北京大学对外汉语教育学院博士研究生。

一、引言

《高等学校外国留学生汉语言专业教学大纲》规定：留学生需要具有独自撰写 5000 字以上的毕业论文的能力，并且要做到选题恰当、观点明确、材料翔实、条理清晰、语言流畅。

随着接受学历教育的来华留学生的数量逐渐增加，毕业论文问题日益受到研究者的关注，相关研究可见金宁（1998）、亓华（2006）、吕军（2007）、刘弘、杨欣怡（2017）等的成果。罗青松（2004）指出："论文写作是学生综合运用语言技能、专业知识和分析能力的过程，论文完成质量是衡量是否达到培养目标的重要标志之一。"高增霞、栗硕（2018）认为，毕业论文是培养方案要求的重要内容，也是学生毕业即学位（学士、硕士、博士）资格认证的重要依据。作者们提出学术汉语写作应进行四个方面的训练：汉语书面语、汉语学术论文篇章、学术论文规范、学术研究过程。

对论文的具体方面的研究也逐渐拓展和深化。教材方面有北京大学出版社的《留学生毕业论文写作教程》。高增霞、贾硕（2018）对学术汉语写作教材建设进行了讨论。黄启庆、薛蕾（2018）对学术汉语词汇进行了统计分析。幺书君（2005）、李海燕等（2020）、刘冬雪（2020）则对毕业论文写作训练课进行了讨论与分析。

本科毕业论文属于学术汉语写作。[①] 从一般语言写作到学术写作存在一个过渡问题，需要进行充分的训练。二者的产出结果在语言表达方面也存在不同。郭涵宁（2016）认为毕业论文写作属于学术写作的范畴，对于留学生来说不仅是难点，更是一个重要的学习环节。对于教师来说，如何有效地让留学生在写作之前就相对系统地了解毕业论文的相关知识和写作过程，并顺利地展开写作任务更加重要。大部分学习者因在一般语言写作中缺乏充分的选题、论证、格式等方面的训练，在毕业论文写作过程中常

---

① 我们可以把汉语作为外语教学分为通用汉语（Chinese for General Purposes）教学和专门用途汉语（Chinese for Specific Purposes）教学，专门用途汉语又可分为职业汉语（Chinese for Occupational Purposes）和学术汉语（Chinese for Academic Purposes）。高增霞、刘福英（2016）还将学术汉语进一步分为通用学术用途汉语（各学科通用的汉语）和特殊学术用途汉语（专业汉语）。

面临巨大困扰，由此也给论文指导教师增加了巨大工作量。

北京语言大学《汉语学院毕业生论文手册》（2020 年 5 月版，下文简称《手册》）对论文的内容和形式做了规定，对于指导教师和学生具有很重要的指导作用。但在指导实践过程中，我们发现很多学习者仍面临不同的困难，除前期选题外，还有论文格式需要细化的问题，而这一问题的产生可以追溯到平时相应训练方法的不足。

本文在论文指导实践的基础上，尝试分析留学生在撰写本科毕业论文时面临的问题，并提出相应的训练方法。

二、留学生毕业论文写作难点调查

2019 年，以完成毕业论文为契机，我们对 2016 年、2017 年、2018 年毕业的 30 位马来西亚同学①进行了问卷调查。调查对象包括 5 位男生、25 位女生。②

调查涉及下面五个部分内容：（一）一般语言写作；（二）学术写作经历；（三）毕业论文写作；（四）书面语运用；（五）毕业论文讲座。

通过调查发现，即使已经完成毕业论文撰写和答辩，但学习者仍对自己的写作水平总体不满意（见图 3—1），30 人中，高达 19 人对自己的写作水平不太满意。

我们调查了留学生平时的一般语言写作和毕业论文写作时遇到的问题（见图 3—2）。可以看出，两种不同写作形式中，学生都面临词汇量太少的问题，这一问题要大于语法问题；此外，想法无法用汉语表达也是难点之一。对于毕业论文写作来说，还存在论文格式的规范难以掌握这个难点，另一个难点是语段之间的衔接，属于篇章问题。

针对毕业论文撰写过程中的问题，被调查的学习者将原因归纳为图 3—3 中的几点。可以看出，词汇问题和格式规范问题是学习者面临的主要

---

① 选取马来西亚同学作为调查对象，原因是他们入学时整体水平是一致的，专业选择和毕业去向也一致，具有内部一致性。

② 调查的参与人马来西亚阿米拉同学根据调查结果，在本文作者指导下完成自己的学士学位论文（阿米拉，2019）并通过论文答辩。

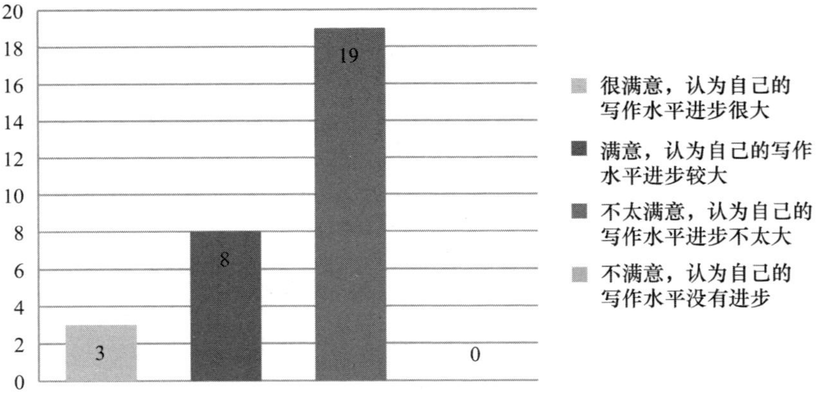

图 3—1　毕业生对自己的汉语写作水平评价

资料来源：笔者统计所得。

难点。

从其他高校的情况来看，北语留学生面临的问题具有一定普遍性。李海燕等（2020）调查后发现，学生认为写论文或报告是最难的（3.98，最难 5，最易 1），其次是阅读中文论文（3.19）和学习中文专业词汇（3.18）。

从我们的调查来看，学习者对学术写作训练有明确要求（图 3—4）。李海燕（2020）等通过对北京大学不同院系的本科留学生的调查也发现，尽管大部分学生汉语水平已经很高，① 但学生仍明确表示学术论文写作是大学学习必须掌握的技能，部分有深造意愿的学习者更是如此。

阿米拉（2019）针对教学提出一些建议：第一，学校要丰富毕业论文手册的内容和形式。如果能有对应的外文翻译（至少配上英文翻译），效果可能会好一些。对于字体、字号、标题、行距、对齐等具体格式问题，如果能在手册中提供一些相关软件的操作截图，学生会更容易明白。第二，增加毕业论文讲座的内容。目前的三次论文讲座的内容对学生来说是远远不够的。第三，安排专门的论文指导课。课程可以在三年级下或者四年级上开设。这样学生可以尽早接触与了解毕业论文写作，早做准备。

① 90% 以通过了 HSK 六级考试，约 50% 的学生曾在中国的小学、初中或高中学习过，约 1/3 的学生学习汉语的时间超过 10 年。

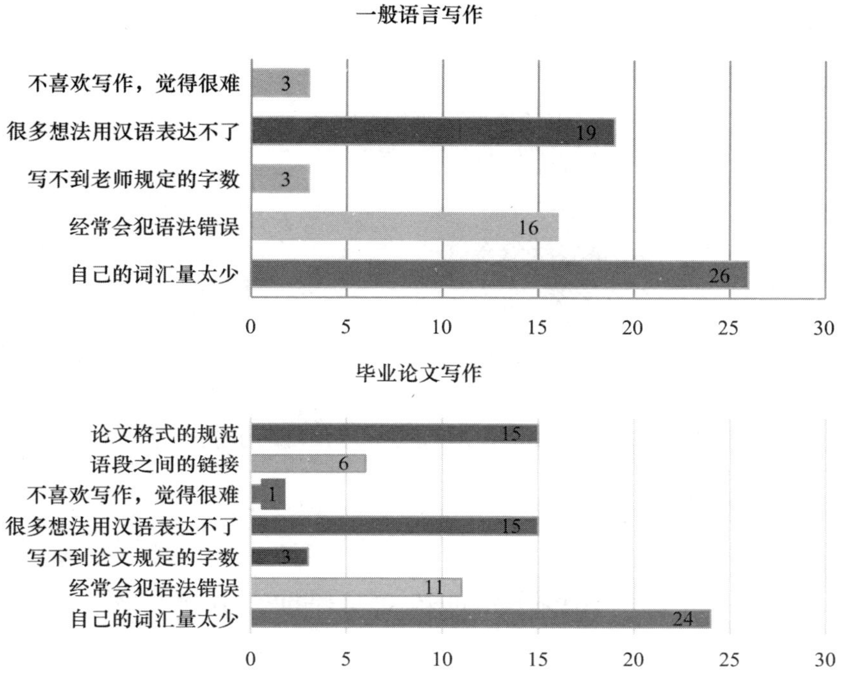

图 3—2　一般语言写作和毕业论文写作难点比较

资料来源：笔者统计所得。

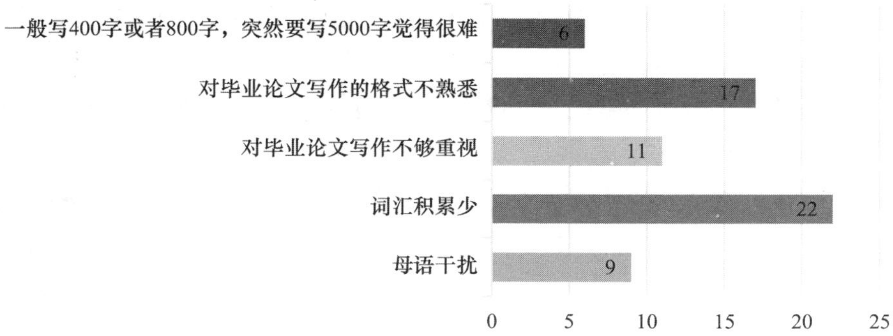

图 3—3　学习者撰写毕业论文时的难点分析

资料来源：笔者统计所得。

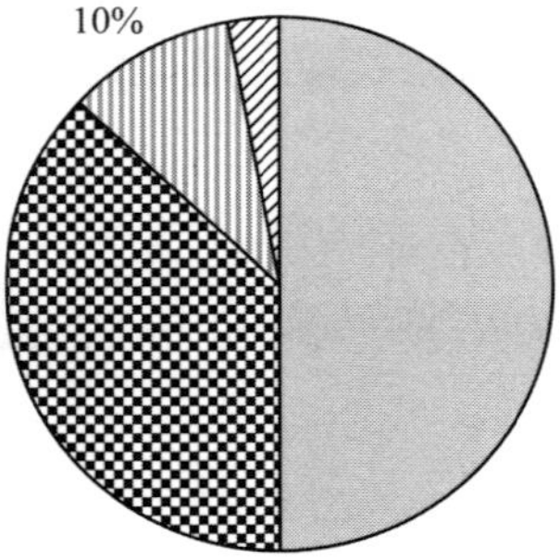

图 3—4　学习者对汉语学术写作训练的需求

资料来源：笔者统计所得。

三、留学生毕业论文写作训练方法

毕业论文写作不同于一般语言写作，因此要采取有针对性的训练方法。

（一）一般语言写作和毕业论文写作

从一般语言写作到毕业论文写作存在一个过渡问题。阿米拉（2019）从六个方面对一般语言写作和毕业论文这样的学术写作进行了比较。二者在字数、格式、装帧、审核、评价等方面均有不同，毕业论文的要求远高于一般语言写作。

平时的一般语言写作训练不足以解决毕业写作面临的难题，这些难题最后都转嫁到指导教师头上，让他们在正常的工作之外面临非常大的负担。

（二）毕业论文指导手册

我们需要一份比较完善的写作手册。现有的《手册》分为两部分，共有五项内容。第三项（6—11 页）是有关格式问题的。笔者认为应当尽可能做到可视化，提供一些图片作为参考。对于留学生来说，技术性的汉语文本毕竟理解起来很难，而我们平时往往会高估学生对相关电脑软件的掌握能力。根据李海燕等（2020）的调查，在留学生对学术汉语写作课的需求中，格式规范仅次于写作方法和逻辑思维，超过句式和词汇。例如，《手册》对目录页的规定如下：

> 使用小四号宋体，标明页码。可列出三级标题。“目录”两字用三号黑体，中间空两格，目录采用小四号宋体。目录页不标注页码。

学生的问题常常是，不理解“三级标题”，无法实现“目录页不标注页码”。《手册》要以图示的形式，指导使用者如何设置分级的标题，以及在此基础上自动生成目录。目录页不标页码涉及对内容分节的问题，这一点要有针对性地进行训练（即使对于指导教师来说也是如此）。

正文部分《手册》规定了标题级别、字体、行距，但仍有如下内容需要注意：

对齐问题。英文单词长短不一，所以学术文献一般规定靠左对齐。汉字每个字符占二维空间大小相同，可以规定两端对齐。

字体字号问题。明确黑体和加粗（bold）的不同。另外，需要说明中文字号和英文字号的对应情况。

标点符号问题。中英文符号的不同，分号的使用。《手册》可以先简要规定，根据学习者论文中出现的问题逐渐增补。

目前的《手册》可视化程度远远不够，在修订过程中应逐渐配上软件的操作截图，以帮助学习者理解并操作。

配合《手册》，最好有一个电子版的论文模板。模板中已经设置好相应部分的格式，使用者需要做的是用自己的内容替换相应的内容。

《手册》中在各项规范说明后可以形成一个格式自检表，学生在提交前自己先核对一遍，这样可以减少指导教师的工作量。

手册应有附录。学生关于学术文献阅读量小也是一个问题。① 考虑到本科留学生的语言水平，作为入门，我们可以从历年的优秀毕业论文中选取出一部分，供学习者参考。

（三）平时的学术汉语写作训练

平时的语言学习过程中，要注意对学习者进行有针对性的训练。高增霞、栗硕（2018）提到学术汉语写作教材建设的问题。不过理想的训练方法还是在做中学，正如作者们在评论学术写作教材里的问题：部分内容难度过高，缺乏实用性；注重理论知识，缺少对学生的练习实践；脱离教学，实效性低。初中级阶段，为了练习汉字，可以硬性要求学生手写作业提交；高年级后，要求学生使用电脑书写作业，并有针对性地进行。平时要多进行论文训练：一方面注重形式方面的训练，一方面注重内容方面的训练。此外，尤其要给学习者比较详细的反馈。

前期调查中我们已经发现，学习者在撰写毕业论文时面临的最大难点是词汇，所以应当特别加强学术汉语词汇方面的训练。黄启庆、薛蕾（2018）经统计发现，学术汉语词汇与其他语体汉语词汇相比，既有共同的词频统计性质，也有其鲜明的语体特点。他们将学术汉语词汇分为专业术语、书面性词汇、研究性词汇和结构性词汇四大部分。其中，书面性词汇和结构性词汇在平时的其他课程作业中都可以进行有针对性的训练。

要探讨开设学术汉语写作课的可能性。据李海燕等（2020）介绍，北京大学自 2017 年秋季学期起开设“全校本科留学生学术汉语写作通选课”，课程为一个学期，每周两个课时，三个学期中选课人数均达设置上限，总选课人数达 126 人。

四、结语

本文在前期调查的基础上，对留学生毕业论文的难点和训练方法进行

① 李海燕等（2020）的调查也发现，在北京大学，经常阅读中文专业文献的留学生只有 17%，高达 83% 的学生不常（36%）、很少（32%）或从未（15%）阅读过中文专业文献。

了讨论。

我们发现，已经获得学士学位的学习者对自己的写作水平仍然评价不高。他们认为，词汇问题和格式规范问题是撰写毕业论文时面临的比较大的难点。因此，来华本科留学生对专门的毕业论文写作训练有迫切需求。

为了解决学生毕业论文写作中遇到的难题，我们建议对《毕业论文指导手册》进行细化，包括对相应的格式规定可视化、开列格式自检表、提供毕业论文电子模板、提供优秀毕业论文作为附录等。

毕业论文的一些规定要分散到平时的语言教学中进行分解训练。同时，要改进毕业论文讲座，或考虑开设专门的学术汉语写作训练课。

参考文献

1. 阿米拉（2019）从一般语言写作到毕业论文写作的难点调查分析，北京语言大学学士学位论文。

2. 高增霞、栗硕（2018）学术汉语写作教材建设刍议，《云南师范大学学报（对外汉语教学与研究版）》第6期。

3. 高增霞、刘福英（2016）论学术汉语在对外汉语教学中的重要性，《云南师范大学学报（对外汉语教学与研究版）》第2期。

4. 郭涵宁（2016）留学生本科毕业论文写作课教学模式探讨，《国际教育研究》第4期。

5. 国家对外汉语教学领导小组办公室（2002）《高等学校外国留学生汉语言专业教学大纲》，北京语言文化大学出版社。

6. 黄启庆、薛蕾（2018）汉语国际教育视角下的学术汉语词汇特点研究，《第十三届国际汉语教学研讨会论文集》。

7. 金宁（1998）论汉语言专业留学生毕业论文的写作与指导，《河南教育学院学报（哲学社会科学版）》第4期。

8. 李海燕、张文贤、辛平（2020）本科留学生学术汉语写作课需求调查与课程建设——以北京大学本科留学生学术汉语写作通选课为例，《国际汉语教育（中英文）》第1期。

9. 刘冬雪（2020）留学生本科毕业论文写作课教学现状研究，《现代语文》第3期。

10. 刘弘、杨欣怡（2017）基于初步的汉语国际教育专业本科生教学研究类论文引言结构考察，《云南师范大学学报（对外汉语教学与研究版）》第2期。

11. 罗青松（2004）汉语语言专业留学生毕业论文指导初探——谈对外汉语学历教育高级阶段写作教学的原则与方法，《第七届国际汉语教学讨论会论文选》，北京大学出版社。

12. 吕军（2007）留学生语言类学士论文选题问题研究，《人文丛刊》第4期。

13. 亓华（2006）留学生毕业论文的写作特点与规范化指导，《云南师范大学学报（对外汉语教学与研究版）》第1期。

14. 幺书君（2005）韩国留学生汉语学历教育高年级写作课教学探索，《海外华文教育》第3期。

二
教学研究

汉语国际教育专业本科留学生语法模拟教学现状研究

——以北京语言大学为例

郭姝慧*

摘　要： 本文分析了汉语国际教育专业本科留学生语法模拟教学的现状，指出语法模拟教学的必要性及语法模拟教学中的各种问题（模拟教学的先备技能不足、模拟教学的过程技能不足、模拟教学的评价反思技能不足），在此基础上探讨了如何提高模拟教学的质量等教学对策。希望本文的研究能对汉语国际教育专业本科留学生的培养具有一定的借鉴意义。

关键词： 汉语国际教育；本科留学生；语法；模拟教学

近年来，中国与“一带一路”共建国家展开各类合作，急需大量懂汉语的专业人才。北京语言大学的汉语国际教育本科专业招收来华留学生，以期培养具备在海外从事汉语教学工作及其他文化交流工作的专门人才。而要培养这类在海外从事汉语教学工作的专门人才，除了要培养汉语交际能力外，更要注重汉语教学能力的培养。

* 郭姝慧，北京语言大学汉语学院教师。

一、本科留学生语法模拟教学的必要性

经过共同探讨，把汉语作为第二语言进行教学的专家们形成汉语国际教育专业硕士“应以技能培养为主，应把教学能力作为学生能力结构的核心，把教学能力的培养作为培养过程中最重要的环节，并且要贯穿始终”（林秀琴，2012：109）这一共识。但并非所有的汉语国际教育本科专业毕业生都有机会进入硕士研究生阶段继续深造，本科阶段该专业学习者汉语教学能力的培养也必须引起足够重视。

北京语言大学面向来华留学生的汉语国际教育本科专业已经初步建立科学的专业知识课程培养体系，也开设相关的汉语教学技能训练课程，如《汉语教学实践》《语音汉字教学法》《词汇语法教学法》等。《汉语教学实践》着重从语言的听说读写四项技能入手，《语音汉字教学法》和《词汇语法教学法》则着重从语言的语音、汉字、词汇以及语法四个要素入手来培养学生的实际教学技能。

林秀琴（2012：110）指出，技能训练实践类课程的教学步骤大体如下：“一是理性接受——通过教师讲授理解、接受基本理念和实践内容；二是实地观察——通过教学观摩认识课堂教学，发现问题；三是分析思考——通过案例分析与讨论寻找解决问题的方法；四是亲身体验——通过模拟教学体会教学实际；五是顶岗实习——进入真正的课堂参与教学。”

目前北京语言大学的汉语国际教育本科专业实践课程中的“顶岗实习”阶段囿于种种主客观因素未能实施，其他四步都在稳扎稳打进行，尤其是“亲身体验”阶段，每次都能引发学生强烈的兴趣。从汉语学习的角度来看，基础汉语语法阶段是学习人数最多的，因此非常有必要开展相关的汉语语法模拟教学。

二、本科留学生语法模拟教学存在的问题

语法教学法课堂中，学生先观摩优秀语法课堂，在此基础上，选取几个语法项目作为教学的具体案例，组织学生进行分析讨论，集体备课，熟

悉该语法教学项目的重点，设计该语法项目的教学环节，最后进入语法模拟教学阶段。

受限于授课时数以及学生人数，语法模拟教学的教学时长一般控制在10—15分钟之间，主要采用微格教学的形式。李秉德（1991：183）指出，微格教学“将复杂教学过程中的各种技巧进行科学的分类，并把不同的技能、技巧进行单独的训练”，这样的训练形式可使学习者对语法教学活动进行再一次的观察、评估和分析，从而帮助他们获得汉语教学能力。

纵观语法模拟教学的整个环节，我们发现学生主要存在以下三个方面的问题。

（一）语法模拟教学先备技能不足

进行语法模拟教学的前提是撰写教案，在撰写教案的过程中，发现学生普遍存在语法知识储备不足、教学对象程度判断欠准、教学环节设计失当、教学内容衔接照应较差、教学方法单一等问题。

1. 语法知识储备不足

全面掌握语法教学内容是语法教学的基石，但多数学生对于语法基础知识的掌握并不牢靠。如学生不清楚“把”字句和祈使句是对句子采用不同的分类标准而得到的结果等。作为一个语言的学习者，不能正确掌握基本语法规则只影响自身，而作为一个语言的教学者，不能正确掌握基本语法规则将造成严重后果。因此，对于语法基础知识怎么强调都不过分。

2. 教学对象程度判断欠准

我们的课堂语法模拟教学一般把教学对象假设为汉语基础阶段的来华留学生，但模拟教学的教学者对教学对象的语言水平不能恰当判断。这既体现在经常使用超纲词语上，如讲解“比”字句选取“西瓜”和“核桃”作为比较对象。“核桃”这个词语并未收录于《国际汉语教学通用课程大纲》（2014）常用汉语词语表（一级至六级）。该词语的意义和书写对于尚处于基础汉语语法学习阶段的学习者来说难度太大。对教学对象程度判断欠准也体现在语法内容方面。如讲解结果补语的教案中提问包含了“把”字句结构，实际上课堂用语不应该包含学生还未学习的语法项目。

3. 教学环节设计失当

语法教学的环节包括语法项目的引入、语法项目的讲解、语法项目的练习以及语法项目的归纳。语法项目的引入存在的最大问题就是设计生硬，不够自然；在具体撰写某个语法项目的讲解内容时，常常因知识的不足而出现讲解不够透彻的现象；抑或讲解时不能奉行语言教学精讲多练的教学原则，出现练习数量不够、练习形式单一、练习难易梯度选择不恰当等问题。语法项目的归纳也会出现归纳不完整，或者不会对语法结构进行整合的问题。

4. 教学内容衔接照应较差

基础汉语语法阶段语法教学的目的不是单纯地让学生掌握语法，而是要注意同词汇教学以及短文教学挂钩。教师给模拟教学分派的语法个案均是某部教材的具体一课，并非只给出语法项目的名称。但实际语法教学无论是讲解还是练习的过程均不注意复现本课所学的新词语，出现的例句以及情景基本与本课课文内容毫无瓜葛。教学者统筹整个篇目教学的能力不足，不利于学习者从语法教学的阶段过渡到下一个阶段。

5. 教学方法单一

本科留学生教学法理论基础薄弱、教学经验缺乏，在教案撰写过程中可发现学生使用的教学方法也比较单一。比如讲解“比”字句时，几乎是采用借助教具出示 PPT 图片的方式进行两个比较项的比较，较少有结合实际情景的教学。教学方法的使用处于“照葫芦画瓢”阶段，一般沿用教学观摩课的方法，鲜少有自己独特的设计。

除此之外，我们也发现部分该专业留学生对教案撰写不够重视，其后果就是语法模拟教学过程效果欠佳。

（二）语法模拟教学过程技能不足

在具体的语法模拟教学过程中，我们观察到如下不足。

1. 急于展示全部教学内容

在语法模拟微格教学中，针对某一个具体的语法项目，将复杂、完整的教学过程分解成引入、讲解、练习、归纳（其中又包括如何进行提问、如何进行板书等）等单项技能，进行高效的练习。技能训练单一集中、目标明确，可以有效解决汉语国际教育专业学生教学实训时间短的问题。但模拟教学者往往在短短十几分钟内就急于展示某一语法项目的全部内容，结果讲解内容过于繁杂，压缩了其他技能的练习时间，完全达不到微格教学要对学生进行单项技能训练的目标。

2. 语言交际能力和课堂用语掌握欠佳

语法模拟教学过程不仅核查学生对于语法知识的熟悉程度以及对于教学技能的掌握程度，也是一次真正的实用语言交际场景。语法模拟教学过程中，教学者经常会出现一些实际应用错误，如说出“老师放书在桌子上”这样的句子。教学者对课堂教学用语情况掌握得也不是很好，指令不够简短，如使用“谁来帮帮我，谁来帮我回答这个问题”之类的句子，发出教学指令时仍把自己定位为学习者。

3. 板书或多媒体手段使用不当

教案设计中学生对于板书内容虽然做了很好的设计，但实际教学过程中常常因为紧张或板书不整齐等原因，教学效果未能达到理想状态。多媒体技术手段的应用技能也比较缺乏：不会插入动态图片或视频等；针对初级阶段的学生，选择的字体不是宋体或楷体，而是其他一些艺术性比较强却不利于初级阶段学生进行汉字认读的字体。

4. 教姿教态不自然，教学互动不够

语法模拟教学时教学者不太注重自己的教姿教态，或是过于注重而显得十分紧张、极不自然。如教学过程中不敢正视学习者，使用激光笔一直在打圈或四处游移，或者讲解时全程背对学习者等。教学过程中也出现教学互动失当的问题，如只偏好提问部分同学，或者一直采取师生集体活动，缺乏教师与学生个体的互动或与此相反等。

（三）语法模拟教学评价技能不足

教学技能的提升需要从错误的经验中积累，应该十分重视培养学习者对语法模拟教学的评价和反思能力。“分析思考”不仅应该是技能训练实践类课程教学五个步骤中“亲身体验”的前阶段，也应该是紧接其后的后阶段。

目前我们发现，学生在实际的语法模拟教学结束之后，存在两个方面的问题：一是往往无法对同伴的语法模拟教学做出全面、恰当的评价；二是对自己的语法模拟教学无法进行更为合理的修正，存在即使发现了问题也不知道如何修正的现象。大多数模拟教学者对各项教学技能的理解仍停留在理论层面，同时缺少评课经验，再加上面对面点评中的“面子”因素，因此在评价时感到茫然无措，不知道评价什么和怎么评价，少数发现问题的学生也往往碍于面子而点到为止。即使经过指导，多数同伴评议仍停留在课件制作、文本内容、普通话标准度等表层问题之上，真正针对教学技能层面且切中要害的有效点评并不多。这种同伴评价的有效度过低，试讲者无法从组内同伴处获得具有较高价值的建议。而且，即使评议都富有价值，仍有部分学生觉得无从下手，不知如何修正自己的教案并在此基础上改善教学过程。另外，教学评价主要在授课时间的教学现场进行，学生在课堂教学之外的环境中较少主动深入反思教学过程，揣摩教学技巧和提升教学技能，这样必然大大降低了评价环节的深度和精度。

三、对本科留学生语法模拟教学的建议

针对以上汉语国际教育专业本科留学生语法模拟教学各环节中表现出来的问题，我们提出如下建议，帮助留学生更快更好地获得教学技能。

（一）加强专业基础知识课（语法课程）的学习

语法模拟教学要想取得成功，首要的一点就是加强汉语国际教育本科专业基础知识课——语法课程的学习。基础阶段的语法学习更注重句型操练，并不强求对语法术语的掌握以及对语法的系统了解，如果不进行专门学科知识的传授，学生掌握的语法一般是零散的、点状的、不成系统的。语法模拟教学者将来如从事汉语作为第二语言的教学工作，则必须系统了解现代汉语的语法知识，对语法知识做到心中有数。学习汉语语法知识，让学习者掌握汉语的结构规律和特点是语法教学的基础目的，在此基础上，还可以培养学习者发现语法研究课题，搜集语料使用研究方法解决语法研究课题的能力。

（二）强化语言交际能力的培养

语言的本质是交际的工具，交际能力的提高将有效保证语言教学的效

果。教学是一门运用语言的艺术，学习者将来要成为教学者，必须掌握语言听、说、读、写的各项基本技能。教学者满肚子语法知识，如不具备较好的语言交际能力，教学也是无法有效实施的。教学者既要能正确理解语言，通俗地说，即能读懂、听懂，理解是表达的前提；还要能说出来、写出来，说得流利准确、写得通顺自然。教学者自身不仅要输出正确的语言结构，同时要能够判断他人的语言结构是否合法、得体。

（三）建立教学资源库，提供更为丰富的典型性教学案例以供观摩

把汉语作为第二语言进行教学的培养单位，应该为有志于从事汉语国际教育事业的学习者提供更为丰富的典型性教学案例以供观摩。北京语言大学建设了自己的汉语教学案例资源库，教学资源库多为公开课视频或教学比赛视频，展示的案例一般极具典型性和示范性，但目前仍存在一些不足：一是该资源本身暂不对留学生开放，教学使用有实际困难，目前只能观摩一些已公开出版的教学案例；二是缺乏对资源库中案例的专门分类，如究竟哪些案例是语言中的语法教学没有明确可查阅的标记；三是缺乏配套的教学者自身对其课堂设计的讲解与分析。希望在教学资源库的建设方面，技术专家和教学专家能够通力合作，打造一个良好的培养汉语师资的平台。

（四）提取和制定专业技能分项，建立细化的语法模拟教学的评价体系

汉语国际教育专业的语法模拟教学采用的微格教学形式，是以师范专业的技能体系作为底本的。结合汉语国际教育的专业特点以及所要讲授的语法知识自身的特点，我们重新提取和制定了各个专业技能分项（见“语法模拟教学技能分项简表”，该表为笔者自制），尝试建立了语法模拟教学的评价体系，希望以此为基础“促成汉语国际教育专业构建起一套经过论证的、公认的、统一的可用于微格教学的技能项系统”（张迎宝，2018：44）。有了细化的教学技能评价体系，既便利了模拟教学的分析以供教学者反思，也便于模拟教学者教学前对自身的教学过程进行设计和把控。

表 4—1 语法模拟教学技能分项简表

语法模拟教学技能分项				得分
教学环节	引入		引入是否自然	
			引入是否创设了合适的情景	
			引入的格式是否准确	
	讲解		意义讲解是否准确	
			格式讲解是否准确	
			例句选取是否恰当	
	练习		是否精讲多练	
			练习难度是否恰当	
	归纳		归纳项目是否完整	
			归纳是否利于掌握语法项目	
教学技巧	语言	提问	提问是否兼顾个体与集体	
			提问是否考虑学生个体差异	
			其他	
		教学语言	语音语调是否有误	
			词汇选取是否有误	
			语法是否有误	
		课堂用语	是否恰当	
	板书		是否恰当	
			是否有错别字	
	多媒体演示		演示是否有助于结构的学习	
			课件制作是否合理	
	课堂组织、教学互动		能否及时运用反馈合理调整	
			能否激发不同层次学生兴趣	
			其他	
	教姿教态		目光移动	
			身体移动	
			其他	
总计				

资料来源：笔者自制。

语法模拟教学仅仅是汉语作为第二语言教学技能训练实践类课程中的一项，为了培养适应汉语国际教育事业需要的具备良好教学综合素质的汉语教师专门人才尤其是海外师资，我们应该加大汉语国际教育专业本科留学生语言课堂模拟教学的研究，为海外师资的成长提供更有营养的土壤。

参考文献

1. 孔子学院总部/国家汉办（2014）《国际汉语教学通用课程大纲》，北京语言大学出版社。

2. 李秉德（1991）《教学论》，人民教育出版社。

3. 林秀琴（2012）汉语国际教育硕士教学能力培养问题探讨，《黑龙江高教研究》第 12 期。

4. 张迎宝（2018）汉语国际教育专业微格教学面临的问题与提升路径，《高教论坛》第 10 期。

有关初级汉语综合课语篇教学的几点思考

葛　娟*

摘　要：本文主张在初级汉语综合课中开展语篇教学的实践活动，旨在从初级阶段开始循序渐进地训练外国学生的语篇能力；分析现阶段初级汉语综合课语篇教学的现状及存在的问题，并从三个方面提出一些改进建议。

关键词：语篇教学；语篇能力；初级汉语；综合课

引言

在汉语的国际推广过程中，汉语的语音、词汇、语法和汉字教学一直是对外汉语初级综合课所关注的教学内容和教学重点。目前，初级汉语综合课形成一套比较完备的教学思路与行之有效的教学方法，教学内容围绕着“词—短语—单句—复句—语段—语篇”这个顺序循序渐进地进行。

专业的汉语教师一般会以“以学生为中心”“交际性”和“实用性”

* 葛娟，北京语言大学汉语学院教师。

原则为教学指导，重视培养外国学生的成段表达能力，通过各种教学方式调动学生开口说汉语的积极性，确保初级学习者通过较短时间学习，就可以进行单句表达，并通过简单的对话进行交际，让汉语教学达到立竿见影的效果。在此方面，现有的初级汉语综合课的教学模式取得很大成功。

但是当我们要求学生将单句组合起来，围绕一个话题进行自由表达时，会发现他们只是简单地从头脑中搜罗出已经学过的词语和句式，然后机械地把一个一个完整的句子叠加起来，组成一组组句串，最后出现前言不搭后语、重复啰唆的表达结果。问题出在什么地方？史有为认为，“汉语教学中最容易把握的是词汇和句法项目，而在语言交际中使用最多的语篇却最难把握，在口语和书面语中也是如此。目前我们最缺乏的也是语篇研究”。

20 世纪下半叶以来，随着对外汉语教学学科的进一步发展，在语篇分析理论的推动下，汉语学界越来越多的学者和汉语教师开始关注语篇教学问题，相关的研究成果也日趋增多。研究范围涉及语篇教学的含义、语篇能力在不同汉语技能课中如何培养、不同文体语篇特征以及学习者汉语语篇习得过程、习得难度、习得难点等方面。从现有的研究成果可以发现，目前大家的研究兴趣主要集中在“语篇（含语段）的衔接与连贯的教学研究、对留学生汉语中介语中的语篇现象（尤其是偏误现象）的研究，以及对汉语书面语篇的教学与习得研究”（陈晨，2008：10—13）。[①]

中、高级水平的汉语学习者要加强其语篇的教学与语篇能力的培养，这点已经成为业界的共识，但是对于初级阶段的汉语学习者是否需要加强语篇能力的训练，是否需要树立师生的语篇意识，以及如何在初级阶段开展语篇教学活动，如何培养学生的语篇能力，却鲜有研究。本文以初级汉语综合课的教学活动为研究对象，探讨现阶段初级汉语综合课有关语篇教学的现状，并提出一些建议。

① 陈晨（2008）对外汉语语篇教学研究：回眸与思考，《海外华文教育》第 2 期。

一、语篇与语篇能力

（一）语篇

语篇的含义是什么？学者们给出不同的界定。英国当代语言学家韩礼德（Halliday）认为语篇是一个语言使用单位，是一个语义单位，可以包括口头语言和书面语言两项内容；它是语言研究的对象，包括由句子构成的语段和由语段构成的语篇。李秉震认为语篇还是一种研究视角，即将语言结构置于整个语段或者语篇的角度来加以分析，这种视角的背后是功能主义语言观。胡壮麟认为语篇既适用于话语，又适用于篇章。“语篇这个语义单位由小句来体现它的意义，它与小句、词组、词等语法单位之间的关系是体现关系，即语篇由小句来体现，或小句体现语篇的意义。语篇与小句之间不存在着大小高低的关系，因为语篇与句子等语法单位不属于同一个类型的单位”（黄国文，2001：1—5）。[①]

综上所述，我们会发现语篇实际是由一个一个意义具有相关性的句子组合在一起的，这个句子组合群能够传达完整的信息，具有交际的独立性和语义的连贯性，具有一定的交际目的和功能，其真实含义又受制于语言环境。形式上，它可以是交际中任何一种完整的语言材料，比如仅有几个字组成的文字标识，一组对话、一段话或者一篇文章都可以视作语篇的不同表现形式。

（二）语篇能力

语言学家卡纳尔 1983 年提出言语交际能力的四个组成部分，其中就提到“语篇能力”，即运用话语进行连贯表达的一种能力。语篇的完整统一是通过语言形式的衔接与语义的连贯来实现的，语篇能力其实就是在超越句子平面之上组织语段的一种能力。如果只是简单地把一个个句子堆砌起来，而不去关注句子之间的衔接和语义的连贯性，那么对于汉语学习者来

① 黄国文（2001）功能语篇分析纵横谈，《外语与外语教学》第 12 期。

说，即使通过句子连接，组成所谓的“语篇”，也不能就此说其具有一定的语篇能力。

二、初级汉语综合课语篇教学现状及分析

（一）教师的语篇教学意识不强

初级汉语综合课属于基础汉语教学阶段，所讲的语法是形式语法，侧重于句法结构、句型、词序的教学，并在结构语法教学的基础上从听、说、读、写四个方面训练学生的言语技能。

长期以来，初级汉语综合课的教学重点一直放在如何提升学生的语言能力，如对语音、词汇和语法的认知能力上，即如何在短时间内让学生快速说出正确的句子。

初级汉语综合课的教学模式一般是以朗读生词—讲解生词—讲练语法—朗读课文—讲解课文（对话）—课文（对话）表演或成段复述为主要的教学模式，教学的重点多停留在词汇与语法层面，即词本位和句本位教学。但是，也有老师把初级汉语综合课上成了只由“词汇教学—语法教学—词汇语法练习”三个教学环节的语言知识讲练课。

在初级阶段，经过零起点的入门阶段后，单纯的单句教学是无法满足学生的实际交际需要的。于是，以交际为目的、训练学生“成段表达能力”的语段教学应运而生。吕必松认为“成段表达能力包括把句子组成语段，把语段组成语篇的能力”。张宝林提出，在单句到语篇的训练中间，不能忽略一个“语段”教学。但是就教学本身来说，彭小川认为“没有必要将语段与语篇截然区分开来”。

在“训练成段表达能力”的教学理念指导下，教授初级汉语综合课的教师会在课堂教学中设计语段实践的机会，用于训练学生的成段表达能力，如复述课文或对话、看图说话、课堂讨论、讲故事、课堂辩论等。教师还会要求学生根据所给出的题目写小作文，以此训练他们的书面表达能力。但训练的重点依然是围绕着课堂所学的重点词汇、句型或语法进行的。常见的方式是教师给出本课所学的重点词语、句型或语法格式，由学

生根据本课所学对话或课文内容，把所给的提示语串联成一段话或几段话。在学生熟悉课文或对话的前提下，这种训练形式是没有问题的，因为它近似于一种机械式的背书模式。但是，当教师给出某个讨论话题，由学生自己组织语言进行自由表达时就会发现，学生们只是把一个个单句进行简单堆积、串联，常常出现前言不搭后语、流水账似的表达结果。

例如，我们在初级阶段经常会遇到学生的如下表达：①

（1）我叫爱德华。我今年22岁。我是英国人。我来中国学习汉语。我也学习中国历史。

（2）国庆节的时候，我和朋友一起去内蒙古旅行了。我们坐火车去内蒙古。我们去内蒙古的时候，在火车上，我们和中国人聊天，中国人喜欢和我们聊天，我们很高兴。在内蒙古的时候，我们骑马，看风景，我们太高兴了。我们很喜欢这次旅行。

上面的两段话，如果单看每一个句子，都没有太大的语法问题。但是，当学生把一个个句子机械地组成一段话或者一篇文章的时候，我们会发现其实他们实际的语篇能力还是比较弱的。这种状况会一直持续到中级甚至高级阶段，有一些学生即使到了高级阶段，汉语表达能力仍然无法令人满意。

在初级阶段，对于学生出现的这种流水账似的表达，教师一般不会特别地进行纠正，因为学生可以进行成段表达是教学的目标之一，而至于说篇章表达中是否运用了“省略、替代、照应”，“连贯性是否欠佳”，“语段篇章结构是否松散”，教师一般会采取相对比较容忍的态度。

我们可以认为，一些教师的语篇教学意识相对薄弱，或者根本不了解什么是语篇教学，更不用说如何培养学生的语篇能力了。也有的教师会认为，培养学生的语篇能力主要集中在中高级阶段，初级阶段只要打好词汇和语法基础就可以了。当然，也有不少教师对于语篇教学有所了解，意识到语篇教学的重要性，但是至于教学过程中如何操作，如何切实地进行语

① 来源于学生的课堂语料。

篇教学，如何真正地培养学生的语篇能力，针对这些问题目前并没有现成的答案可供参考。在初级汉语综合课的实际教学活动中，学生语篇能力的培养并没有一个统一的标准，因此教师在训练语篇能力的时候更多地带有随意性，或者把语篇能力的训练仅仅理解为关联词与一般复句的教学和训练。

（二）初级汉语综合课教材中的“语篇意识”考察

纵观初级汉语综合课教材的发展，一直以来是以语言结构为主导进行编写的。教材的对话设计或课文内容的选取，基本上是服务于本课所要教学的词汇或语法项目的。特别是在入门级别教材的语料选取上，人工化痕迹是比较明显的。

目前初级汉语综合课的教材应用比较多的编写体例是对话与短文相配合的情况。在初级阶段的后期，教材一般会选取篇章作为课文。教材中的对话和篇章，实际上已经使学生接触到语篇的教学，但是如何利用现有的对话和篇章进行有效的语篇教学，提升学生们的语篇能力，却鲜有人去进行专门研究，因此目前在初级汉语综合课的教学中对此并没有统一的标准。

初级综合课教材课后的配套练习，设计也多是围绕着本课所学的词汇和语法点进行的。比如常见的练习模式包括：根据课文内容回答问题；用课堂所学句式进行替换练习；用某个语法点进行造句；短文完形填空；根据所给词语或句式说一段话等。从这些练习的设计我们可以看出，真正的训练学生语篇能力的练习是非常少见的，更多的仍然是语言知识点的训练。其中短文完形填空这个练习的设计比较接近提升学生的语篇能力，但这个练习的实际操作过程却被省略了。更多时候教师只是告知学生完形填空的答案，如果其中有关联词语填空，多是再次复习这些关联词的用法，而通过短文进行语篇分析几乎是不存在的。因此，短文完形填空一直是学生比较惧怕的练习模式，从初级到中高级，这类练习都是学生失分比较严重的。并不是学生不理解关联词的意思和用法，而是无法通过这类练习真正地提升语篇分析能力，进而提升自己的语篇能力。

虽然迄今为止，有关语篇教学研究的理论层出不穷，但是汉语初级综合课的语篇教学其实仍然处于盲区。教材编写更多地把重点放在词汇和语法教学的传统模式上，而对于如何在初级阶段提升语篇意识和语篇能力在教材中却鲜有涉及。因此，作为教材的使用者，教师和学生对于如何在初级汉语综合课上建立起语篇意识就显得比较困难了。

三、初级汉语综合课实现语篇教学的几点建议

邢志群将语篇教学分为初级、中级、高级三个阶段。“初级阶段学生应该着重学习篇章连贯的基本手段，如简单的省略、替代、基本语序和个别语序的使用等等。”

语篇的“分阶段”教学理念，把语篇教学贯穿于整个汉语教学的全过程，而并不是只集中在中级和高级阶段，在初级阶段其实就可以适当地开展语篇教学活动了。

（一）《国际汉语教学通用课程大纲》对于初级阶段语篇教学的要求分析

《国际汉语教学通用课程大纲》中专门把语篇教学列为一项，作为与语音、字词、语法、功能、话题并列的知识项目。其中，对于语篇教学的目标要求与内容具体概述如下（孔子学院总部/国家汉办，2019：1—22）：①

表5—1　语篇教学的目标要求与具体内容

一级	在教师的指导下，初步了解在语境中恰当使用句子进行成段表达的方法，了解汉语语篇的行文思路 在教师的指导下，初步感知汉语和母语语篇行文思路的差异和共性 在教师的指导下，学会抓主干，并尝试通过修饰、限定成分理解简单句子的基本内涵 在教师的指导下，初步感知简单的中文修辞方法 在教师的指导下，初步理解或领会口语和书面语篇章所表达的简单的思想感情

① 孔子学院总部/国家汉办（2014）《国际汉语教学通用课程大纲》，北京语言大学出版社。

续表

二级	1. 在教师的指导下，初步了解在语境中恰当使用句子进行成段表达的方法 2. 在教师的指导下，感知汉语和母语语篇行文思路的差异和共性 3. 在教师的指导下，在抓主干的同时，初步通过修饰、限定成分理解句子的基本内涵 4. 在教师的指导下，感知较简单的修辞方法，如夸张、排比等 5. 在教师的指导下，初步理解或领会口语和书面语篇章所表达的一般思想感情
三级	1. 接触汉语和母语语篇行文思路的差异和共性 2. 在教师的指导下，在抓主干的同时，初步通过修饰、限定成分理解句子的内涵 3. 尝试运用简单的中文修辞方法，感知较复杂的中文修辞方法 5. 根据比较简单的修辞方法的特征和功能，初步学习口语和书面语篇章所表达的思想感情

从表5—1中可以看出，在初级阶段对于语篇教学和语篇能力的培养，大纲其实已经有了初步的规划与要求，因此并不能简单地把语篇教学和语篇能力的培养统统归入中高级阶段，而是在初级阶段就需要着手开展。而且，我们从大纲中可以明确意识到，在初级阶段，学生语篇能力的培养更多的是“在教师的指导下”，这就要求初级阶段的教师需要树立足够的语篇教学意识，真正懂得进行语篇教学的方法和步骤，才有可能切实提升学生的语篇能力。

（二）教师语篇意识的树立与学生语篇能力的培养

初级汉语综合课的教学目标涉及提升学生汉语的听、说、读、写四项言语技能，这更需要教授初级汉语综合课的教师树立足够的语篇教学意识，把语篇教学贯穿到听、说、读、写的各个环节。教师在教授词汇和语法语言知识点的同时，不能忽略情景语境和文化语境的介入，脱离了二者，只是单纯地去进行词汇和语法点的教学，不但不利于语篇的理解，而且会妨碍学生语篇能力的培养与提升。例如在初级阶段，“把”字句是一个重要的语法知识点。如果教师只是告知学生“把”字句的结构、使用范围，然后就进入句型操练环节，很快会发现，学生在机械式的句型操练环节，对“把”字句掌握得还是很不错的。但是，在实际的口语交际和书面表达中，学生对于“把”字句的使用却采用了回避的学习策略，他们很少能真正地使用“把”字句，即使使用了，也常常会出现使用偏误。由此可见，初级阶段，在教授汉语词汇和语法知识点时，如果忽略了上下文，忽略了情景语境，忽略了文化语境，忽略了语篇教学的宏观视角，而是把词汇、语法教学与语篇教学割裂开来，忽略了其内在关联性，那么学生的语篇能力很难得到提升，这将直接影响其在中高级阶段的语篇能力的提升。

（三）重视初级汉语综合课教材中语篇教学的设计

教材是教师在教学中使用的工具之一，如果在教材中融入语篇教学和语篇能力训练的内容，那么必然对教师进行语篇教学具有一定的指导意义。初级汉语综合课的教材，对话和短文部分本身就是语篇，因此可以在课后练习部分增加语篇训练的内容。

例如，针对初级阶段学生偏误率较高的关联词语填空、主语省略、句子排序问题，设计相关的练习题。这三项可以分别设计练习题，分门别类地进行专项训练，也可以设计综合性的练习题目，把三种偏误放在一组题目中进行练习。

1. 用关联词语填空的训练

教材可以采用从易到难的编写策略，先设计出几组句子，让学生自由地根据已经学过的关联词找出相对应的前后分句，组合成一个完整的复句；也可以给出一个语段或语篇，其中含有错误的关联词，让学生找出来并改错，同时能用自己的话分析出该关联词语用错的原因等，以加深印象；当然，也可以设计一个情景，给出关联词语，让学生使用关联词语说一段话或者完成一组对话。

2. “省略”的训练

语篇教学的一个很重要的内容是句与句、段与段之间的衔接、连贯问题，而这部分正是外国学生语篇能力的薄弱环节。在初级阶段，外国学生就会出现语篇的衔接与连贯的问题。他们会把单句机械地堆积起来，简单地组合在一起，从而忽略语篇的衔接手段，例如省略、指称（照应）、句

序、替代等。因此，学生在表达过程中常常会出现下列句子：[①]

(3) 我叫马克，我是法国人，我二十二岁，我在北京学习汉语。

(4) 今天中午我饿死了。去食堂吃午饭的时候，我吃了两碗米饭，要了两个热菜，要了一碗西红柿鸡蛋汤。

(5) 我最近认识了一个新朋友，新朋友的名字叫大卫。大卫是英国人，大卫和我有一样的爱好，我们都喜欢踢足球。

从上述（3）（4）例句可发现，初级阶段的外国学生在实际的汉语表达中，对于主语或宾语的省略问题并不敏感。在表达中，重复主语或宾语的现象很常见，导致该省略的地方不省略，语句重复啰嗦，句与句之间结构松散。

从上述（5）例句可发现，指称（照应）、替代问题是外国学生在初级阶段就会出现的语篇问题。

因此，我们在初级汉语综合课教材中，就可以有针对性地设计一些训练学生有关省略、指代词的指称（照应）、替代这些语篇衔接能力的练习题。教师可以先从课文中选取一些范文，与学生共同分析省略、指代词指称（照应）、替代在语篇中的作用，使学生初步了解语篇衔接的一些手段。然后，教材在课后练习环节可以设计一些专项性的练习，进行语篇能力的训练。例如，可以给学生提供一些完整的单句，让学生组成语段，要求其根据语义省略主语或宾语，或者用代词或其他词来进行指称或替代。当然，这部分的练习同样可以设计为改错模式，给学生一组未经省略主语或宾语的句子，让学生自己找出可以省略的地方并改正。

3. 句子排序的训练

我们在初级阶段教学时常会提到“语感”这个词，但是对于何为“语感”，即使是专业汉语教师可能也很难准确地描述出来。但是，我们可以通过训练来培养学生的这种“语感”，其中汉语句序的排列可以在初级阶段进行。

---

① 来源于学生的课堂语料。

汉语句序排列包括时间顺序、空间顺序、事情发展顺序等。那么，在初级阶段的综合课教材中，特别是进入短文阶段后，上述几种句序会相继出现。因此，这也正是教师进行学生语篇能力培养的一个很好的阶段。教师可以从教材的短文中找出表示各个句序的示范语段，与学生共同分析该语段的语序属于哪一种。同时，可以从短文中划出表示时间或空间变化的词语，要求学生按照某种表达顺序说出或写出一段话来；或者在教材的练习部分，设计出一组有关联性的句子，打乱顺序，然后由学生根据语义重新进行排列等。

结语

语篇教学是汉语教学的一个很重要的组成部分，分布在初级、中级和高级阶段，不同阶段语篇教学的重点与难点也不同。作为教授初级综合课的教师，要意识到语篇教学在初级阶段的重要性，要将语篇教学与词汇、语法教学联系起来，既不能厚此薄彼，也不能将其割裂开来。同时，要把有关语篇教学的研究理论积极地应用到初级汉语综合课的汉语教学中，使外国学生的语篇能力在初级阶段就得到一定的训练，为将来中级和高级阶段的语篇教学打好基础。

参考文献

1. 史有为（2004）语篇、语篇法则和语篇教学，《应用语言学研究》第 6 期。

2. 邢志群（2007）对外汉语教师培训——篇章教学，《汉语教学：海内外的互动与互补》，商务印书馆。

3. 韩蓉（2017）论汉语作为第二语言学习者的语篇能力，《语言应用研究》第 3 期。

4. 李秉震（2014）基于本体研究的对外汉语语篇教学，《首都师范大学学报》增刊。

5. 张宝林（1998）语段教学的回顾与展望，《语言教学与研究》第

2 期。

6. 吕文华（2012）语段教学内容的选择和分布，《语言教学与研究》第 1 期。

7. 赵金铭（1996）对外汉语语法教学的三个阶段及其教学主旨，《世界汉语教学》第 3 期。

8. 杨春（2006）初级汉语教学中的“语篇意识”与“语篇教学意识”，《玉溪师范学院学报》第 10 期。

9. 刘月华（1998）关于叙述体的篇章教学，《世界汉语教学》第 1 期。

10. 彭小川（2004）关于对外汉语语篇教学的新思考，《汉语学习》第 4 期。

11. 杨翼（2000）培养成段表达能力的对外汉语教材的结构设计，《汉语学习》第 8 期。

12. 贺文丽（2004）功能语篇分析在对外汉语教学中的运用，《云南师范大学学报》第 4 期。

初级汉语阅读课课外阅读材料研究

杨　琦*

摘　要：汉语初级阅读课是汉语四门技能课之一，但关于课外阅读材料的研究较少。本文从课外阅读材料的选择原则、阅读目标入手，讨论应该如何寻找适合学习者的阅读材料，并探讨了几个阅读材料来源的可行性和实用性。

关键词：初级汉语阅读；课外阅读材料；汉语国际教育

汉语阅读课是汉语国际教育中的一门技能课，也是一门基础课。初级课程一般在学习者掌握600—800个词后开设，此时学习者的汉语水平根据《国际汉语教学通用课程大纲》（以下简称《大纲》）的划分，在三级到四级之间。阅读的课文一般以400—500字的短文开始，逐渐增长篇幅、提高难度。以北京语言大学的本科汉语初级阅读教程为例，每一课由两篇课文以及四篇练习用的短文组成，难度逐渐加大。根据输入理论，只有大量的输入才能使学习者获得更多的知识，阅读课同样需要大量的阅读材料，以便让学生能够更熟练地掌握汉语阅读能力，并提升阅读速度。对于一部分

* 杨琦，北京语言大学汉语学院在读研究生。

学习者来说，完成课本上的内容绰绰有余，需要更多的知识填充，而课外找到适合阅读的汉语材料，对他们来说难度又过高。此外，学习者在课下更倾向于选择使用母语而不是使用汉语去阅读新闻、与人交流。因此，教师亟须寻找到可以提供给学生的，并能够让学生提高阅读技能的课外阅读材料。

一、课外阅读材料选择的四个原则

对外汉语阅读材料不同于普通中国本土学生的阅读材料。《大纲》的编写原则有四条：（1）科学性——符合第二语言教学规律；（2）实用性——提高学习者使用汉语的能力；（3）针对性——突出交际能力；（4）通用性——符合国际认可的语言能力标准。这四条原则也可以运用在初级汉语课外阅读材料的选择上。

（一）科学性原则

课外阅读材料的选择应该符合二语习得的教学规律。根据克拉申的输入假说，阅读材料的选取需满足三个条件：可理解的输入，包含已知的语言成分，包含略高于已知语言水平的成分。因此，阅读材料中的词汇和语法需要大部分是已知的，即学生已经学习过的，尤其是关键性的词汇，这样方便学生理解整段材料的意思。但同时，材料里面也需要包括一些未学过的词汇，让学生可以通过理解文意去猜测新词的词义，以提高阅读的难度。i+1 的输入原则一方面可以巩固已学内容，另一方面可以通过阅读来增加词汇量。

（二）实用性原则

学有余力的学习者增加阅读量的最重要的目的就是提高他们使用汉语的能力。在阅读技能方面，课外阅读材料的功能包括：一是增加课上词汇的复现率，巩固学习者的已有词汇；二是提高学生阅读速度，使学习者通过更多阅读材料来提升寻找关键信息的能力；三是通过阅读新材料来扩大学习者的词汇量。由此，我们可以得出一个结论，对初级汉语水平的学习者来说，课外阅读材料不必有一定的长度，教师更需要挑选和课上内容相关且中心思想突出、全文重点明显、立意不分散的文章。同时，注意文中不应有过多的生词，方便学习者更快地找到文中关键信息，更好地掌握阅读技能。

（三）针对性原则

提高目的语的交际能力是每个二语学习者的希冀。四个语言技能中，阅读虽然不像听力和口语一样，可以直接与交际联系到一起，但能否读懂书面文字，也与交际能力息息相关。阅读可以扩大词汇，加深对语言的理解，因此在阅读材料的选择上，也应该更多地选用与学习者生活有联系的、更接地气的、与交际语言有关的内容。此外，教师也应该根据学习者不同的年龄提供不同的阅读材料，小学、中学、大学和社会人士的需求都是不同的。例如，小学和中学的学习者可以阅读一些趣味性强的内容，提高对语言的兴趣；而大学及以上的学习者可以阅读一些与文化有关的或与工作研究相结合的内容。

（四）通用性原则

阅读课没有国际标准限制，但是在内容方面应该稍加注意，尽量做到老少咸宜、中西适用。阅读材料最好经过教师筛选，对其中跨文化的内容要有说明，以方便学习者理解。此外，教师也可以结合课内教学的讲解内容，适当地选取与中国文化相关的内容，使学习者在课外也可以加深对中国的理解。例如，在学习看病相关的课文之后，可以利用医院的平面图帮助学习者认识中国医院的就诊顺序，复现课内词汇，并学习识别一些说明图的关键信息；在学习购物相关的课文之后，可以给学习者提供超市或商场的打折宣传单等。

二、阅读技能的五个目标

在《大纲》的分级目标描述中，三级的目标包括："学习者能理解并学习与生活相关的语言材料，可以运用较为复杂的句型，就熟悉的话题进行沟通、交流和描述，可以组织简单的语段。”更为详细的针对三级的阅读技能目标则描述为：“能阅读日常生活或学习中的简短书面材料，了解大意，识别基本信息；能在题材熟悉的段落中找到所需的特定信息。其中包括：（1）能阅读日常生活或学习中常见的简短书面材料，了解大意，识别基本信息；（2）能认读简单社交场合中的留言、记录、电子邮件或简短信函；（3）能看懂日常生活中简短的介绍性或说明性材料；（4）能读懂与日常生活密切相关的、内容可预测的简单叙述性或描写性材料，能抓住主要信息；（5）能在内容熟悉的题材中快速找到所需的特定信息。”教师可根据《大纲》的阅读技能要求寻找课外阅读材料。

（一）日常生活或学习中常见的简短书面材料

在日常生活中，新闻是最常见的简短书面材料，但大部分新闻包含太多书面语及复杂词汇，对初级学习者来说难以理解。校园新闻与学生关系密切，但很多校园新闻篇幅过长、内容较多，不适合学习者阅读。教师可以对一些校园新闻进行切割，截取新闻重要片段；同时可以搜寻一些与生活相关的社会新闻，删除或替换掉复杂词汇，分别提供给学生阅读理解。此外，学校的一些通知、表格等也是学习者常见的书面材料，教师可对一些常用表格和通知内容（尤其是一些书面通知的常用词）进行讲解，并设置问题训练学生的阅读能力。

（二）简单社交场合中的留言、记录等

书信、短信等对留学生来说较为陌生，现今最常使用的中国国内社交软件“微信”刚好可以发挥作用。教师首先可以和学习者建立微信群，要求学生尽量用汉语进行交流；其次可以将一些微信中简单对话的截图发给学生，并随内容提出问题，使学生能够带着问题看对话，并通过问题来找到对话的核心内容，理解对话的含义。除此之外，教师也可以通过给学生发送电子邮件的方式来扩大学生的阅读量，并要求学生进行一定的回复。

（三）日常生活中简短的说明性材料

生活用品以及零食等包装上都会有很多说明性的文字，教师可以多搜

集包装上的文字图片，提示学生寻找关键信息，例如食品包装袋上的生产日期、保质期和配料，生活用品上的使用说明、注意事项等。对于这些说明，不要求学习者逐字逐句都能理解，只要明白大概意思并能找出重点信息即可。同样，车站或地铁站的地图或者指示牌，餐厅的菜单、购物网站上产品的说明等说明性图片，也是适合学生阅读的材料。

（四）与日常生活密切相关的简单叙述性或描写性材料

对于这一类材料，教师可以从一些小故事着手，可以是小说的简介，也可以是童话故事，还可以是一首中文歌曲的歌词，抑或是流行的小笑话，只需要注意一点，即叙述的事物要完整，句子要通顺，尤其是歌词，要浅显易懂。这一类材料由于趣味性强，对学生的吸引力更大一些，但是也会有句子不完整或使用一些谐音词的情况出现，需要教师注意。

（五）在内容熟悉的题材中快速找到特定信息

学生熟悉的内容题材一般只在课本上出现，教师可以选择阅读教程上的课文或者精读教程上的课文来进行段落速读训练。具体操作为流程为：给学习者一篇学习过的或者和课文题材十分相近的短文，在阅读前进行提问，要求学生在限定时间（1—2 分钟）内速读后找到答案；同时，也可以要求学生在完成阅读后，用一句话概括段落或者短文的意思。此外，教师也可以在给定的段落或者短文中特别标出一些关键信息，让学生在阅读的时候注意到，并针对关键信息进行提问，培养学生自行寻找关键信息的能力。

三、课外阅读材料来源研究

罗静（2017）调查了 39 名中国汉语水平考试（HSK）四级及以上的汉硕留学生的课外阅读情况，其中，课外阅读材料的来源有报纸、杂志、其他教材、小说、专业书籍、汉语学习 App 以及网上读物等，内容涉及文学故事、科普知识、民俗历史文化、新闻时事、卡通漫画、教辅材料等，而最喜欢的课外读物则包括古代神话、简化版名著、小学课本、中国文化历史以及新闻等。由于本文的阅读材料面向的是汉语初级学习者，笔者将探讨以下几类阅读材料的实用性。

（一）小学语文教程

小学语文教学分为三个学段，一至二年级为第一个学段，词汇量较少，课文也较为简单，对于汉语初级水平的学习者来说，内容较为容易理解。然而，小学教学大纲中关于阅读的目标是，让学生喜欢阅读，能感受语言的优美，乐于与人交流。这与对外汉语的目标——与人进行实用的交际——明显有所不同。由于小学一年级的语文课文太短，笔者将目光放在二年级的语文课文上。人教版小学语文课本上册有 24 篇课文，下册有 25 篇，共 49 篇课文，但其中大部分为短篇散文或叙述文，其对提高学习者的交际能力作用有限。例如《黄山奇石》一课，文中大部分为比喻句，包括明喻暗喻等修辞手法，更适合针对性训练或写作学习；另一方面，该篇课文不到 300 字，篇幅较短，在学生的可接受范围之内。针对这样的阅读材料，教师需要对学习者预设问题，例如提问文中介绍了哪几种奇石、为什么叫作奇石，还可以通过让学习者搜集图片、对比图片和课文中的描述来理解各个石头的比喻。但是这样的阅读材料与日常生活关系较小，学生理解起来较为困难，不宜过多。

（二）新闻时事

新闻的来源和素材很多，在纸质的报纸和杂志、手机上的软件推送上都可以看到，但是一般长篇新闻中词汇难度太大，对初级学习者来说理解较为困难。因此，教师可收集一些与日常生活相关的短篇新闻，例如微博上的新闻推送，一般控制在 100—200 字之间，长度比较适宜；也可以如前文所说，寻找一些和学习者生活相关的校园新闻截取片段。针对新闻中较难的词汇，教师可进行适当删减，或将高级词汇替换成初级学习者已经学过词。此外，一些时事高频的词，比如 2020 年新闻中最常出现的“新冠”“抗疫”等，也可以提前给学生讲解，以降低阅读的难度。

（三）社交软件

除上文提到过的在微信建立群，让学生使用汉语进行交流，同时扩大阅读量以外，微信的“朋友圈”以及“公众号”等功能都可以提供额外的阅读材料。尤其是“公众号”功能，教师可以按照频率给学习者推送阅读材料，如中国古代神话故事、中国民俗文化等，并在阅读材料后设计问题，帮助学生寻找文章重要信息。此外，学生也可以在汉语学习软件上找到一些适合自己学习水平的阅读材料，但一般材料较少，或需要付费学习。

（四）教辅材料

学习者可以通过购买相关的汉语阅读丛书来提高阅读量。教辅材料是为汉语学习者精心编纂的书籍，学生可以根据自己的水平挑选。同时，这类丛书的阅读材料后还有匹配的练习，对学生寻找关键信息、增加词汇量都有很大的帮助。

四、局限与展望

正如本文提到的，由于学生是初级学习者，自身搜索汉语信息的能力较弱，课外阅读材料的来源大体上只有两方面，一是课本上以及汉语阅读教辅上的阅读材料；二是通过教师搜寻提供的课外阅读材料。课本上的阅读材料基本在阅读课上就可以完成，由于课文内容简单，学习者课下复习的可能较小。而市场上关于汉语阅读方面的教辅也较少，学生较难主动购买并练习。通过教师搜寻的课外阅读材料比较适合学生练习，但搜寻材料以及编辑材料中的内容以适合学生阅读均需花费大量时间，增加了教师的工作量。这是现在初级汉语学习者缺乏阅读材料的主要原因。

解决现存的主要问题，仅靠教师个体行动是不够的。对此，学校教学的公众号可以发挥一定作用。通过学校方面的统筹，将阅读材料整合后推送给学生，并推送相关的阅读练习，以提高学生的阅读能力。此外，公众号也可以推送与阅读材料或者课文相关的语素练习，以便学生练习识别新词，提高阅读速度。在社会层面，社交软件中缺少了针对汉语初学者的阅读内容。国内的微博中，搜索“汉语”得到的用户虽与对外汉语相关，但目标人群为汉语母语者而不是二语学习者；而在国外的社交软件中，搜索“汉语学习”相关词语，得到的结果都是简单的教习汉字、语音等内容，汉语阅读材料寥寥无几。这一块市场还需要更多机构去填充。笔者希望，在不远的将来，无论是学习者还是教师，都能够更加方便地寻找到适合阅读的课外材料。

参考文献

1. 国家汉语国际推广领导小组办公室（2008）《国际汉语教学通用课程大纲》，外语教学与研究出版社。

2. 教育部组织编写（2017）《语文二年级上册》，人民教育出版社。

3. 罗静（2017）汉硕留学生汉语二语课外阅读研究，广东外语外贸大学硕士学位论文。

高级水平留学生语体能力的初步考察与分析

韩庆玲*

摘　要： 语体能力是言语交际能力的重要组成部分，包括语境类型的辨识能力、语体成分的掌握能力、语境与语体的匹配能力三个方面。本文通过问卷调查的方式，对高级水平留学生的语体能力进行了初步考察。调查发现：(1) 留学生对语境类型的辨识能力不足；(2) 从语体成分的掌握情况看，留学生对于正式度或庄典度更高的词组、句子的语体特征的辨析偏误率偏高；(3) 相较于留学生对语体成分的掌握能力，其应用能力更显薄弱；(4) 本次调查也再次验证了留学生书面语表达的口语化倾向是客观存在的语篇表现。

关键词： 留学生；语体能力；语体成分；语境

语体是在各种语境参数及交际媒介等诸多要素的共同作用下，逐渐形成的与特定语境类型相适应的语言表达方式体系。这里所说的“与特定语境类型相适应的语言表达方式”，也可以简单地称为语体成分。所谓“语体能力”，是指语用主体根据语境，选择和使用能够实现特定语体功能的

* 韩庆玲，北京语言大学汉语学院语言理论教研室教师。

语体成分进行得体表达的能力，以及在把握各类语体特征的基础上准确理解话语的能力。根据影响语体生成的要素和条件，语体能力应该包括语境类型的辨识能力、语体成分的掌握能力以及语境类型与语体成分的匹配能力三个方面的内容。

对外汉语教学的根本目标是培养学习者运用汉语进行交际的能力，而言语交际能力在很大程度上就体现为语言使用者的语体能力。因此，在国际汉语教学中，学习者语体能力的培养问题早已引起学界的重视。丁金国（1997、2010）、王晓娜（2003）、周芸（2010、2011）等都对语体意识、语体能力的重要性及其培养进行了探讨。至于指导国际汉语教学的纲领性文件《国际汉语能力标准》，也是从语体角度划定和描写国际汉语能力标准的，显示出语体能力的重要性和国际汉语教学对语体能力培养的重视。随着汉语学习时间的增长，留学生面对的表达主题和语境类型越来越复杂，语体问题自然也就越发突出。高级水平留学生的语体能力究竟存在哪些不足，以致妨碍其表达的得体性，这是本文试图探讨的问题。

本文通过 BCC、CCL 语料库及学生作业和学期论文收集了测试语料（为了适应调查需要，对有些语料略有修改和调整），制作了调查问卷。对 20 名高年级留学生进行了有关语体能力的调查。参与调查的对象都是四年级上的学生，上过词汇、语法课，其中 19 人还上过修辞课。他们除了在技能课上受过语体训练外，在上述语言知识课上也获得部分语体知识。对这些学生的调查，能在一定程度上反映出高水平留学生语体习得的状况。下文将从语境类型的辨识能力、语体成分的掌握能力和语境与语体成分的匹配能力三个方面对调查结果展开分析，以便对留学生的语体能力做出评价。

一、语境类型的辨识能力

语境在语体形成过程中起着关键性的作用，语体是属于一定语境的。特定的交际场合与交际方式（正式/非正式、现场/非现场、面对面/跨时空）、人际关系（上/下、远/近、亲/疏）、交际主题和目的等语境参数共同构成的语境类型，往往对应于特定的语体，故而有研究者将语体视作

"语言的'语境变体'",[①] 足见语境对于语体的决定性影响。可以说，对语境类型的辨识能力是得体表达的起点。

在众多语境参数中，交际双方的关系对语体的影响尤其大，甚至有研究者将其视为语体形成的根本原因，认为语体是"用以确立和表达交际双方距离与关系的语言机制"。[②] 表达者对于交际双方的距离和关系的认知，对其在各个语言维度上语体成分的选择具有制导作用。例如，求职信所设定的人际关系是个人对集体、下对上的权位角色关系，在这样的语境因素的制约下，言语表达需要拉开双方的距离，显得严肃、正式，加强书面语色彩；再比如学期论文，表达主体与接受主体同样是疏远的关系，表达要客观、严谨，第一人称代词的显现度要低，这样才能更好地实现其语体功能。本文通过两例改写题考察了留学生对于以上两种语境类型的辨识能力。调查设定了语境，要求留学生根据语境画出并改写句中不符合语体特征要求的部分。

（1）我希望在贵公司做服装设计师工作。（bcc 语料库）

（2）对父母要讲礼节。父母是我第一个要打交道的人，所以孝与礼非常重要。（留学生作业）

根据语境，上述两个语句都需要将口语语体成分改为书面语，但（1）仅有 2 位学生认为"做服装设计师工作"与"求职信"的语体要求不太相符，另有 6 位学生认为"贵公司"书面语色彩太强，应该改为"您的公司"或"这个公司"才能与后文的语体色彩协调。更有 3 人将"做"改为"当"，如此不仅产生了语法错误，从语体上来说，也更趋于口语化了。（2）是科技语体，第一人称代词的显现度过高，口语色彩明显，"打交道"也是口语词语，这都与语句所属语体不协调。有 7 位学生认为这段话语在语体上没有什么不妥。另有 8 位学生指出"讲礼节""孝与礼"都是书面语，应该改写为更具口语色彩的说法，比如"有礼节""孝和礼"；仅有 5

① 王晓娜（2003）第二语言语体能力的培养与教材虚拟语境的设置，《汉语学习》第 1 期。
② 施春宏（2019）语体何以作为语法，《当代修辞学》第 6 期。

名被试认定应该将口语词语改为书面语体成分，1 人将“所以”改为“因此”，4 人标出“打交道”为口语词，但没有改写。至于第一人称显现度过高，不符合科技语体的问题，则因隐蔽性强而没有学生指出。

由上述调查结果不难发现，留学生对于语境类型的敏感度不高，特定语境类型应该是正式的还是随意的，客观的还是主观的，对应口语还是书面语体，学生考虑得较少。他们将更多的精力放在协调句子内部各组成部分的语体色彩上，试图通过修改个别词语，让句子内部的语体色彩协调起来。

二、语体成分的掌握能力

语体成分是语体应用与识别的标志性成分，最能代表语体的个性特征。语体要实现其功能，需借助相应语体成分，因此对语体成分的掌握情况直接反映了学习者的语体能力。语体成分存在于语言系统的不同层面。通过对学习者不同层级语体成分掌握情况的考察，能够在一定程度上了解留学生语体能力。只是本文对留学生语体成分掌握情况的考察停留在口语和书面语语体这个分类层次，没有下探到更下位的语体类型。调查问卷选取了具有典型语体特征的词、词组、句子或语段，要求学生对其语体属性进行归类。

在词语这个层面，调查问卷选取 18 个具有书面语色彩的词语进行调查，主要有以下类型：（1）嵌偶单音词：广交、遍访、职责、我校；（2）合偶词：进行、加以、力求；（3）古语词：其父；（4）能愿动词：应；（5）连词：然而。具有典型口语色彩的词语，选择了（1）动词或形容词重叠式：帮帮忙、随随便便；（2）儿化词语：聊天儿；（3）能愿动词：不得不；（4）连词：要是；（5）还有少量的口语色彩鲜明的名词或形容词：看法、毛病、开心等。调查结果显示，除了个别学生对“不得不”“应”“看法”的语体色彩判断出现错误外，其他词语的判断都没有出现偏差。总体来说，留学生对于词语语体特征的掌握较为准确。

在词组这个层面，调查问卷选取具有典型书面语特点的表达方式进行调查，主要有以下类型：（1）名词做状语的词组，如票选班长；（2）大 +

V + N 结构，如大有问题，（3）语义特征较为抽象的“双音节 V + 双音节 N”，如编写教材；（4）具有泛时空性的词组双音节 n + 的 + 双音节 v，如故事的讲述；而具有口语色彩的词组则选取意义更具体的词语，如这个时候，以及典型口语词语组合成的词组，如没有法子。调查结果显示，出错率最高的是“票选班长”，65% 的学生认定它属于口语语体；其次是“大有问题”，45% 的学生认为它是口语词组。之所以会出现这样的偏误，学生们给出的原因是：组合成这两个词组的词语都是他们熟知的常用词语，而不是典雅的、被他们称之为“难”的词语，所以应该是口语词组。学习者这种判断词组语体特征的方法很耐人寻味。确实，典雅的书面词语学生接触得少、不够熟悉，但仅以构成成分的熟悉和常用与否作为判断词组语体属性的标准，无视词语组合方式对语体特征产生的影响，反映出留学生对于语体成分的语体属性的判断方法还比较单一。

扩大到语句层面，句子将具有特定语体特征的词、词组聚合为一个整体，各成分之间互相影响、共同作用，使句子呈现出强烈的语体面貌，进而实现一定的语体功能。“我们说不同语体的区别更明显的是在句子上，在很大程度上是因为句子是形成不同的言语气氛的关键。句子由于成分的组合与次序的不同，就构成不同的色调和语感。这些句子就成为某个语体的专用成分，以区别于其他语体。即使在同一种句型中，不同语体的结构形式也不相同，这就形成不同语体的句子专用成分。”① 比如有句末语气词“吧”“啊”“呢”以及语气词与助词兼类的“了”的句子，通常是口语句式的专用成分。再比如第一人称“我”显现度高，并且搭配“觉得”强化主观性的句子，口语色彩同样比较强。像下面这些句子都是明显的口语语体专用成分：

（3）小王正看电视呢。（bcc 语料库）

（4）新年快要到了。（bcc 语料库）

（5）一到太阳下山，那棵大树下吧，就有很多人蹲着闲聊。（bcc 语料库）

① 袁晖（2005）语体的通用成分、专用成分和跨体成分，《烟台大学学报》第 1 期。

（6）我还是觉得学校宿舍管理很有问题。（留学生作业）

（7）没了游客，商铺只能关门大吉，没有别的出路啊。（bcc 语料库）

而使用文言词语、文言语法的句子或是包含典型书面语词语的句子，通常增加了语言的庄典度，是书面语体典型的指标性成分。例如：

（8）总统及其随行人员已进入会场。（ccl 语料库）

（9）他以记者的身份参与了整个事件的调查。（bcc 语料库）

（10）上个月我曾去武汉游玩。（留学生作业）

对于句子语体类型的判断，反映的是留学生对于句子结构，以及构成句子的词、词组等多种要素共同构筑的语体特征的综合把握情况。通过对上述 8 个句子语体属性的调查，我们发现在口语色彩强的例（3）—（7）中，出错率最高的是（5），80% 的留学生认为它属于书面语体；（7）的出错率为 30%，（6）的出错率为 20%，而其他句子留学生判断的出错率极低；在书面语色彩较强的例（8）—（10）中，（9）（10）出错率相对高一些，分别为 30%、20%。留学生判断上之所以会出现偏差，是因为句子的长短给了他们一些错误的引导。（5）（7）在他们看来都比较长，理应是书面语体的句子；而（9）（10）之所以被认为是口语句式，除了句子短小，还因为在他们看来句中“整个”和“游玩”也是口语词语，故而使用了这些词语的句子理应也是口语的。其实这两个词语都是通用语体成分，并非决定句子语体特征的专用成分，用这两个词语断定整个句子的语体属性，难免会造成判断上的失误。

由这一部分的调查结果可以发现，词语的语体特征对学生来说最容易把握，尤其是动词、形容词的重叠式的口语特征，学生都把握得很准确。但是到词组、句子层面，学生的判断方法就比较单一，以词语是否熟悉、常用以及句子的长短作为标准，出错在所难免。这反映出学习者对于某些语体表征，如语气词、第一人称代词的显现度、文言词语或文言句式、时空标记等语体成分的掌握尚显不足。

三、语境与语体成分的匹配能力

辨识语境类型、把握语体成分的目的是为了将两者匹配，实现语体的功能。比如，操作性语体要求更简练和“文气”，故而“将”字句更能与之匹配，而不是“把”字句；① 科技语体第一人称代词、主观程度副词的显现度都极低，是为了适应科技语体客观、严谨的要求。根据语境进行语码的转换和调配，使语体成分适应于特定的语境类型，以便最大限度地服务于语体功能的发挥，这是语体能力的最终体现，也是培养语体能力最终要达到的目标。

对于留学生语境与语体成分匹配能力的考察，我们采用了改写题。改写题分为两个部分：一是将书面语体的语句改写为口语语体的，或者相反，将口语语体的语句改写为书面语的。这是对留学生语体成分的掌握与使用以及语码转换能力的测试。二是说明语句所属的文体类别，即设定语境类型，让学生根据语境改写有语体偏误的语句。这是在测试学生语境辨识能力的基础上，进一步要求其对语体偏误进行识别，并进行语码转换，对被试来说难度更大。第二类改写共两个句子，本文第一部分例（1）（2）已经谈及，不再赘述。

第一类改写题，共四个：

（11）参加会议的代表已于今日乘坐高铁顺利抵达北京。（bcc 语料库）

（12）在北京工作生活三十余年，我已将此地视为自己的第二故乡。（bcc 语料库）

（13）虽然这么多年没见过面了，我还是把他当兄弟，从来没变过。（ccl 语料库）

（14）我初中毕了业，回家种地，2009 年夏天来北京干活儿，干了两年挣不着钱，又回了家。（bcc 语料库）

① 陶红印（1999）试论语体分类的语法学意义，《当代语言学》第 3 期。

调查结果显示，第（12）题的改写情况较好，尤其是对“将……视为……”这一文言句式的改写，有13人改写正确，这要归功于综合课上的学习和训练。然而其他题的改写情况就没有那么乐观了，问题主要体现在以下几个方面：

其一，相对于孤立的语体成分的语体属性的判断，句子或语段中语体成分属性的判断难度要大得多。

判断一个孤立语体成分特别是词的语体属性，对留学生来说难度相对较小，准确度较高。然而一旦进入句子或语段的层面，语体成分即使没有跨体使用，留学生都会面临判断上的困难。像（14）中，对“毕了业”“干了两年”，没有学生指出其具有口语色彩，“挣不着钱”仅6人确定其口语属性，“干活儿”有突出的口语标记儿化，仍有4人未指明其口语色彩。在语言的运用中，不论是把握语体成分的语体属性，还是做到与语境或其他语体成分的得体搭配，都要困难得多。

其二，只能针对个别词语进行改写，无法做到词语之间语体色彩的协调搭配。

第（11）题中，50%的留学生将“已”“今日”“抵达”改为“已经”“今天”“到达”，其实“到达”仍是一个具有书面语色彩的词；另有40%的学生只能改写其中一到两个词语。此外，没有一个学生对“乘坐”这个书面语词语进行改写。第（14）题中，学生比较集中改写的是“干活儿”，改为“打工”或是“工作”，而对其他部分大都保留原状，未加改动。

其三，只能词与词对应改写，无法做到为了适应语体的变化而调整语序、结构或在形式上做出相应的增减。

像（13）（14）句中都有表达具时空意义的“这么多年没见过面了”“初中毕了业”，可以通过改写而更具泛时空性，如“多年未见”“初中毕业后”，使表达更具书面语特点，但很显然这对学生来说难度太大。

其四，将书面语改为口语相对容易，但将口语改为书面语，对于学生来说难度就会加大。

很多语体习得研究发现，第二语言习得过程中存在着明显的书面语的口语化倾向。马明艳（2017）认为“口语化倾向是汉语学习者客观存在的语篇表现”。本次调查中将口语语句改写为书面语语句的情况不尽如人意，也在一定程度说明了留学生书面语表达的口语化倾向。例如第（13）题，与“将此地视为自己的第二故乡”改写为口语时的高正确率不同，有3人将“把他当兄弟”改写为“将他当作兄弟”，4人只是将“当”改写为“当作”，而更多的学生并没有改写，更不要说将其改写为更加典雅的“将其视为兄弟”了。第（14）题中，有16个留学生指出“干活儿”是口语词，但只有10人将其改写为“工作”或“打工”，有4人甚至没有将其视为口语词。“挣不着钱”也只有2个学生分别改写为“挣不到钱”“挣不到那么多钱”，显然仅仅改换补语还是不能改变词组的语体色彩的。而像“毕了业”“干了两年”这些词组，学生并未留意到它们的语体属性，也就没有改写。这也从一个侧面反映出高年级留学生书面语表达的口语化倾向是一个无法回避的问题。

四、结语

本文对高级水平留学生语体能力所做的分析并不细致，它仅仅是基于一个比较简单的调查，问卷中测试题的覆盖面不够广，参与调查的留学生数量也不太多，因此调查结果及分析未必全面、深入。至于如何培养和提高留学生的语体能力，减少他们的语体偏误，从而加强言语交际的得体性、准确性，还需要从语体、教学各方面做更深入的探索。

参考文献

1. 丁金国（1997）对外汉语教学中的语体意识，《烟台大学学报（哲学社会科学版）》第1期。

2. 丁金国（2010）语体意识及其培育，《当代修辞学》第6期。

3. 冯胜利（2018）《汉语语体语法概论》，北京语言大学出版社。

4. 刘大为（2013）论语体与语体变量，《当代修辞学》第3期。

5. 马明艳（2017）汉语学习者书面语作文“口语化”倾向的语体表征，《汉语学习》第1期。

6. 施春宏（2019）语体何以作为语法，《当代修辞学》第6期。

7. 孙德金（2012）《现代书面汉语中的文言语法成分研究》，商务印书馆。

8. 陶红印（1999）试论语体分类的语法学意义，《当代语言学》第3期。

9. 王晓娜（2003）第二语言语体能力的培养与教材虚拟语境的设置，《汉语学习》第1期。

10. 吴春相（2014）语体能力的实验方法刍议，《当代修辞学》第4期。

11. 吴春相（2012）语体成分和谐组配的初步分析——一项以事件句为调查实验材料的研究，《当代修辞学》第6期。

12. 周芸、张永芹、张婧（2010）论汉语作为外语学习者的语体能力，《云南师范大学学报》第1期。

13. 周芸、张永芹、张婧（2011）论泰国学生汉语语体能力培养的基本原则，《云南师范大学学报》第2期。

14. 国家汉语国际推广领导小组办公室（2007）《国际汉语能力标准》，外语教学与研究出版社。

汉语国际教育硕士微课教学设计与教学技巧*

——基于对唐风汉语微课大赛参赛作品的分析与思考

田　艳** 谭　斌***

摘　要： 随着现代教育技术的发展和国际中文教育的推进，汉语微课教学得到迅速发展，而面向汉语国际教育硕士微课教学的研究较为薄弱。本文以唐风汉语全国研究生微课大赛作品为例，采用内容分析法、案例分析法、访谈调查法等研究方法，首先从主题性、交际性和交互性的角度探讨微课的教学设计，随后从视觉传达和肢体语言两个方面分析微课的教学技巧。期待本文能为国际中文教育领域，特别是汉语国际教育硕士微课教学能力的提高提供一些启示。

关键词： 微课；教学设计；教学技巧；汉语国际教育硕士；唐风汉语

---

* 本文为世界汉语教学学会2020年《全球中文教育主题学术活动的资助计划》学术研究类课题阶段性成果，课题名称为《深度学习理论下的汉语微课框架构建及应用》（课题号：SH20Y30）。

** 田艳，博士，中央民族大学国际教育学院副教授、硕士生导师，研究方向为国际汉语教学模式、国际汉语传播。

*** 谭斌，中央民族大学汉语国际教育专业硕士研究生，研究方向为国际汉语网络教学研究。

一、引言

微课是指用5—10分钟时间讲解一个碎片化的知识点、例题或教学经验的微型视频。国际汉语微课教学的发展体现了现代教育技术与国际中文教育这门学科的紧密联系，有利于解决汉语教师资源短缺的问题，补充传统课堂的不足。汉语微课教学丰富了国际中文教育领域的教学内容和教学手段，也为世界各地的汉语学习者提供了更为优质的学习内容。

国际汉语教育硕士（以下简称“汉教硕士”）专业培养作为国际汉语教师职前培养的重要组成部分，日益受到关注。以往汉教硕士的汉语教学能力多围绕课堂教学进行，而随着全球网络化的不断发展以及全球突发事件的出现，汉教硕士微课教学能力近两年受到空前的关注。

唐风汉语微课大赛是专门面向全国汉教硕士设立的微课大赛，分个人赛和团体赛，至今已经举办两届。本文第一作者田艳指导了该赛事特等奖获得者的参赛视频作品，第二作者谭斌参加了赛事的团体赛，两位作者对微课教学的教学设计与技巧在理论和实践方面都进行了积累。本文采用内容分析法、案例分析法和访谈调查法，[①] 以第二届唐风汉语微课大赛的参赛作品为研究对象，从中提取和总结了微课教学设计和教学技巧的一些规律，旨在帮助提高汉教硕士微课教学的整体能力，弥补当前研究较为薄弱的缺口。

二、微课的教学设计

（一）主题性

主题式教学（Thematic Teaching）是将一个统一的主题作为主线，贯穿和设计语言教学活动，这类教学旨在使学生在良好的、具有相关性的语

① 本文的访谈调查对象为12名美国学生，其汉语水平为中级和中高级。学生们观看唐风汉语大赛8个微课参赛视频，并就相关问题接受本文作者的访谈。

言环境中进行语言学习（田艳，2017：50）。主题式教学强调语言在实际生活中的应用，主张语言教学情景化、生活化（袁顶国、朱德全，2006：19—23），围绕有意义的主题进行教学可以加速学生对新内容的内化及长期记忆。

微课因为受制于各种条件，它的逻辑性、层次性和严谨性被高度关注。微课的主题性具体表现为整个微课的设计有一个贯穿始终的教学主线或主题人物，通过这个教学主题调动汉语微课教学系统内部的各元素相互联系、相互作用，将微课课堂整合成一个逻辑清晰、层次分明的汉语教学课堂（白建华，2013：1—11）。

在第二届唐风汉语教学微课大赛获奖者作品中，70%的微课作品呈现出主题性的特点，比如徐小童同学的“尼克的北京生活”、李琛琦同学的“汉斯的一天”、李梦瑶的同学“图图（小朋友）的快乐时光”。这些微课均以主题为整个汉语微课教学的灵魂，将微课教学中的各构成要素组合成一个有机整体，微课的各个部分经由主题相互联系、相互支持，最终保证了教学目标的顺利实现。

针对微课的主题性，我们进行了访谈，下面是两位学习者的反馈：

> “It's engaging because of the theme. I gave it my full attention. I thought it would be less interesting.”（学生C，美国）（因为有主题，所以非常有趣，我投入了全部的注意力，我没有想到微课也能这么有趣。）
>
> “These courses are systematic, well-organized and they all have a thread. I was wondering how they managed to combine all those things together.”（学生A，美国）（所有的课程都非常有系统性和整体性，主线分明。我很好奇他们是怎样将这些素材结合在一起的。）

由此可见，把语言放到有意义的主题中去学习，可以把语言教学和“内容”教学有机结合起来。主题的设立可以使学习者建构相互联系的汉语知识体系，使学生在轻松愉快的学习氛围中习得汉语知识与技能（张璐，2019：17—23）。

（二）交际性

语言能力不是教出来的，而是在不断使用语言的过程中逐渐具备的。可以说，没有交际性，就没有微课教学。

1. 在语言材料的选择和语言情境的设置中体现交际性

在微课的教学设计中，选择教学内容及组织语言材料要充分考虑到培养学生汉语交际能力的需求。首先，选择的语言材料要有交际价值，是学生在日常学习和生活中经常用到的词语或句子。其次，教师要注重交际语境的设置，给学生营造一种氛围感，使学生体验到接近于真实情境的语言教学环境。要将交际性贯穿于微课教学的每一个环节，时刻避免偏离交际目的。

梁宇彤同学讲解“已经”和“曾经”这两个语言点时，巧妙地设置了交际情境，提高了交际的有效性。谭斌同学讲解复句“只要……就……”时，将对话发生的场景设置为留学生们经常遇到的一些生活情景，辅以真实的对话内容，从而帮助学习者有效提高了交际能力。

美国学生就微课的交际性进行了如下反馈：

> “I felt like the phrases we learned could be applied to some real communication scenario. I can't wait to do that.”（学生 E，美国）（我觉得这些句子可以被用到真实的交际中去，我等不及了。）
>
> “The scenes in this courses are very specific. Now I know in which situation I can use this one.”（学生 B，美国）（这些课程中的场景都非常具体，现在我明白我可以什么时候使用这个句型了。）

2. 将模拟交际和真实交际相结合以展现交际性

交际性包含了模拟交际以及真实交际两种形式。模拟交际类似于半自由或半机械性活动，而真实交际则是真实情境下的自由活动。

模拟交际活动在唐风微课比赛中被广泛使用，几乎每个微课作品中都设计了一种或几种模拟交际活动。模拟交际活动多种多样，比如“为视频配音”和“看图说话”这两个活动，前者的难度低于后者，在设计时要注意教学顺序的安排与协调，并凸显层次性。

真实交际活动需要学习者运用在真实情景中所掌握的真实信息。受制于微课教学形式的局限及其自身的难度，自由活动一般是在机械性、半机械性活动之后进行，并且不能过多设置。作业的设置中，也可以引入真实交际活动，以增加语言交际的真实性。

黄皓杨同学在“存现句 + 动词 + ‘着’”的作品中，将真实的茶馆视频作为背景，极大地扩展了微课的时空境界，增强了交际性。母栏方同学的“慢慢老师的课堂”设置了“佩奇的房间”的活动，将模拟交际活动设计得非常完美。

美国学生就微课的交际性进行了如下反馈：

> “They invented some class activities for us to practice, though it’s not like real communication, I still like it.”（学生 D，美国）（他们设计了一些课堂活动来让我们练习，尽管并不像真实的交际，但我还是喜欢这些活动。）
>
> “The homework needs me to talk to people in the park, I thought it would be a perfect place to use what I learned today.”（学生 C，美国）（老师的作业要求我们去和公园中的人对话，我认为公园是练习我今天学过的知识的完美场景。）

（三）交互性

交互性是指教师、学生和网络平台之间的交流与互动。交互性是汉语微课设计中需要考虑的特点之一。突出教学设计的交互性，即突出学生的主体作用（孟祥增、刘瑞梅、王广新，2014：24—32）。在汉语微课中，交互性有两种存在方式：一种是在录制微课视频的时候实现；另一种则是在汉语教学平台层面实现。本文所关注的主要是教师在微课视频中体现的交互性。当然，巧妙利用平台的特点进行交互设计，通过为学生布置练习题或者通过汉语教学平台为学生设置专门的答疑时间等方式，也可以提高与学生进行互动的程度。

教学的交互性体现在教师讲解汉语知识和技能训练中，教师不是单向输出，学生也不只是被动接受。比如朱春晓同学的“是……的句”，通过预测学习者在学习过程中可能遇到的学习困难和偏误，在活动设计和练习讲解方面凸显了交互性。林娇娇同学在“趋向补语”的教学中设计了一些可以让学习者也参与的互动，使用全身反应法帮助学生学习“站、坐、吃、喝”等常见动词。

教学的交互性也体现在真实情境和真实交际活动的设置上。权志成（2020）提出，教师创设真实的语言情境，可以推动师生之间的互动交流。刘艺珍同学在讲解把字句时，使用动画制作了一个真实的搬家情景，学生可以观察到物体移动的方位和过程，从而增强了交互性。陈然同学也将北京的香山公园和长城作为教学场景加入微课当中，激发了学生参与课堂情境，使用刚学的语言点表达自己乐于去参观的意愿。

美国学生就微课的交互性进行了如下反馈：

> “I could feel there is a sense of interaction, and it was like she’s guiding me through the screen.”（学生 A，美国）（我能感觉到互动感，就像是老师在隔着屏幕引导我。）
>
> “At some point, I thought I was taking a real class. All the designs gave me more chances to understand what the teacher said.”（学生 F，美国）（在看的过程中，有时候我觉得像在参加一个真实的课堂。所有的教学设计都可以帮助我更好地理解教师的指示。）

三、微课的教学技巧

微课不同于传统课堂教学，因此除了教学设计之外，教学技巧的运用也显得十分重要。本文从视觉传达和肢体语言两个部分来进行探讨。

（一）视觉传达

汉语微课作为一种在线课程，主要是通过图形、文字、色彩、版式等视觉信息来激发学习者的心理反应，从而实现教学目的。在制作微课时，视觉传达方面需要注意以下几个方面。

首先，注意色彩的搭配。这个色彩既包括 PPT 屏幕上的色彩，也包括教师的着装色彩。不少微课视频色彩过多，导致画面重点不突出，影响教学效果和学生的观感。在进行色彩搭配时，汉语教育硕士微课教师最保险的方法是选取同一个色系的颜色，如果非要选择对比强烈的颜色，则要选择经典的对比色，以降低画面的违和感，减轻学生的焦虑感，提升教学效果。

其次，注意层次的清晰。在正确传达信息的前提下，通过选择色彩、字体、字号等方式来体现视觉的层次性。过多的色彩和层次会使视觉杂乱、风格杂糅，使学习者难以分辨学习的重点，从而降低学习效率。因此，画面要简洁、富有层次，使学习者对画面所传达的信息一目了然。

最后，注意版式的协调。要合理安排文字和图片的比率，图片占比高的画面固然能吸引学习者，但是有时图片会挤占文字的内容，从而导致文字过于密集。而文字占比高的画面则容易给人枯燥无味的感觉，学习者难以提起学习兴趣。结合汉语微课时间短的特征，版面的设计安排要能够很快吸引学习者的目光，使学习者集中注意力。因此，汉语微课教师应尽量选择图文比例协调、清晰且简洁的格式，这样可以使汉语微课的画面冲击力强，更具科学性。

大部分参赛汉教硕士的微课作品在图形和文字方面的安排较为合理，排版整齐有条理。但是，仍有少量微课作品在色彩搭配方面稍显突兀，在图文搭配方面欠缺阅读性，在版面排布方面有堆积之嫌。

美国学生就微课的视觉传达进行了如下反馈：

> “There are enough visual cues. The backdrop they use is little bit bright.”（学生 C，美国）（PPT 中有很多的视觉线索，只是背景稍微有一点亮。）
>
> “I like the matching of the colors，it’s quite engaging.”（学生 A，美国）（我很喜欢色彩的搭配，非常有吸引力。）

由此可见，色彩搭配和谐、视觉具有层次性、版式风格协调统一符合学习者的视觉认知感受。

（二）肢体语言

在唐风汉语大赛微课视频中，教师占据了相当比例的画面，因此教师的肢体语言会对教学效果产生较大的影响。如果教师的口头语言缺乏足够的合理性，那么教师的肢体语言便成为使学生集中注意力并推动教学正常进行的关键，可辅助学习者更好地理解学习内容。

微课教学时间短，教学任务集中，教师的肢体语言通常与教学情境相搭配，并且简洁大方、重点突出。同时，动作要自然、连贯、完整，速度适中，重点展示易错细节和教学的重难点部分。此外，教师肢体语言幅度不要过大，不能出现遮挡教学内容的小失误。

徐晓妍同学在条件复句的微课作品中肢体语言简单大方，其手部动作很好地与授课内容进行了配合，也活跃了课堂气氛。吕欢同学在“只有…才”的微课教学中，面带微笑，动作得体，很好地推动了教学的进行，顺利地指导了屏幕前的学生进行学习和练习。

美国学生就教师的肢体语言进行了如下反馈：

> “She used some pointing，It’s a very nice visual cue，I would enjoy more visual cues.”（学生 A，美国）（她用了一些手势，这是一个很棒的视觉线索，我希望有更多的指示。）
>
> “The gesture she made is very helpful when you learn those verbs. They made the class more effective.”（学生 F，美国）（她的动作对学习那些动词非常有帮助，增加了汉语课堂的教学效果。）

微课教学在设计及技巧方面都呈现出与传统课堂教学迥异的特点，对此进行分析和探讨，有助于今后汉教硕士整体微课教学能力的提升。本文期待能抛砖引玉，为学界带来一定的思考和启示。

参考文献

1. 田艳、贺怡然（2017）《美国小学汉语教学研究》，中央民族大学出版社。

2. 袁顶国、朱德全（2001）论主题式教学设计的内涵、外延与特征，《课程·教材·教法》第12期。

3. 白建华（2013）主题式教学在对外汉语课程设置中的应用，《对外汉语教学与研究》第5期。

4. 张璐（2019）汉语视听说课主题式教学模式研究——以中国人民大学本科留学生汉语教学为例，《国际汉语教学研究》第1期。

5. 孟祥增、刘瑞梅、王广新（2014）微课设计与制作的理论与实践，《远程教育杂志》第6期。

6. 权志成（2020）交互式英语翻译教学研究，《黑河学院学报》第6期。

7. 徐小童、田艳（2019）深度学习理论下的汉语微课教学设计，《教育教学》第3期。

8. 田艳、徐小童（2020）对高校国际文化节活动的分析与思考，《教育新探索》第2期。

视听说写四维一体教学法在高级汉语综合课中的应用*

张秀红**

摘　要： 留学生学习汉语必须与学习和把握汉民族的历史文化相结合。因而，要求学生查阅与所学课文相关的信息资料，并在课堂上汇报、讨论，就成为高级汉语综合课教学的重要一环。结合留学生学习活动在此方面存在的实际问题，笔者在教学中探索了一种“视听说写四维一体教学法”。在具体教学实践中，这一教学法增强了学生的学习兴趣和自主性，提高了教学效果和教学水平。

关键词： 高级汉语综合课；视听说写四维一体；教学法

一、引言

高级汉语综合课是针对来华留学生高级阶段汉语教学而开设的主干课程，是专业必修课，也是对其听、说、读、写等技能进行综合训练的语言

---

* 本成果受北京语言大学院级科研项目（中央高校基本科研业务专项资金）（项目编号：20YJ010101）资助。

** 张秀红，北京语言大学汉语学院教师。

技能课。高级汉语综合课教材的课文多取自体裁和题材丰富多样的汉语原著，在传授语言知识、培养与提高学生汉语言综合运用能力的同时，还注重人文精神的传达与学生人文素质的培养，即引导留学生在潜移默化中接受丰富而有益的中华传统文化与现代文化的精神熏陶，加深其对中华优秀文化的认识与理解。这既是留学生学习汉语的题中之义，也是学好汉语的必经之路。

基于此，在高级汉语综合课教学中，教师会要求学生查阅所学课文的作者生平、文章的社会背景等相关信息，并在课堂上汇报、讨论，目的就是使学生清楚意识到语言是文化的重要载体，失去载体的语言是不存在的。因而，学习汉语，必须了解和理解汉民族的文化、历史，否则就不能真正把握汉语的意义，不能真正学好汉语。

这就是说，学习汉语必须与学习汉民族的历史文化相结合。而这种学习，就是通过对教材每一课的课文（各种题材、各种体裁的文章）所体现的汉民族生活、文化、历史的不断积累而实现的。学生查阅与课文相关的资料，就是在此基础上更好地学习和理解课文中的汉民族语言。查阅资料的过程就是对课文所包含的社会生活、人文活动、历史文化的深入认识和理解，也是积累文化知识的过程。

学生若能自觉且积极地查阅与课文相关的文献资料，可达到如下效果：其一，可以强化其汉语认知能力；其二，可以逐渐理解汉民族的历史文化、社会生活，实现相关知识的积累；其三，在这种持之以恒的过程中，形成良好的学习习惯和方法，大大提高汉语学习的兴趣与深度，达到一定程度后甚至可以成为“中国通”（理想状况）。

一、留学生查阅资料和课堂汇报讨论中存在的问题

查阅资料与课堂汇报讨论的效果如何，能否达到预设的教学目的，在很大程度上取决于学生的自主性。

在教学实践中我们会发现，有的学生对这种教学活动的“目的”和“意义”认识不足，或对参与活动不够重视，或缺乏应有的学习态度和学习毅力，或对汉语认知存在某些障碍，因而这一教学形式在实施中也存在

一些不尽如人意之处。

首先，在课前准备阶段，如果查阅资料、汇报结果以小组合作形式进行，小组成员间经常出现配合不到位、任务分配不均等情况，结果有的学生就只是滥竽充数，并未真正参与其中，课堂汇报时也会敷衍了事。

其次，在制作 PPT 的过程中，有时因为所查阅的资料语言难度较大，一部分学生尤其是汉语水平中下者在理解材料时会囫囵吞枣，机械地复制、粘贴到 PPT 中，在课堂汇报时则照本宣科，读一遍 PPT 走过场。汇报者本人往往不知所云，听者也是一知半解。

第三，在课堂汇报过程中，台下有的学生心不在焉；有的学生课下准备不足，课上低头准备自己的汇报内容，以致无暇关注台上的汇报者讲了什么，此种情况也使得教学效果大打折扣。

第四，甚至有少数学生为了逃避课堂汇报讨论而逃课，这种情况会打乱教师的教学计划与步骤，造成课堂上某些环节的被动局面，学生的学习自然得不到应有的收获和提高。

鉴于以上种种情况，我们在教学中尝试运用一种新的教学方法——视听说写四维一体教学法，这种教学法可与查阅资料、课堂汇报讨论互补，以弥补后者存在的一些缺陷。

二、视听说写四维一体教学法的内涵

何谓“视听说写四维一体”？四维指的是视、听、说、写四个维度。一体，从静态角度讲，指的是一个载体——教学视频材料；从动态角度来讲，指的是在教学中对一个教学视频材料从视、听、说、写四个维度进行学习与利用的整个过程。

视听说写四维一体教学法就是在高级汉语综合课教学过程中，首次讲解某一课时，利用网络视频资料来介绍课文的相关背景信息或者介绍作者的基本情况，这一过程由视、听、说、写四个环节构成。视与听同步进行，在视听之前，教师给学生布置相关任务，要求学生带着问题观看视频，同时根据视频长度要求学生边看边记录关键词，避免学生漫无目的地观看视频，训练其捕捉关键信息的能力。视听环节结束后，教师要求学生

3—4 人一组，通过小组合作的方式运用所记录的关键词完成教师布置的任务。这一环节是对语言输入信息的整合和再加工，通过说，学生一方面加深了对视频材料内容的理解与记忆，另一方面也锻炼了口头表达能力。视、听、说三个环节都在课堂上完成，写的环节，教师要求学生课后根据视频材料与所记录的关键词完成一篇 300 字左右的书面短文，具体写作内容因教学内容而异（见图 9—1）。

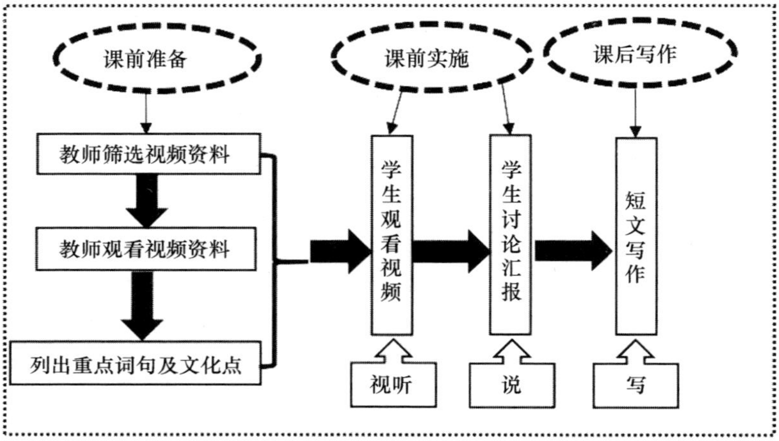

图 9—1　视听说写四维一体教学法图

资料来源：笔者自制。

三、视听说写四维一体教学法的实施

不管使用什么教学方法，教师都需要在课前认真准备，精心设计课堂教学环节。视听说写四维一体教学法的实施主要有以下几个步骤。

（一）课前准备

教师结合课文内容筛选出合适的视频资料，认真观看视频，列出视频播放过程中需要教师重点讲解的词语、句式或者文化点清单，提出学生观看视频后需要讨论的问题。

比如，在讲授《现代汉语高级教程》（上册）的第三课《〈苏州园林〉序》的第1、2课时之前，笔者在网络上选择了一段时长为4分钟的介绍苏州园林的视频材料，（网址如下：https：//v. youku. com/v _ show/id _ XMTM5NDk0MDU4NA = =. html？ spm = a2h0k. 11417342. soresults. dposter），确定了学生观看视频后需要讨论的两个问题：（1）苏州各个园林在不同之中的共同点是什么？（2）视频里介绍了苏州园林的哪些方面？这两个问题既是视频资料的重点之所在，也是《〈苏州园林〉序》这篇课文的重点。

在讲授《现代汉语高级教程》（上册）第七课《幼学纪事》的第1、2课时之前，笔者准备了一段时长为30分钟左右的视频资料：大揭秘——话剧人生于是之（网址如下：https：//www. bilibili. com/video/av53965079/）。

在准备阶段，笔者列出视频中需要讲解的重要词语、句式、句子以及需要学生课堂讨论的问题，如表9—1、表9—2所示。

表9—1　《大揭秘——话剧人生于是之》需要讲解的重点词句

序号	重点词	重点词组/句式	重点句子
1	一代宗师	戏剧界一代宗师	这位演员有幸成为新中国第一位扮演毛泽东的演员。（于是之）
2		得到……的一致认可	功夫不负有心人，最后他的演出得到观众的一致认可。
3		被誉为……	这名演员就是被誉为“话剧之神”的于是之。
4	丰富多彩	自幼丧父	大学里的生活丰富多彩。
5		表现出色	首次登台就赢来了满堂喝彩。
6	物色 绞尽脑汁		为了给这部大戏物色最合适的演员，焦菊隐绞尽了脑汁。
7		红遍	于是之凭借“程疯子”一角红遍了大江南北。 扩展：这首歌当年红遍了大江南北。
8		遭遇“滑铁卢”（补充历史背景知识）	然而，于是之却在同一个舞台上遭遇了“滑铁卢”。

续表

序号	重点词	重点词组/句式	重点句子
9	坚持不懈		正是因为他的坚持不懈，（他才取得成功）
10	拍手叫绝/拍案叫绝	再熟悉不过了	这些三轮车工人看完了演出之后，无不拍手叫绝（双重否定）
11	自食其力	大大出乎……的预料	
12	一事无成	在……的熏陶渐染下	
13	魅力 人格魅力	表现得令人失望	

资料来源：笔者自制。

表 9—2　《大揭秘——话剧人生于是之》课堂讨论问题

序号	问题	备注
1	新中国第一位扮演毛泽东的演员是谁？	
2	于是之在话剧界有着怎样的称号和地位？	话剧之神、一代宗师
3	从家乡来北京之后，于是之和母亲住在哪里？ 来北京之后，母亲和于是之生活过得富裕吗？	西华门外的大杂院 课文中提到大杂院，视频为“大杂院”提供了可视化场景，有助于学生理解大杂院居民的居住环境与生活状况
4	16 岁那年，于是之为什么离开了校园？	亲戚断了资助
5	辍学后，谁给于是之提供了上学的机会？ 他们是如何带着于是之进入辅仁大学的？	课文内容，故而设置问题较细
6	于是之在学校的首次演出中表现得如何？	
7	于是之在《龙须沟》中扮演了哪个角色？ 他的表现如何？	他把“程疯子”一角演绝了、演震了
8	在话剧《雷雨》中，于是之扮演了哪个角色？ 他对自己的表演满意吗？	

续表

序号	问题	备注
9	《骆驼祥子》中的老马是个什么样的人？ 老马让于是之想起了大杂院的哪个人？	结合课文内容而设（课文中提到的老郝叔是于是之创作“老马”这一人物形象的原型人物）
10	于是之在《茶馆》中扮演什么角色？ 老舍先生是如何赞誉其在《茶馆》中的精彩表演的？	
11	《冰糖葫芦》中的唱词与于是之的话剧人生有何关联？	

资料来源：笔者自制。

（二）课上实施

1. 观看视频——视听

以第三课《〈苏州园林〉序》为例，教师要求学生在视频播放过程中边听边记录关键词，并且说明听后要检查，防止个别学生课上开小差，课下放任自流。

在讲授第七课《幼学纪事》时，由于视频较长，且需讨论的问题较多，播放视频前教师首先通过 PPT 展示了表 9—2 中的问题，并带领学生读了一遍问题。这些问题充当了“先行组织者”的角色，其主要功能是在学生能够有意义地学习新知识之前，于他们“已经知道的”和“需要知道的”知识之间架设起桥梁。教育心理学家奥苏贝尔认为，促进学习和防止干扰的最有效策略是利用适当相关的和包摄性较广的、最清晰和最稳定的引导性材料，这种引导性材料就是所谓的组织者。这些组织者通常是在呈现教学内容本身之前介绍的，目的在于用它们来帮助确定意义学习的心向，因此又被称为先行组织者。先行组织者在三个方面有助于促进学习和保持信息：首先，如果设计得当，它们可以使学生注意到自己认知结构中已有的可起固定作用的概念，并把新知识建立在其之上；其次，它们可以为新知识提供一种脚手架；第三，这种稳定的和清晰的组织，使学生不必采用机械学习的方式（施良方，2003：239）。

2. 讨论与汇报——说

在视频播放结束后，教师组织学生3—4人一组进行讨论，视问题多寡限定讨论时间，讨论结束后教师检查。学生采用小组合作形式共同完成某项任务的过程是一种意义协商的过程。根据互动理论的观点，意义协商的过程是促进语言学习的关键因素。互动理论是迈克尔·朗（Michael Long）在研究第二语言习得过程中首先提出来的一种假设。互动理论认为，在意义协商过程中，学习者可以获得大量的可理解性输入。后来，互动理论进一步发展，认为在意义协商的过程中，学习者进行语言输出之后，往往会得到其他人的反馈，而反馈也是促进语言学习的重要因素之一。随着互动理论的进一步发展，一种新的观点又出现了，即尽管意义协商过程中学习者主要关注意义而不是形式，他们也会注意其他学习者使用的语言形式。从这个角度来说，意义协商也有利于语言形式的学习（程晓棠，2006：13—14）。此外，在互动过程中，学生一方面要努力表达自我观点，同时还要准确理解对方，这就要运用一定的交际策略和语用知识。因此，小组合作学习可谓一举多得。

3. 导入课文

被誉为"德国师范教育之父"的教育家第斯多惠曾说，"一个坏的教师奉送真理，一个好的教师则教人发现真理"（廖雯娟，2013，(1)：5）。

在《〈苏州园林〉序》这一课，学生小组讨论结束之后，教师由"视频里介绍了苏州园林的哪些方面"这一问题导入课文，带领学生去"发现"课文中介绍了苏州园林的哪些方面，引导学生找出课文每一段的主题句或者关键词，在此基础上引导学生找出课文的层次结构。这种对课文结构的分析是学生主动探索与发现规律的过程，与那种"填鸭式"的课文结构分析效果截然不同，学生的收获感也大大增强。对学生而言，这是一种发现学习，而非接受学习。发现学习的最基本特征是，学习的内容不是由教师现成给予学生的，而是在学生内化之前必须由他们自己去发现的。布鲁纳认为，发现学习法有如下优点：（1）学生自行发现与自行组织的知识，有助于学后长期记忆。（2）学生主动思维式的学习活动，有助于智力的发展与提升。（3）学生从主动发现过程中获得成就感的满足，不需要外在赏罚去维持其动机兴趣。(4) 学生养成自动发现的学习习惯后，有助于以后的独立求知与研究（张春兴，1998：218）。

此外，这段视频资料以《夜的钢琴曲5》作为背景音乐，旋律十分优美，解说词浓缩了课文的精华。学生通过观看视频，既从感官上享受、领略了苏州园林之美，感受了中国园林文化的博大精深，又对该课的课文内容有了大致了解。同时，在可视化图景的帮助下，课文中很多较难理解的词汇教师即使不做解释，学生也可无师自通，可谓一举多得。这一过程既是对汉语的学习，也是在潜移默化中对中华园林文化和传统审美观的熟悉与理解，二者浑然一体、相辅相成、不可分割。

（三）课后书面表达作业——写

在高级汉语教学阶段，对留学生书面表达能力的训练与培养是一项重要教学内容。在《幼学纪事》一课中，教师布置了这样的课后作业：根据视频资料，简要介绍于是之，并且谈谈你看完《大揭秘——话剧人生于是之》之后的感想。字数要求：300字左右。

写这一环节与课上播放视频过程中教师对重点词句的讲解是息息相关的，重点词句的讲解是分析、散点化整个视频材料的过程，而课后写的过程则是一个由零到整、再次拼接还原的过程。在这一过程中，学生需要用到自己在观看视频时吸收的信息，需要用到教师重点讲解的词句，还需要用到合适的衔接词、过渡句等形成语段和语篇，是一项综合语言运用能力的训练。

此外，语言是人文学科的构成基础，语言学科不同于其他学科的一个主要特点在于它是人类文化的主要载体，是人类文明的集中体现。语言文化具有双重价值：一方面，它是人们用来认识世界、改造世界、进行人际交往的工具，具有工具价值；另一方面，它又是人类用来进行文化传承、人文教育、人格塑造的主要途径，具有“以文教化”的价值（韩彩英，1999（5）：64）。语言教育应体现人文教育的内涵。正如雅斯贝尔斯所说：“教育是人的灵魂的教育，而非理性知识和认识的堆积。”从这个意义上说，教育的本质特征就在于其人文性。所谓人文教育，是指对受教育者所进行的旨在促进其人性境界提升、理想人格塑造以及个人与社会价值实现的教育，其实质是人性教育，其核心是涵养人文精神。

在交来的作业中，很多学生在谈感想的部分写到于是之的人生经历对自己的启发和教育意义。现摘录几例。①

学生 A：

看完视频之后，首先我们应该好好地珍惜学习的机会，比如（应为“像”）于是之（那样）不放弃自己的求学的理想。其次，做什么事情我们下决心坚持下来，不然一事无成。再次，我们有认真的性格，只有认真才有很好的效果（应为“结果”）。另外，（不管）遇到了什么困难，我们应该用积极的态度来面对问题，失败也没关系，最终一定会成功的。最后，虽然自己有多么成就，但做人应该很谦虚（应为“即便自己取得了很大的成就，但做人应该很谦虚。”）。

学生 B：

我觉得于是之是一个认真、努力和谦虚的人。为了演好他扮演的角色，他很认真地做了准备。他的努力也使他能演得出神入化。在生涯（应为“生活”）中遇到困难是免不了的事，但是他从未放弃过。虽然别人称呼他为大师，但他说他只是一个普通演员。在生活中，我们应该有于是之的这种性格，否则将会一事无成。

学生 C：

我们要坚持不懈，像于是之一样，不要放弃。我把他做成了我的榜样（应为“我把他当成了我的榜样”）。

学生 D：

从于是之的人生（经历中），我学到了功夫不负有心人（这个道理）。虽然他的生活道路并不容易，但是他从未放弃，一直坚持追求自己的梦想。另外，于是之对学习的态度也给我很深刻的印象。他意识到只有知识才能改变他家里的生活，他在学习中所付出的努力也最后把成为戏剧界的一代宗师（应为“他在学习中所付出的努力也最后使他成为戏剧界的一代宗师”）。

---

① 来源于学生作业。

从以上所引学生作业中可以看到，一方面，在写作中学生有意识地用到教师课上讲解的重点词，如“一事无成”“出神入化”“坚持不懈”和“一代宗师”；另一方面，于是之的人生经历及其品格也对学生产生了积极影响，使其对人生、对成功、对学习的态度有了更深刻的认识，对其思想境界的提升也起到一定作用，这正是人文教育的关键之所在，也契合了雅斯贝尔斯所倡导的全人教育理念。全人教育思想认为，“全人就是要培养‘完整的人’（the whole man），而人的完整就是躯体、心智、情感、精神、心灵力量融汇一体的人”（刘宝存，2004（9）：19）。这种理念已然成为当代全人教育家们的一种共识。全人教育对人类存在的终极关怀，使它天然呈现出以人为本的理念内涵，这促使全人教育不仅关注知识的传授，更注重“人之为人”原则所体现的教育价值取向，注重人的和谐心智的培育，注重人的整全人格的形成，这表明了全人教育的出发点与终极目标都是完善的、完整的人（刘云、谢少华，2017（3）：94）。

由此可见，写这一环节可谓一石二鸟、一举两得，既训练了学生的书面表达能力，又达到人文教育的目的，在一定程度上促进了学生人格的发展与人文精神的培育。

结语

视听说写四维一体教学法是在教学实践中进行的一次尝试与探索，其有四个特征：

第一，语言输入与语言输出相结合。在视、听、说、写四个环节中，视与听是单向的语言输入，说与写则分别为口头和书面语言输出。

第二，个人学习与小组合作相结合。在视、听、说、写四个环节中，视与听是学生单独进行的学习活动，主要靠个人的语言能力来理解视频材料的内容并做记录。说的环节需要学生以小组形式，通过小组间的互动与合作共同完成教师在视听前布置的任务。写是学生个人课后的学习活动。

第三，学生自主学习与教师讲解相结合。视听环节以学生自主学习为主，同时教师适时地对其中的重点词语与句式进行讲解，并要求学生记录；或者对其中的某些文化点进行补充说明。此举不仅有效地提高了视频材料的利用率，也可加深学生对视频内容的理解，扩大了词汇量，加深了其对相关文化知识的理解。

第四，综合语言能力训练与人文教育相结合。视听说写四维一体教学法既可以对学生的汉语听力、口头表达能力及书面写作能力等语言运用能力进行训练，也为教师对学生进行人文教育提供了良好载体与契机。

这种初步尝试在教学中显示出较好的效果：很大程度上弥补了前文提到的学生在查阅资料、课堂汇报与讨论中存在的一些弊端；增强了学生的学习兴趣，提高了学生参与课堂活动的积极性；同时，也培养了学生的自主学习能力，为进一步深入学习奠定了基础。总之，关于这一教学方法的探索，在一定程度上提高了教学效果。

当然，视听说写四维一体教学法目前尚在探索阶段，在教学实践中还需结合学生的汉语水平、学习特点与教学内容等逐步加以完善，为进一步提高高级汉语综合课教学水平拓展新思路。

参考文献

1. 施良方（2003）《学习论》，人民教育出版社。

2. 程晓棠（2006）《任务型语言教学》，高等教育出版社。

3. 廖雯娟（2013）第斯多惠的教师教育观及其启示，《当代教育理论与实践》第 1 期。

4. 张春兴（1998）《教育心理学》，浙江教育出版社。

5. 韩彩英（1995）人文教育与大学外语教学，《中国高教研究》第 5 期。

6. 刘宝存（2004）全人教育思潮的兴起与教育目标的转变，《比较教育研究》，2004 第 9 期。

7. 刘云、谢少华（2017）全人教育以人为本的理念及其对中国教育思想的启示，《贵州社会科学》，2017 第 3 期。

8. 马树德（2013）《现代汉语高级教程》，北京语言大学出版社。

关于高级阶段留学生古代汉语课程学习情况的调查研究

张亚茹[*]　梁蔚璇[**]
许佩芳　罗蒙山　普京　韩自由[***]

摘　要：为了解高级阶段留学生古代汉语课程的学习情况，我们对北京语言大学汉语学院本科三、四年级的留学生进行了调查。结论如下：现阶段的古代汉语课程设置能较好地满足学生的学习需要；高级阶段留学生在学习古代汉语课程中有明确的目的性和较强的自主性，但学习方法呈机械性；学习难点集中在语法与词汇，学习兴趣集中在古今词汇联系和课文蕴含的历史文化；学生的古代汉语知识掌握得不牢固，容易遗忘基础知识点。

关键词：高级阶段留学生；古代汉语课程；学习情况；古代汉语语言能力

随着中国经济的发展，中国的教育影响力正不断增强，来中国留学的外国学生与日俱增，目前中国已经成为亚洲最大的留学目的国。其中，越

* 张亚茹，北京语言大学汉语学院副教授。
** 梁蔚璇，北京语言大学汉语学院2018级研究生。
*** 许佩芳、罗蒙山、普京、韩自由，北京语言大学汉语学院汉语系2016级留学生。

来越多的留学生来中国是为了学习汉语，而现代汉语是由古代汉语发展而来的，二者联系密切。学好古代汉语对于学好现代汉语至关重要，因此很多院校都开设了古代汉语课程。

为了解留学生学习古代汉语课程的情况，我们调查了北京语言大学汉语学院本科三、四年级的留学生。其中，三年级学生 34 人，四年级学生 15 人。他们来自 22 个国家，涵盖亚洲、欧洲等多个国家与地区。被调查者中，以非华裔居多，共 41 人，占总人数的 83.67%；华裔共 8 人，占 16.33%。绝大多数学生已学习汉语三年或三年以上，共 47 人，占总人数的 95.92%，学习两年汉语者 2 人，占 4.08%。

本次调查分为两个部分：一是留学生对古代汉语课程的整体评价与学习情况；二是留学生古代汉语的语言能力情况。

一、留学生对古代汉语课程的整体评价与学习情况

（一）学生对古代汉语课程的整体评价

根据调查可知，大多数学生对于古代汉语课程的整体评价是“很好”，少数学生认为是“一般”。而三年级学生对古代汉语课程的评价明显好于四年级学生。

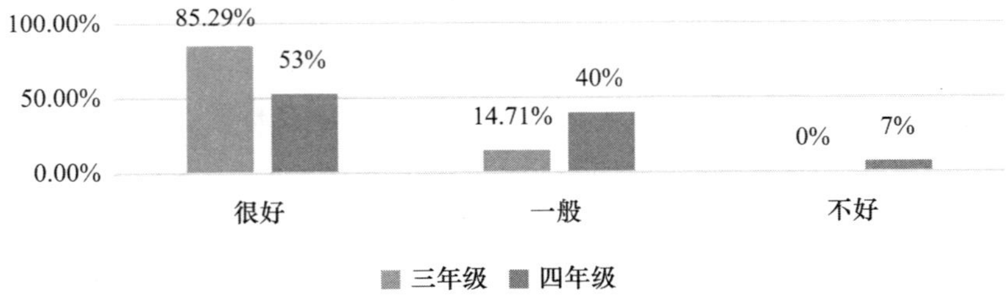

图 10—1　学生对古代汉语课程的整体评价

资料来源：笔者统计所得。

影响学生整体评价的因素主要是教师、课程本身和教材。其中，以选

择教师的学生居多，三年级 23 人，占总人数的 67. 65%；四年级 6 人，占总人数的 40%。由此可知，留学生对古代汉语课程给予了肯定与积极评价，而教师是影响学生对古代汉语课整体评价的重要因素，这说明教师对古代汉语课的影响非常重要。

（二）留学生学习古代汉语的目的

根据调查可知，留学生学习古代汉语课的目的具有多样性，而且三、四年纪留学生学习古代汉语课程的目的有所不同。三年级学生以选择 B 者稍多，占三年级总人数的 27. 37%；选择 E 者次之，占 16. 22%；选择 A 与 D 者再次，均占 11. 15%。而四年级学生选择各种学习目的的人数比例基本相当，分别为 17% 与 16%。最大差异在于提高现代汉语水平的需求下降，而了解中国古代思想文化的需求明显上升。这说明，处于不同学习阶段的留学生对于古代汉语课程的学习需求有所不同。与此相应，古代汉语教学的内容与侧重点也应做出适当调整，因材施教。

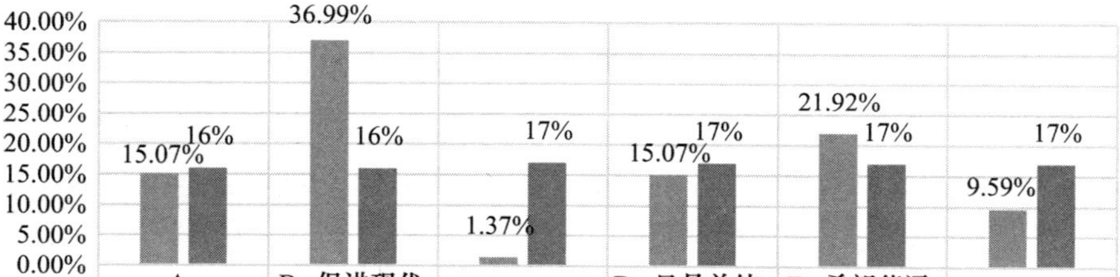

	A. 培养阅读文言文的能力	B. 促进现代汉语的学习，提高现代汉语水平	C. 为将来研究中国语言与文化做准备	D. 只是单纯想了解一下古代汉语，不打算深入学习	E. 希望能通过古代汉语了解中国古代的思想文化	F. 为了获得学分，顺利毕业
三年级	15.07%	36.99%	1.37%	15.07%	21.92%	9.59%
四年级	16%	16%	17%	17%	17%	17%

图 10—2　学生学习古代汉语课程的目的

资料来源：笔者统计所得。

（三）古代汉语课的学习难点

根据调查可知，所有学生均认为古代汉语课难学。但是学习难度对于

三、四年级学生来说有所不同，对于三年级学生来说更难，而对于四年级学生来说难度稍有降低，原因在于他们已有三年古代汉语学习的积累。详见图 10—3。

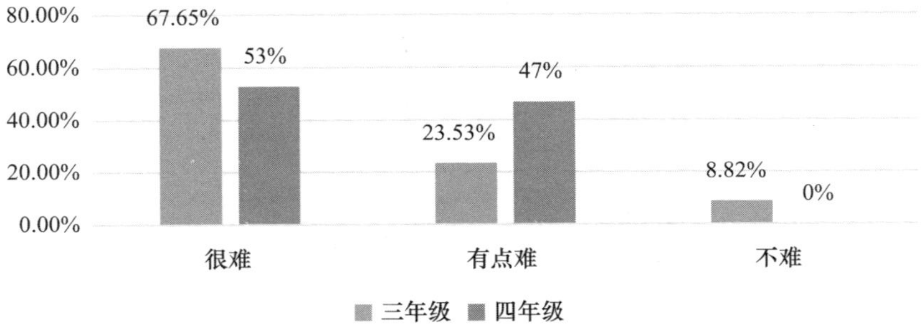

图 10—3　古代汉语课程的难易度

资料来源：笔者统计所得。

关于古代汉语课的学习难点，三、四年级学生均表现为：多数学生认为是语法，分别占三、四年级总人数的 50% 与 54%；其次是词汇，分别占 41.18% 与 33%；再次是课文，分别占 8.82% 与 13%。这是因为，虽然现代汉语是由古代汉语发展而来的，但二者在语法与词汇方面存在明显差异，对于古汉语零基础的留学生来说，这无疑是全新的语法体系和词汇系统，学习难度之大可想而知。

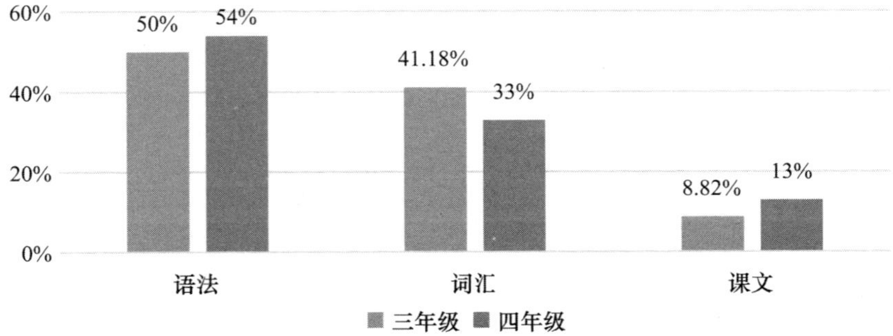

图 10—4　古代汉语课程的学习难点

资料来源：笔者统计所得。

关于语法学习的难点，主要体现在虚词、语序、句式与词类活用四个方面，但三、四年级的难度高低顺序不同，具体表现为：三年级的难度顺序由高至低依次为（1）虚词、（2）语序、（3）句式、（4）词类活用；而四年级的各方面难度相当，均占四年级总人数的25%。经过对比可知，三、四年级在语序与句式方面难度相当，而虚词与词类活用的难度有所变化。这说明对于三、四年级学生而言，古代汉语教学的侧重点应该稍有不同。

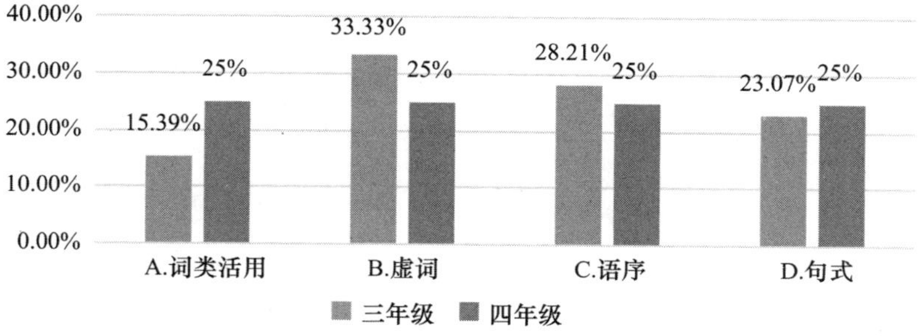

图 10—5　语法学习难点

资料来源：笔者统计所得。

关于词汇学习的难点，三、四年级的难度排列顺序基本一致，按照由高至低顺序依次排列为：（1）一词多义；（2）生僻词；（3）古今异义词；（4）翻译单音节词。不同点在于：对于四年级学生而言，翻译单音词不

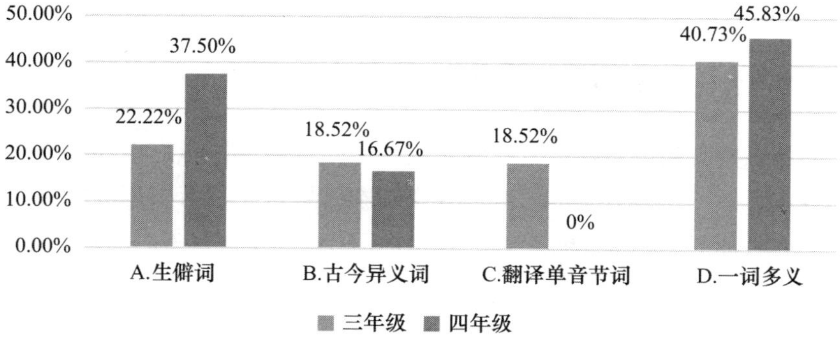

图 10—6　词汇学习难点

资料来源：笔者统计所得。

难，因为没有人将其选择为难点；而这与学生的古汉语学习积累密切相关。由此可知，一词多义是留学生古代汉语学习的一大难点。

关于课文学习的难点，三年级的难度顺序由高至低依次为：（1）历史文化；（2）词语；（3）语句逻辑关系；（4）语法现象；（5）中心内容；（6）思想观念。四年级的难度顺序由高至低依次为：（1）词语；（2）历史文化；（3）语法现象；（4）中心内容；（5）思想观念；（6）语句逻辑关系。通过对比可知，三、四年级的课文学习难点的共性在于历史文化与词语为学习的主要难点；差异在于语句逻辑关系对于三年级学生来说难度很大，而对于四年级学生来说难度较小；这应该与四年级学生的现代汉语与古代汉语水平较高有关。

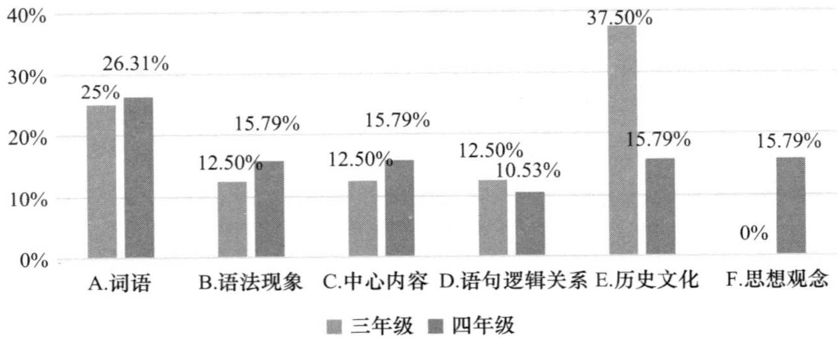

图 10—7　课文学习难点

资料来源：笔者统计所得。

（四）古代汉语课的教学方法调查

对于教学方法的看法，三、四年级留学生既有共同点，但也存在差异。共同点在于：一是学生支持的教学方法基本一致，二是两个年级选择 A、D 两项的人数都很少。这说明学生均不赞成只串讲课文或只教师讲解。不同点在于：学生对于其余教学方法的支持程度有所不同，按照由高至低顺序排列，三年级为 E—F—B—C，而四年级为 B—C—E—D。由此可见，三年级学生更重视自身在翻译课文与词语时的积极作用，以及古今汉语联系的讲解；而四年级学生更为重视课文与知识学习的系统性。详见图 10—8。

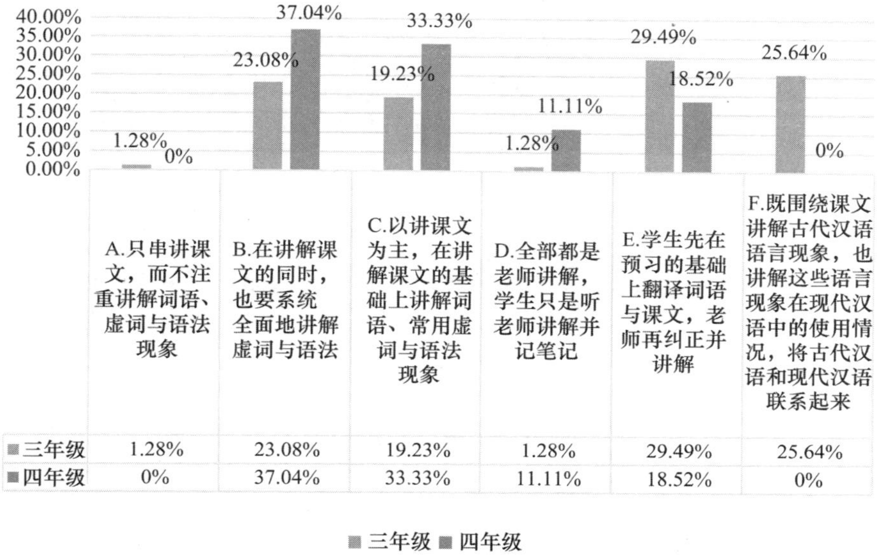

图 10—8　学生支持的课堂教学方法

资料来源：笔者统计所得。

（五）留学生古代汉语课程的学习方法调查

根据调查可知，三、四年级留学生古代汉语学习方法基本相同，问卷中的五种方法均有学生选择，而且最常用的方法均为：B（课堂认真学习）、C（复习）、A（预习）。不同在于：（1）三年级以选择课堂认真学习者居多，选择复习者次之；而四年级则为选择课堂认真学习与复习者人数相同。（2）两个年级选择 D 的学生比例高低不同：三年级选择古今汉语结合者多于选择多做课外练习者，而四年级则正好相反。三年级学生对于古今汉语结合学习的重视既与课后的古语今用练习有关，也与教师的教学密切有关。

关于预习，调查显示，三、四年级的多数学生均会预习，只是三年级预习者的比例（85. 29%）明显高于四年级（60%）；而不会课前预习的学生为少数，但四年级不预习的比例（40%）明显高于三年级（14. 71%）。由此可见，三年级学生更为重视课前预习。

关于预习方式，三、四年级均以预习生词并翻译原文者居多，读课文

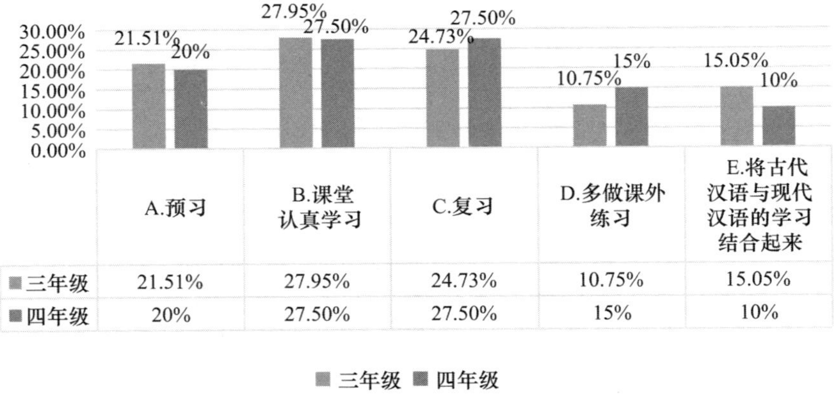

图 10—9　学生的学习方法

资料来源：笔者统计所得。

者次之，选择其他方式者很少；四年级没有学生选择预习语法知识。

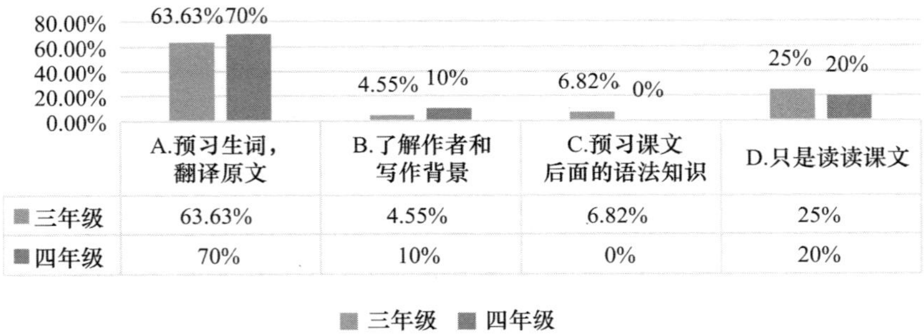

图 10—10　课前预习方法

资料来源：笔者统计所得。

关于复习，调查显示，三、四年级多数学生均会复习，分别占各自总人数的 60% 与 67%；不复习的学生分别占 40% 与 33%。而关于如何复习，三、四年级学生有所不同。具体表现为：三年级学生以选择 A 者居多，选 B 者次之，选 F 者再次，只有个别学生选择其他各项。而四年级学生以选 B 居多，选 A 者次之，选 C、D、E、F 者再次。通过对比可知，三、四年级学生复习的侧重点稍有不同，三年级侧重于词语，而四年级侧重于课文，这与两个年级学生的古汉语学习与掌握程度不同有关。

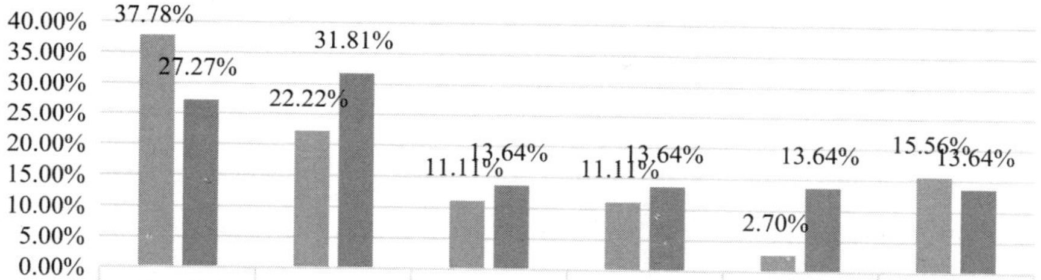

	A.复习并记住词语的意思	B.再翻译一遍课文	C.梳理语法知识	D.做课文后面的练习，以加深印象	E.查阅资料，拓展相关文化知识	F.只是再读一遍课文
三年级	37.78%	22.22%	11.11%	11.11%	2.70%	15.56%
四年级	27.27%	31.81%	13.64%	13.64%	13.64%	13.64%

■三年级 ■四年级

图 10—11　课后复习方法

资料来源：笔者统计所得。

综上所述，留学生古代汉语学习的自主性很强，已经掌握一定的学习方法，认识到课堂学习、课前预习和课后复习的重要性，而且多数学生能够认真学习。但学习内容仅局限于教材与教材所提供的有限拓展材料，预习和复习方式机械化，很少主动学习课外阅读材料。

（六）留学生在古代汉语课程中的收获

根据调查可知，学生们普遍认可学习古代汉语对于学习现代汉语有帮助。三、四年级均以选择有帮助者居多，只是三年级的比例明显高于四年级。

关于学习收获，调查显示，三、四年级学生的收获按照由大至小顺序排列，分别为：三年级 B—A—C—E—D—F，四年级 F—A/C—E—D—B。二者最大差异体现在最大收获与最小收获的选项完全不同，三年级认为最大收获是 B，而此项却是四年级学生的最小收获；三年级学生的最小收获为 F，而此项却为四年级学生的最大收获。这种差异恰恰体现了三、四年级古代汉语教学侧重点的不同，三年级学生初学古代汉语，应该以语言知识学习为主，辅以文化知识；而四年级学生在三年级学习的基础上已经掌握了古代汉语基础知识，教学侧重点会稍有调整，在重视语言知识的同时，也较为重视中国古代文化与历史知识的讲解。学生的收获与其学习目的基本一致，这说

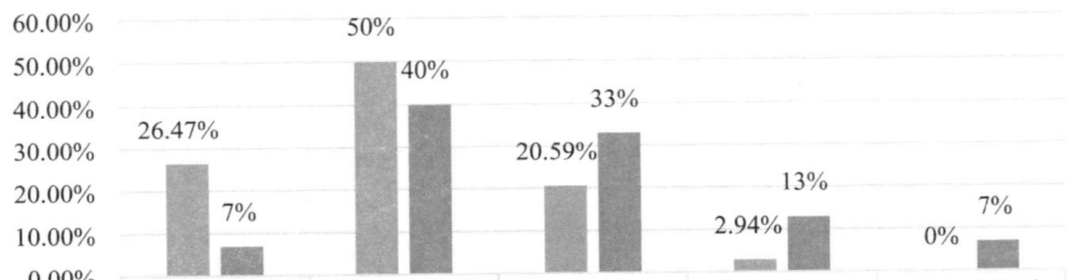

	A.非常有帮助	B.很有帮助	C.一般	D.帮助不大	E.没有帮助
三年级	26.47%	50%	20.59%	2.94%	0%
四年级	7%	40%	33%	13%	7%

■三年级 ■四年级

图 10—12　古代汉语课程是否有助于汉语学习

资料来源：笔者统计所得。

明古代汉语课程在很大程度上满足了学生的学习需要。详见图 10—13。

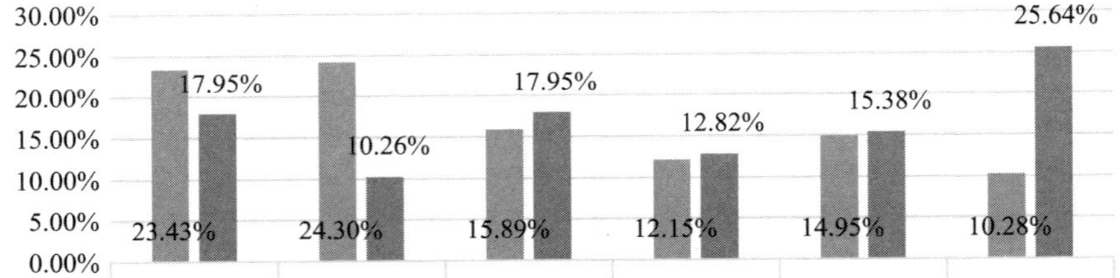

	A.能够读懂简单的文言短文，具有了一定的阅读文言文的能力	B.掌握了古代汉语中一些常用虚词与语法现象	C.了解了许多成语的来源和意义，有助于我更好地理解成语的用法	D.通过古汉语单音词的学习，掌握了现代汉语词的语素义，现代汉语猜词能力得到提升	E.了解了现代汉语与古代汉语的联系与异同，对现代汉语学习与汉语水平的提高很有帮助	F.有助于我更好地理解中国的历史与传统文化
三年级	23.43%	24.30%	15.89%	12.15%	14.95%	10.28%
四年级	17.95%	10.26%	17.95%	12.82%	15.38%	25.64%

■三年级■四年级

图 10—13　学生的学习收获

资料来源：笔者统计所得。

二、留学生对古代汉语教学内容与教材的看法

（一）留学生对古代汉语教学内容的看法

根据调查可知，三、四年级学生对于古代汉语教学内容的看法是一致的：以喜欢教师讲解词语与课文者居多，喜欢教师解释课文历史背景与讲解古今词汇联系的学生次之，喜欢教师总结语法内容者最少。而语法恰恰是大多数学生古代汉语学习的难点。

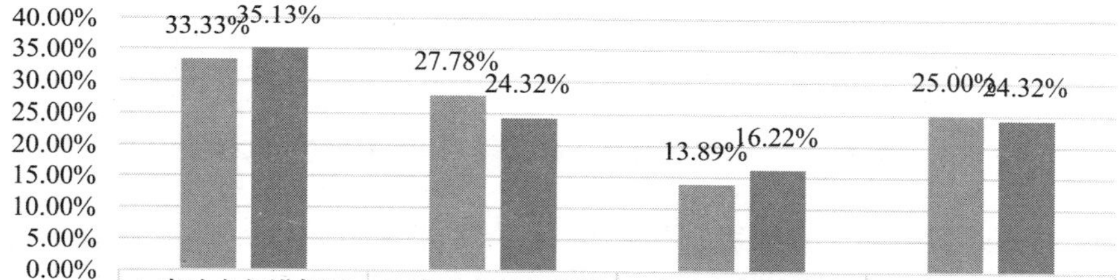

	A.喜欢老师讲解词语与课文，帮助我很好地理解课文内容	B.喜欢老师解释课文的历史背景，让我了解中国历史与文化	C.喜欢老师总结语法内容，让我系统地理解古代汉语语法	D.喜欢老师讲解古今词汇的联系，让我学到更多现代汉语词汇
■三年级	33.33%	27.78%	13.89%	25.00%
■四年级	35.13%	24.32%	16.22%	24.32%

■三年级 ■四年级

图 10—14　学生对古代汉语教学内容的看法

资料来源：笔者统计所得。

关于课文翻译方法，三、四年级学生的选择也是一致的。多数学生都选择“简单易懂，能够体现出大部分词语意思的直译”。学会把古代汉语课文翻译成现代汉语，是学生必须掌握的重点内容之一。采用直译法，不仅有助于学生很好地掌握如何将古代汉语翻译成现代汉语，以理解课文内容；也有助于学生掌握课文中的词语，可谓一举两得。

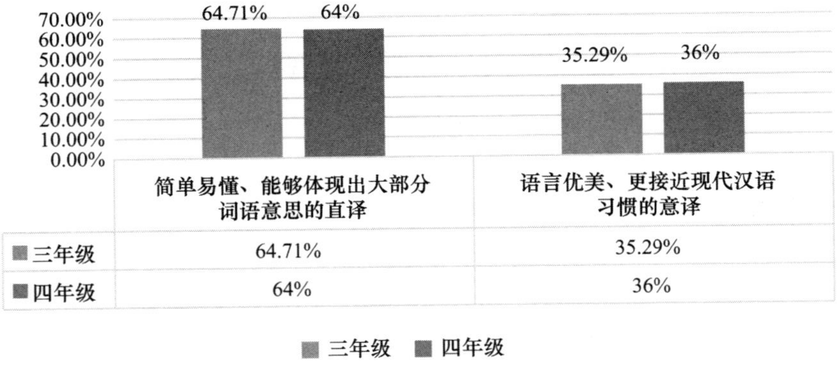

图 10—15　学生对课文翻译方法的看法

资料来源：笔者统计所得。

（二）留学生对古代汉语教材中课文趣味度和难度的看法

根据调查可知，三年级学生共学习了 18 篇文言短文，学生普遍认为这些课文很有意思，选择课文“有意思”者均占总人数的 50% 以上。关于课文难度，三年级学生普遍认为《〈论语〉九则》很难，占总人数的 55.88%，《晏子使楚》《愚公移山》《为学》次之，占 40% 有余；其余课文难度一般。由此可知，三年级古代汉语课文具有较强的趣味性，而且难度适中，能够引起初学古代汉语的留学生的学习兴趣，满足其学习需求。

四年级留学生共学习了 22 篇文言文章，其中 18 篇为三年级学习，4 篇为四年级（上）学习，这 4 篇课文篇幅相对较长。对于三年级学过的课文，四年级学生除少数几篇与三年级学生看法不同外，基本一致。对于四年级学习的课文，多数学生认为：《师说》与《桃花源记》有意思，其余两篇兴趣一般；《师说》《西门豹治邺》与《活板》很难，而《桃花源记》难度一般。课文难度增加的主要原因在于课文篇幅较长、文体的影响与课文所蕴含的历史文化因素等。

从整体来看，课文的趣味度和难度成负相关关系，课文难度越大，其趣味度越小。三年级学生更加乐观积极，因此课文难度对于趣味度的影响明显低于四年级。对于四年级学生而言，当课文难度加大时，学生对课文的趣味度则明显下降。详见图 10—16、图 10—17。

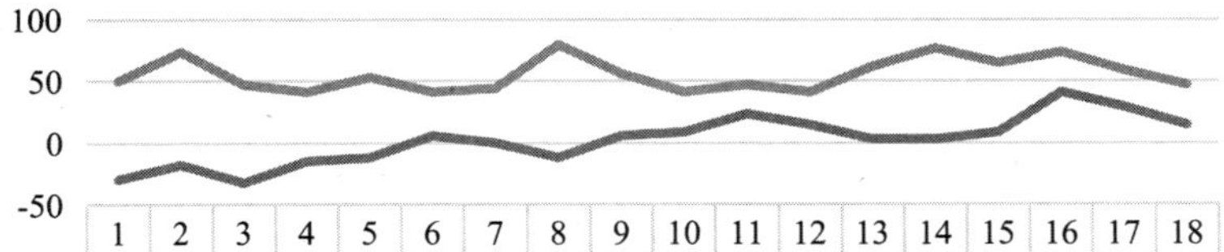

	1	2	3	4	5	6	7	8	9	10	11	12	13	14	15	16	17	18
趣味度	50	73.	47.	41.	52.	41.	44.	79.	55.	41.	47.	41.	61.	76.	64.	73.	58.	47.
难度	-29.	-17.	-32.	-14.	-11.	5.8	0.0	-11.	5.9	8.8	23.	14.	3.0	2.9	8.8	41.	29.	14.

趣味度 难度

图 10—16　三年级课文趣味度与难度的相关关系

资料来源：笔者统计所得。

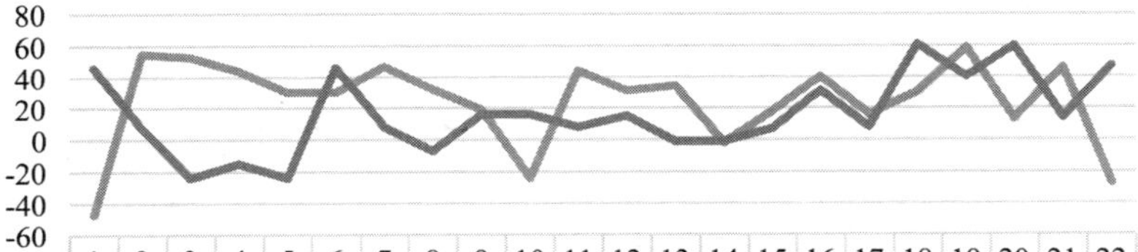

	1	2	3	4	5	6	7	8	9	10	11	12	13	14	15	16	17	18	19	20	21	22
趣味度	-47	55	53	44	30	30	47	32	19	-24	44	31	34	-2	18	40	16	30	59	13	46	-27
难度	46	7	-24	-15	-24	46	8	-7	16	16	8	15	-1	-1	7	31	8	61	40	60	14	47

趣味度 难度

图 10—17　四年级课文趣味度与难度的相关关系

资料来源：笔者统计所得。

三、留学生的古代汉语语言能力分析

为了解留学生在学完古代汉语课程以后的语言能力，我们设计了一份测试卷，主要考察古代汉语的基础知识，共 16 道小题，分为三个部分：一是选择画线词语的正确解释，意在考察常用词的掌握情况；二是解释画线部分的意思，意在考察古汉语特殊语法现象的掌握情况；三是解释句中画线部分的意思，意在考察学生对现代汉语中遗留古汉语语言现象的理解情况。

测试结果显示，三年级学生的正确率明显高于四年级，而且四年级学生对于古语今用的掌握情况明显差于三年级。原因在于：（1）三年级学生刚学完那些基础知识，掌握得较为牢固，这说明学生古代汉语课的学习效果较好；（2）四年级缺乏对已有知识的复习，未能在学习新课文时有意识地复习旧知识，因此知识遗忘得较多；（3）四年级学生对于古今汉语结合学习的重视程度明显弱于三年级。

表 10—1　三四年级测试答案正确率对照表

测试内容	三年级正确率	四年级正确率
一、选择画线词语的正确解释		
1. 郑人有且置履者。	91.18%	86.67%
2. 以子之矛，陷子之盾。	70.59%	40%
3. 犹百兽之畏虎也	76.47%	46.67%
4. 三人行，必有我师焉。	32.35%	73.33%
5. 蚌方出曝，而鹬啄其肉。	91.18%	61.76%
6. 缚者何为者也？	61.76%	73.33%
7. 我以日始出时去人近，而日中时远也。	44.12%	73.33%
二、解释画线部分的意思		
1. 何不以锯中截而入？	64.71%	26.67%
2. 有人性宽缓，冬日共人围炉，见人裳尾为火所烧。	70.59%	40%
3. 乃以乳为目，以脐为口。	70.59%	26.67%
4. 不患人之不己知也，患不知人也。	73.53%	53.33%
三、古语今用情况		
1. 这笔钱是用来置办家具的。	67.65%	53.33%
2. 妈妈是一位清洁工人，被尊称为“城市美容师”。	29.41%	0%
3. 他一向唯利是图，所以，人们大都不愿意与他合作。	76.47%	33.33%
4. 北京有很多名人故居，假期的时候我们可以一起去参观	70.59%	26.67%
5. 这里以前是不毛之地，但经过几代人的努力，原来满眼的黄沙现在已逐渐被绿色所覆盖。	61.67%	33.33%

资料来源：笔者统计所得。

结语

综上所述，留学生学习古代汉语课的目的具有明确性与多样性，而目前的古代汉语课程能较好地满足留学生的学习需要；在文言文阅读能力培养、掌握古代汉语基础知识、促进现代汉语学习与理解中国古代历史文化等诸多方面均有收获；教材所选课文趣味性较强，难度适中。因此学生对古代汉语课持积极态度、评价良好。古代汉语学习的难点在于语法与词汇，主要集中于虚词与一词多义；学习兴趣在于古今汉语联系和历史文化。而课文是学好语法与词汇的基础，因此学生普遍认为应该在学好课文的基础上，较为系统地学习词语、常用虚词与语法现象。而这正是留学生古代汉语课程最主要、最常用的教学方法。学生学习古代汉语具有较强的自主性与积极性，能够认真学习；但学习方法具有机械性，未能很好地实现温故知新、以新带旧，以致遗忘较快。因此，在以后的教学中应加强学生古代汉语学习方法的引导，并在讲解新课文时有意识地引进旧知识，引导学生有意识地复习，如此螺旋式循环往复，帮助学生更好地掌握古代汉语的基础知识，进而促进其古代汉语与现代汉语水平的提高。

参考文献

1. 徐宗才、李文（2010）《古代汉语》（修订本），北京语言大学出版社。

浅谈扩展式教学法在词汇教学中的应用

张耀颖*

摘　要：词汇是语言的基石，词汇教学在汉语作为第二语言教学中占有相当重要的地位。扩展式教学法以词为最小单位和教学起点进行词汇网络的构建，从而达到连词成短语、连词成句的效果，帮助学生构建属于自我的词汇学习系统。本文以汉语作为第二语言教学中的词汇教学为切入点，立足汉语国际教育教学实际，探讨如何将扩展式教学法运用在词汇教学的各个环节和部分，从而提高词汇教学的效率，促进学生汉语技能和汉语水平的提高。

关键词：扩展式教学法；词汇教学；汉语国际教育

过去，在汉语作为第二语言教学中，语法教学一直占据较大的比重；近来，随着汉语国际教育的不断发展，很多学者对词汇教学进行了深入研究，词汇教学在汉语作为第二语言教学中的重要地位得以确立。

词汇是语言中最活跃的要素。多年来，汉语教师在如何扩充词汇量，帮助学生构建词汇网络方面，积累了颇为丰富的词汇教学方法，比如直观

* 张耀颖，北京语言大学汉语学院在读研究生。

性词汇解释法、多媒体教学法、母语解释法、语境教学法、比较分析法和词块组合记忆法等。扩展式教学法综合各教学法之所长，在“教师为主导、学生为主体”的教学思想指引下，对词汇教学提供了有效的指导和帮助。

一、扩展式教学法

（一）扩展式教学法的定义

扩展式教学法在多种学科教学中均有提及，在对外汉语教学中，北京语言大学的老师们大都采取这种教学方法。尤其是1999年，姜丽萍在总结北京语言大学汉语学院一些老教师多年教学经验的基础上，通过自己的研究与实践，首次提出扩展式教学法的概念。本文采用姜老师的定义，认为扩展式教学法是指在教师指导下，学生借助板书、图片等形象化教学手段，不断地由词扩展到词组、句子，然后再由句子扩展到句群或段落，最后由段落连成课文的教学方法。

从该定义中我们可以看出，词汇教学是扩展式教学的起点，是一个由教师和学生共同参与的，由教师引导和启发学生、学生发挥自己的主观能动性的过程。扩展式教学在词汇教学中的重要地位可见一斑。

（二）扩展式教学法的步骤

扩展式教学法是教师在充分了解学生现有水平的基础上，从学生实际出发，帮助学生把新学的知识纳入已有的认知结构并理解和掌握的过程。这个过程中，教师是主导，学生是主动参与者。教师要掌握好扩展的方向和难度，并控制好这个过程中的速度和节奏，让“学生始终处于蹦一蹦就能够到果子的临界状态”（姜丽萍，1999）。通过师生的共同努力，经过感知、理解、模仿、记忆和巩固等几个阶段的操练，学生就能够较快把所学内容转化成自己的语言，并且能马上运用于交际，达到语言自动化。

具体来说，扩展式教学包括以下三个步骤：（1）由点到线，即从词扩展到词组或句子；（2）由线到面，即把相互关联的句子组成句群或自然段；（3）由面到体，即由自然段形成课文的过程。经过这几个步骤，零碎的语言材料可整合成短文和篇章，让学生实现语言自动化，切实提升学生的语言交际能力，进而在汉语初级教学阶段就为中高级阶段的教学打下良好的基础。

二、汉语词汇教学

（一）汉语词汇教学模式

在汉语教学中，词汇教学的目标之一是扩大词汇量。学生通常通过词表和语境记忆法来记忆和补充单词。故而，按照词汇组织形式与语境介入情况可以将词汇教学模式分为词表教学模式（Words taught in lists）和语境教学模式（Words taught in contexts）两种。[①]

词表教学模式就是将所教词语按照一定的方式排列成词表。词表里的词汇后面还常常用学习者的母语翻译来解释汉语词汇，对词汇进行集中教学。教学中也会设置语境，比如给出典型例句，甚至将词表中的词语组织编写成语段、语篇等。

语境教学模式则是通过听、说、读、写等技能训练，在一定文本语境和交际语境中教授词语，词语随上下文语境而出现，所教词语根据学习者的语言水平来挑选。

从教学侧重点与教学效果来看，词表教学模式与语境教学模式可以互为补充、相互促进。词表教学模式注重在短时间内扩大词汇量，着重于词汇知识的广度。语境教学模式通过听、说、读、写等技能训练，让学生在文本语境和交际语境中掌握词语的具体意义、情感色彩、语体风格、搭配和用法等知识，偏重于在词汇深度知识基础上渐进地累积词汇。语境是词语活动的场所。第二语言词汇的语境教学，主要是通过课型体现出来，比如综合课与听、说、读、写等技能课。

① 李润生（2017）近年来对外汉语词汇教学研究综观，《华文教学与研究》第2期。

（二）汉语词汇教学的原则

扩大词汇量是词汇教学的重要目标，但并不是无限量地扩充，要考虑到学生实际水平和教育教学的实际安排。故而，词汇教学要遵从“词汇量控制原则”“适度扩展原则”“阶段性原则”和“课型差异性原则”（刘座菁，2013）。

课堂时间是有限的，词汇教学必须考虑如何在有限时间内让学生达到扩充词汇量的目的，因而必须对每课的生词进行取舍，分清楚重点词汇和非重点词汇、常用词和非常用词。其中，词汇的重点和非重点不能一概而论，需要分阶段、分课型来识别，所以要遵循阶段性原则和课程差异性原则。扩展式教学法将每课词汇表中的词汇按照词性、在句子中的位置重新排序，学生在进行词汇组合时便可以很快辨认出自己没有掌握的词汇，而教师可以根据学生的流利度快速把握学生的掌握情况，对一些必要的词汇进行补充和扩展，从而科学有效地控制词汇数量的输入与扩展，无形中将词汇教学的四个原则融会贯通，有效地提升了教师对课堂的把握度和学生的学习效率。

三、词汇教学中扩展式教学法的应用及其评估

（一）词汇教学中扩展式教学法的应用

初级汉语词汇教学一般分为“展示—认读—讲练—巩固”四个步骤，而扩展式教学法在这四个步骤中均有体现。

1. 词汇展示

在该环节采用结构化板书给学生一个直观的展示，让他们对本课的生词一目了然。其中，横向上按照“S + V + O”（主语 + 谓语 + 宾语）的格式进行组合，进而看出核心词汇的扩展方式，从而连词成短语，连词成句。纵向上按照词性进行聚合，便于学生掌握词性，学会在合适的场合运用该词汇。

从图 11—1 的结构化板书中我们可以看出，每一个纵向的集合都是一

你们			
您	**好**		
老师			
王老师			**再见**
（安德鲁）		**明天**	**见**

图 11—1　《体验汉语基础教程教学参考书》第一课《你好》结构化板书

个整体，集合内都是同一类词，代表一类型事物；所有的集合组合成一个整体，这个整体就是该课课文内容。这样从整体的角度学习词汇，分散之中又有联系，便于学生从宏观上把握词汇。

2. 词汇认读

在该环节，音形认读是目的，所以教师可以使用语素义法，利用汉字构词法的特点，用语素义解释词义，因为汉语中绝大多数词都是复合词，这样的方法便于学生理解、联想和归类，也利于学生学习更多的词汇。而这也是扩展式教学方法在该环节的体现。

不论是教师进行预习情况的抽查还是学生齐读、跟读，依然可采用扩展式教学法。可根据词汇展示环节的结构化板书进行纵向聚合和横向聚合的认读练习，这样可以培养学生的语感，为后续词汇讲练环节的词语扩展做好铺垫和准备，这样学生也不会感到突兀，从而实现自然过渡与语感积累。除了黑板上的板书，如果条件允许，教师也可以运用 PPT 动态特效的出现消失功能，限定时间，让词汇在限定时间内出现，从而让学生迅速读出该词语，增加学生学习时的紧张感，使其保持亢奋状态，从而提升其积极性，并且便于对重难点进行集中练习、加强训练。

3. 词汇讲练

词汇讲练的目的就是掌握词汇的意义和用法，即学生掌握重点词汇的释义和搭配。在这个环节，教师一定要谨记“精讲多练”的原则，教师讲的一定要少，学生练习则要充分有效，练习占据的时间比例最好在 70% 左右。

在这个环节，扩展式教学显得尤为重要。在讲解“附近”这个名词时，有经验的教师常常会举例“学校附近”“宿舍附近”等贴近学生生活的词汇进行扩展，这些词汇也是学生在生活中最常用到的，符合词汇教学中的实用性原则。

机会：一个机会　好机会　有机会　没有机会
普通：很普通　普通人　普通朋友　普普通通

在讲解名词“机会”的时候，则将名词与数量词搭配，与形容词搭配，形成常用短语“好机会”；与动词“有”和“没有”搭配，形成主谓短语，由此进行句子结构的训练。所以，初级汉语词汇教学中，当扩展式教学法在词汇讲练环节运用，讲解名词时，需要讲解名词和量词的搭配；讲解动词时，需要讲解动词和宾语的搭配；讲解介词时，需要讲解介词使用的常用格式。

既然词汇教学是为了词汇的运用，那么离开运用，词汇教学就毫无意义。所以，教师需要创设语境，这个语境应尽量真实、贴近生活，而且尽量使用学生掌握得好的句型和词汇进行训练。例如，教师直接展示副词“其中”，并在学生容易理解的情境中提问，如“现在我们班有 20 个同学，其中有多少个男生?”学生不需要解释意思，就可以掌握这个词的意义和用法。这就是常说的“练中学、学中练”。

总之，教师在课堂中应为学生提供多角度的词汇练习，强化词汇的运用。教师可以通过游戏的方式，例如可以通过听中文歌曲让学生将空缺的词语补全的形式，也可以使用只呈现词语拼音，然后让学生在形似汉字中找对应词语的 BINGO 游戏形式；练习词汇的实际运用时，通过将合适的词语填入空缺例句中进行练习。当然，教师也可以采用非语言手段，如实物、图片、视频等，帮助学生加深记忆，减轻疲劳感。

初级汉语词汇教学中的扩展式教学法，将词汇通过承上启下的搭配组成句子，进而组成语段，这种“滚雪球”式的学习方法，为句子操练做好铺垫，降低了难度，既可以加深学生对词义的理解，又可使之掌握词语用法，防止发生词汇错误使用的情况。

4. 词汇巩固

进一步对学过的词汇进行巩固，仍然属于“滚雪球”式的扩展式词汇教学，学生可使用上述三个环节中提及的方法对生词进行全面的复习和检查，进一步掌握词汇意义及其搭配。这样做的好处如下：

（1）有利于迅速扩充词汇量。扩展式词汇教学法主要体现在词汇内容设置和教学过程中。扩展式教学法让词汇内容以“集合”的形式呈现给学习者，并且注重“集合”与“集合”之间的关联性，这样学习者在词汇学习过程中可以获得举一反三的效果。而且在教学过程中，在课前导入、课程环节衔接和课后内容补充上都注重扩展。这样，在学期末的汉语能力测试中，学习者水平一定会有质的变化。学生以扩展的方式记忆词汇，可以有效扩大词汇量，从而达到提高汉语交际能力的最终效果。

（2）有利于提升学习者的口语和听力水平。在扩展式教学中，因为教师采用了竞争制和游戏制，大部分学生的参与度很高，会与教师们积极互动、对话。这样长时间的对话练习，可以有效地提升学习者的汉语口语和听力水平，使学生达到语言自动化输出的目的。

（3）有利于增强汉语学习兴趣。扩展式词汇教学将“趣味性”设为原则之一。兴趣是智力活动的特性，在一个人的智力范围内，凡是没有兴趣作为指导所采取的一切行为，对于他的智力来说都是一种负担。扩展式教学法不论是在课前词汇内容设置上，还是在教学过程中，都主张将“趣味性”作为重要的原则之一。词汇内容主要为初级阶段学习者有兴趣的内容，教学过程采用竞争制和游戏制。这样既符合学习者的学习心理，也符合认知教学法的特点。学习者在轻松愉悦的环境中获取汉语知识，可以有效消除学习者对于汉语“难学难记”的偏见，增强汉语的学习兴趣，甚至使之积极主动地学习汉语。增强汉语的学习兴趣，不仅可以促进现阶段的汉语学习，还可以为后续的汉语学习打下良好的基础。

四、结语

综上所述，初级汉语词汇教学中的扩展式教学法始终以学生为中心，教师综合利用各种教学方法和课堂因素，培养学生运用词汇的能力，为学生的汉语交际打下坚实的基础。这种“滚雪球”式的教学方法优势明显：首先，让词的教学与句子教学相结合，即让学生在一定的语境中掌握词汇，并注意引导学生在理解词汇的基础上输出词汇和句子；其次，加强了词汇的重现率，减少遗忘，教师使用的例句中应尽可能地反复使用刚学过的词汇，让学生既学到新词，又不忘旧词；第三，始终贯彻精讲多练的原则，利用启发式提问，引导学生主动思考，并留出更多的时间给学生练习，从而更大程度提升学生的语言能力。这样，不但有利于迅速扩充词汇量，提升学习者的口语和听力水平，而且有利于增强学习者的汉语学习兴趣，如此不仅可以促进现阶段的汉语学习，还可以为后续的汉语学习打下良好的基础。

既然提高词汇数量和质量是语言学习长期而重要的任务，那么有组织、有计划的词汇教学就显得尤为重要。教师无论何时都应充分利用文本语境和交际语境，帮助学生巩固、深化已知词语，扩充未知词语，辨析易混淆词语，掌握词汇的搭配和使用场合等。当然，关于扩展式教学法在词汇教学中的系统应用，还有待于进一步总结和提炼，从而形成更为系统、可推广的教学流程和成熟经验，以期帮助学习者形成汉语思维、构筑汉语词汇网络系统，辅助汉语教师系统地进行词汇教学。

参考文献

1. 崔希亮（2015）《对外汉语综合课优秀教案集》，北京语言大学出版社。

2. 刘座箐（2013）《国际汉语词汇与词汇教学》，高等教育出版社。

3. 陈慈（2012）如何开展对外汉语词汇教学，《语言文学研究》第3 期。

4. 李润生（2017）近年来对外汉语词汇教学研究综观，《华文教学与研究》第 2 期。

5. 刘吉艳、魏巍（2013）对外汉语教学中的词汇语义网络构建研究，《渤海大学学报（哲学社会科学版）》第 1 期。

6. 姜丽萍（2008）《体验汉语基础教程教学参考书》，高等教育出版社。

7. 姜丽萍（1999）扩展式教学法初探，《语言教学与研究》第 1 期。

8. 姜丽萍（2007）关于构建“以培养交际能力为目标”的对外汉语教学框架的思考，《汉语学习》第 1 期。

9. 王明月（2019）浅谈对外汉语教学中的词汇教学，《课程教育研究》第 34 期。

10. 杨惠元（2003）强化词语教学淡化句法教学——也谈对外汉语教学中的语法教学，《语言教学与研究》第 1 期。

11. 张和生（2005）对外汉语词汇教学研究述评，《语言文字应用》第 1 期。

三
教学资源建设

国内高校汉语慕课研究知识图谱*

管延增**

摘　要：立足当前我国高校慕课研究领域，以CNKI数据库为文献知识资源，运用Bicomb、SPSS和Citespace等软件，绘制出2012—2019年度学界研究热点知识图谱。通过对获取的462篇文献进行知识处理，所得数据显示：国内高校汉语慕课研究热点经历了多次变化，高频关键词经聚类分析后可以分为五类。本文以此为基础，结合共词矩阵多维标度分析的结果，探讨了国内高校汉语慕课研究的不足及今后的研究方向。

关键词：慕课；对外汉语教学；知识图谱；可视化分析

一、背景

教育部于2000年启动高校“新世纪网络课程”建设，并于2011年启动“国家精品开放课程建设工程”。2013年，清华大学启动了自主MOOC

* 本文系2016年度教育部人文社会科学重点研究基地重大项目“面向汉语国际教育的基础研究成果的转化与应用”（项目编号：16JJD740003）研究成果之一。

** 管延增，北京语言大学汉语速成学院教师。

平台“学堂在线”，爱课程网启动了“中国大学 MOOC”，标志着中国大学慕课元年的到来。

近几年，中国的慕课建设与应用呈现爆发式增长，目前国内自主慕课平台已建成 10 余个，上线由 460 余所高校建设的慕课达 3200 多门，慕课的数量目前已居世界首位。本文以中国国家知识基础设施（China National Knowledge Infrastructure，CNKI）文献为基础，对国内高校汉语慕课建设的理论与实践进行全面探讨，并对其进行可视化的知识图谱分析。

知识图谱是用图模型描述知识与世界上所有事物之间的关联关系并对其进行建模的技术方法，可构建庞大的“知识”网络，包含构成知识的“实体”和知识之间的“关系”，形象地表现出知识所有方面的“属性”。知识图谱包括节点和线段。结点可以是一个实体，也可以是一个抽象的概念，而线段则是实体的属性或实体间的关系。举例来说，一对关键词两两在同一个文献中出现，就是一个点；一对关键词在不同文献中出现，就有一条直线，根据直线聚类，把这些关键词连接起来，连线的多寡表示这些关键词之间的亲疏关系；通过数据来确定、发现和推断事物与关系，从而分析它们所代表的学科和研究主题的结构及历时变化。知识图谱方法论涉及知识来源、知识获取、知识处理和知识利用。

二、知识来源与知识获取

本研究以 CNKI 为检索平台；文献分类目录在期刊数据库中限定为“哲学和人文”以及“社会科学”Ⅱ辑；采用专业检索方式，检索表达式为“CLC = ‘H195’ AND FT = ‘网络’ OR FT = ‘远程’ OR FT = ‘Internet’ AND FT = ‘汉语教学模式’ OR FT = ‘对外汉语教学’”，代表含义为：文章主题基于高校慕课，全文包括“慕课”“MOOC”或者“MOOCs”，并且全文包括“教学模式”或者“教学改革”的文章；期刊类型仅选择核心期刊；时间跨度为慕课元年的 2012—2019 年。对于所得检索文献，再通过人工方法剔除新闻稿件、讲话发言、会议通知、征稿通知、人物采访、图书推介、重复发表及相关度不大的论文等，最终得到有效论文 462 篇。

三、知识处理

（一）文献知识整体情况

本研究采用 Bicomb 共词分析软件对文献材料进行数据处理。[①] Bicomb 共词分析软件操作步骤如下：首先，选择研究材料，即剔除与研究主题不相关的文章后确定有效文献；其次，在 Bicomb 共词分析软件中，首先以 CNKI 格式建立新条目，然后从条目目录中抽取出相关文档，统计文献资料中发文年代、发文单位、发文作者、关键词的频率；最后设置高频被引关键词词频阈值，得到关键词词篇共现矩阵。表 12—1 反映了 2012—2019 年 CNKI 平台中相关文献材料分布情况。

表 12—1　文献年度分布情况

时间（年）	2012	2013	2014	2015	2016	2017	2018	2019
文献（篇）	6	10	25	44	55	136	129	57
占比	1. 30	2. 16	5. 41	9. 52	11. 90	29. 44	27. 92	12. 34

资料来源：CNKI 知网检索得出。

慕课元年后，学界对这一现象迅速展开理论思辨，并在 2017 年取得最丰硕的成果，自 2018 年以来呈现出逐渐萎缩的趋势，学界进入冷静思考阶段。后文将结合关键词矩阵制作战略坐标图，详细探讨研究方向的热点变化与趋势。此外，利用 Bicomb 共词分析软件对 462 篇核心期刊文献进行了检索，文献包括关键词总数为 1078。引证频率是衡量被引证文献学术水平的指标，高频关键词由被引证频率阈值决定。高频阈值可根据普赖斯公式计算确定，具体计算公式为：$Mc = 0.749\sqrt{N_{cmax}}$。其中，Mc 为高频阈值，Ncmax 表示区间学术论文被引频次最高值。在由 CNKI 的学术核心期刊搜

① Bicomb 共词分析软件由中国医科大学医学信息学系崔雷教授开发，详见参考文献。

索得到的文献材料中可知，《世界教育技术现状和趋势对汉语教学的启示》（郑艳群，2013：278—288）是被引次数最多、代表性最强的一篇论文。该文从发表至今，已被多次引用，在领域中有着重要的影响。根据普赖斯公式计算，并结合实际需要，选择词频大于6的为高频关键词并生成词篇共现矩阵。

表12—2 高被引关键词词篇共现矩阵

序号	关键词	频次	序号	关键词	频次	序号	关键词	频次
1	慕课	140	13	互联网+	13	25	混合教学	7
2	MOOC	109	14	MOOCs	12	26	教育公平	7
3	翻转课堂	31	15	教学改革	11	27	网络课程	7
4	教学模式	20	16	教学设计	10	28	影响因素	6
5	高等教育	20	17	“互联网+”	10	29	课程建设	6
6	混合式教学	14	18	学习者	10	30	微课	6
7	在线开放课程	14	19	信息技术	9	31	学习分析	6
8	在线课程	14	20	商业模式	8	32	对策	6
9	大数据	13	21	学习动机	8	33	混合学习	6
10	SPOC	13	22	在线学习	8	34	大规模开放在线课程	6
11	对外汉语教学	13	23	汉语教学	8			
12	在线教育	13	24	远程教育	8			

资料来源：根据CNKI检索结果，笔者采用Bicomb分析得出。

通过表12—2可以初步了解我国学术界近年来的研究热点，排名前10位的分别是：慕课（140）、MOOC（109）、翻转课堂（31）、教学模式（20）、高等教育（20）、混合式教学（14）、在线开放课程（14）、在线课程（14）、大数据（13）、SPOC（13）。本文将在第四部分进行全面的论述和分析。

在发文作者方面，Bicomb共统计出861位作者。① 通过对发文作者分析可以了解研究领域的核心作者，从而更好地把握研究领域中学者的整体

① 部分文献由多位作者完成，因此作者总数大于文献数量。

协作网络。普赖斯定律常被用于衡量研究领域文献核心作者分布规律。根据普赖斯定律，只要当一个研究领域全部论文的一半由该领域中核心作者撰写时，就可认定已形成该领域的高产作者群，其计算公式为 Mp =0.749（Npmax）1/2。Mp 表示核心作者发表的最低论文数，Npmax 表示最高产作者发表的论文数。我们对所得文献材料发文作者进行计算，得出 N≈3，即发表论文累积 3 篇以上者可视为核心作者，所得研究文献资料中符合条件的学者仅有 17 位，占总作者数 2%；发文量为 82 篇，仅占总文献数 18%，均未超过全部论文的一半，因此在本研究领域尚缺乏核心高产作者群体。

（二）文献知识的历时变化

为了深入了解国内高校汉语慕课研究的热点，利用 Citespace5.5.2 软件对当前研究中高频关键词进行聚类分析，得到的结果是：模板值（Modularity，即 Q 值）为 0.52，平均轮廓值（Mean Silhouette，即 S 值）为 0.48。根据数据统计标准，当 Q 值在 0—1 之间，S 值大于 0.3 时，说明聚类结果比较显著。很明显，国内高校汉语慕课研究的聚类分析结果是显著的，图 12—1① 直观

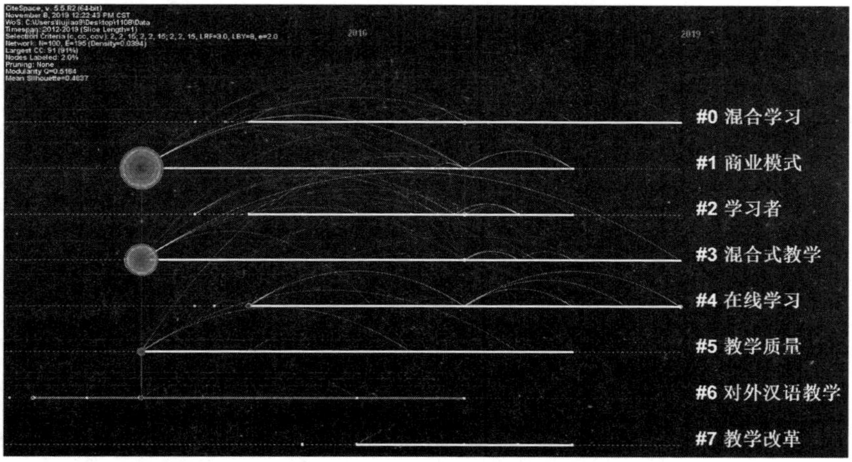

图 12—1　热点领域历时情况

资料来源：根据 CNKI 检索结果，笔者采用 Citespace 自制。

① 本文中的图表均以 CNKI 检索结果为基础，由笔者使用 Bicomb、SPSS、Citespace 等软件自制。

地反映了这一领域研究前沿的持续演变过程。

聚类#0“混合学习”为最大的类别，研究持续时间为2015—2019年。与此同时，为了便于对比讨论，本文将“混合学习”与聚类3“混合式教学”合并为同一聚类“混合类”。因为它们属于同一研究在不同层次的展开和深化。2013—2019年以来，“混合类”一直是研究的热点。自2015年开始，学界将研究对象从教学主体转向学习主体，更多地从学习者的角度探讨课堂教学与网络学习的融合。可见，“混合类”研究在慕课相关研究中占有相当重要的地位。

聚类#1“商业模式”为第二类，研究时间是2013—2018年。学界对慕课的启动资金、制作经费、使用方式、收费项目和商业推广等问题进行了研究。上述问题均为学界在慕课浪潮初期讨论的焦点，目前随着学界和社会对慕课认识的加深，加上教育管理部门的支持，针对上述问题已基本达成共识。

聚类#2“学习者”为第三类，研究时段从2014—2018年，包括“深度学习”“学习行为分析”“教育公平”等关键词，重点探讨学习者视角下的慕课学习。

聚类#4“在线学习”为第四类，研究时段是2014—2019年。重点探讨以慕课为核心的网络课程的学习资源、环境设计、服务支持、平台支持等方面的问题。

聚类#5“教学质量”为第五类，研究时段为2015—2018年，主要探讨如何在高等教育、网络学习等领域保障慕课的教学质量。

聚类#6“对外汉语教学”为第六类，研究时段为2012—2017年，主要探讨对外汉语教学如何利用慕课进行教学改革，促进国际汉语教育的推广，提高孔子学院的教学质量等问题。

聚类#7“教学改革”为第七类，研究时段主要集中于研究成果丰硕期的2016—2018年，主要探讨以慕课为代表的网络课程对高等教育的冲击，以及如何充分以学习者为中心，利用慕课进行混合教学，创新教学设计，提升教学质量，促进教育公平。

以上是国内高校汉语慕课研究热点的历时变化情况，为了深入探讨各关键词之间的关系，下面我们采用关键词词篇共现矩阵的方法，以便更加直观地展示研究热点中高频关键词之间的关联程度。

（三）文献知识的共时情况

利用 Bicomb 共词分析软件，提取高频关键词进行共词分析，得到共词词篇矩阵。将生成的矩阵导入 SPSS22 中，选择“组间链接距离”进行聚类分析，得出图 12—2——高频关键词树状图。这不仅反映了关键词之间的亲疏关系，也深刻反映了国内高校汉语慕课研究热点的内部结构。

如图 12—2 所示，高频关键词大致聚为五个类别，具体分类如下：

第 1 类：混合类研究，关键词包括翻转课堂、SPOC、MOOC、教学设计。这类研究主要围绕着如何将慕课广泛融入高等教育，深入探讨慕课所带来的变革。徐娟（2013：54—58）认为，未来的教育理念将从“普适性”向“国别化、个性化”转变，教学模式将从单纯的 E-learning 模式转变为 B-learning 模式。袁萍（2016：40—45）“探讨了混合学习模式在汉语综合课教学中的应用，并以国内高校的课堂教学为例，说明了混合学习模式设计时应遵循的四个基本原则，并对课堂教学模式进行了设计，提出汉语综合课混合学习模式的实施策略”。

第 2 类：大规模开放式网络课程，即从慕课的属性、特征、现状等方面进行思考和实践。从技术与教育的关系出发，慕课的本质是网络教育，“它的核心是规模性、开放性、联动性和课程性四要素”（刘和海，2014：5—11）。研究可以从预测机制、决策机制、激励机制、调节机制等方面探讨慕课的价值问题，及其对高等教育的影响。

第 3 类：大数据。这类研究主要围绕如何利用基于互联网学习所产生的大数据来促进教学与研究。原昉（2015：158—161）记录和分析了基于网络的在线学习活动的数据，具有大容量（Volume）、高速度（Velocity）、多样化（Variety）以及真实性（Veracity）四大特点。数据挖掘可以帮助教师和学生“及时发现教学问题，提高教学质量，构建多样化的教学评价，更准确地做出教育预测”。

第 4 类：对外汉语教学，该类研究主要包括如何将慕课应用到对外汉语教学中，以及慕课的融入对于对外汉语教学模式有何影响。“全面支持教学设计”是郑艳群（2014：78—85）提出的，当前关于信息技术定位的全新观点认为，“教学模式的变革将引发一系列相关因素的变革，如传统的课程设置会随之改变，课程结构也会随之改变，不同教学模式下教师的角色和地位也会同时发生变化”，她认为“当前，我们应特别重视线下与线上的混合教学模式”。而孙瑞（2015：34—39）则通过实操对比实验验证了“翻转课堂”教学模式在对外汉语教学实践中的适用性，并总结了在实际教学中运用“翻转课堂”教学模式应注意的问题。

第 5 类：互联网 +，即借助互联网 + 开展高等教育改革，促进汉语国际教育推广，提升中国的文化软实力。宋婧婧（2015：23—24）提出，互联网 + 具有灵活、多样化、碎片化和娱乐性等特点，能够满足非传统汉语学习者的需求，帮助汉语国际教育实现中华文化传播与经济效益的双赢。

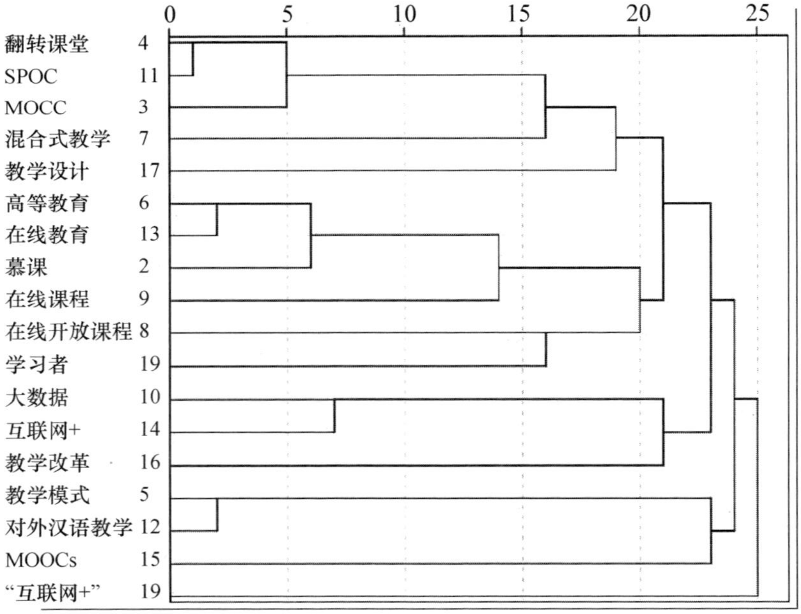

图 12—2　关键词词篇共现矩阵图（组间）

资料来源：根据 CNKI 检索结果，笔者采用 SPSS 自制。

四、知识利用

知识利用是基于已有的知识图谱和数据，通过已知判断来展开新判断的思维过程。利用数据挖掘技术可以发现高被引关键词中隐藏的各种类型的隐性因素，将语义关系联结起来，进行深层关系推理。

把由 SPSS 软件生成的相似矩阵转化为相异矩阵，对共词矩阵进行多维尺度分析，得到 Euclidean 距离模型的散点图，并绘制出战略知识图谱。深入挖掘关键词之间的隐含内涵。用小圆圈表示关键字在知识图谱坐标图中的位置，圆与圆的距离越近，关键词之间越紧密，相反则越松散。

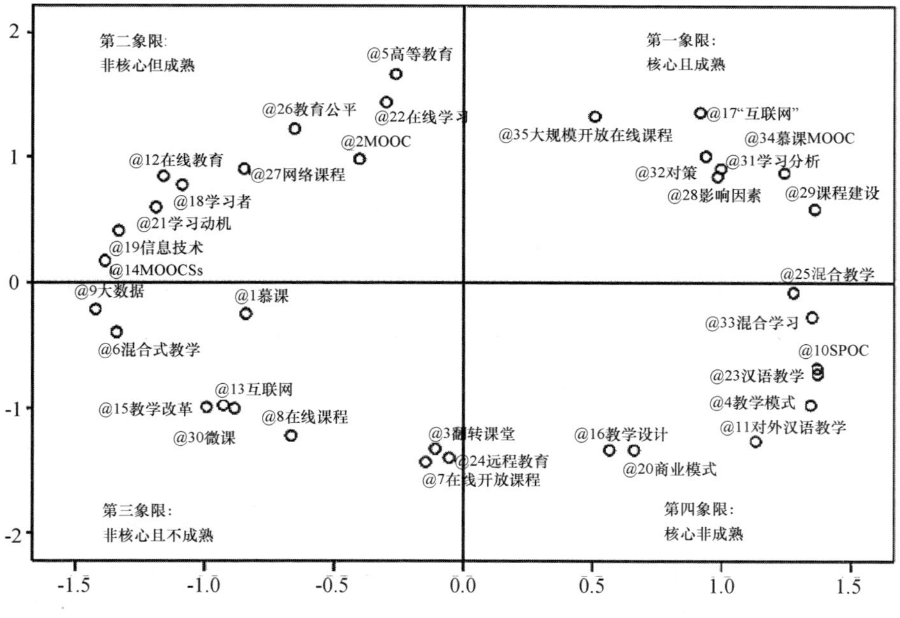

图 12—3　近年来国内高校汉语慕课研究热点战略坐标图

资料来源：根据 CNKI 检索结果，笔者采用 SPSS 自制。

从图 12—3 可以看出，"慕课及其影响因素、课程建设学习分析" 位于第一象限，研究相对集中，且处于核心研究热点位置。而"学习者、学习动机、信息技术、教育公平" 等位于二象限的中心，上述方面研究有进一步发展空间。对于通过分析学习过程中的数据、学习者特征的精确建模、学习者画像、在线学习电子档案的建立等方面，都具有更深层次的研究空间，可以更好地从学习者、学习动机、信息技术、教育公平等角度去挖掘。“微课”研究处于第三象限，离中心较远，缺乏深入研究的价值。“对外汉语教学、教学模式”的探讨处于第四象限，基于混合教学设计的对外汉语教学模式探讨，结构紧密，靠近研究网络中心，具有深入挖掘的空间和价值。

通过对热点知识图谱进行定性和定量分析，表明既有研究成果比较丰富，但也存在一些不足：一是相异矩阵的系数和关键词聚类显示各主题间研究不够紧密，研究关系比较分散，多处于边缘地位；二是国内高校对慕课的研究热点主要集中在课程理论研究和背景研究上，主要体现在课程建设、教学设计、学习分析、对策研究等方面，而很少关注课程实践探索。

这是国内高校汉语慕课研究中的现实问题，更是对外汉语教研界需要突破的现实困境，结合疫情暴发时期的网上教学实践，我们认为新时期需要突破的方向有：

第一，加强多层次研究视域融合，构建整体性混合教学模式。我国高校汉语慕课研究需要加强宏观、中观和微观三个层面研究的融合，整合大规模开放式网络课程各构成要素，提升其整体的设计、管理、使用、制作等环节。大环境下迫切需要探索建立统一的、智能的、跨系统的易用平台。智能型在线学习平台除了能对教学提供支持和海量数据处理外，还需要增加在线学习的实时互动和学习行为激励机制，通过丰富的在线学习实时互动与学习行为评价机制，以正向强化的方式激励学习者坚持在线学习。在此基础上，平台必须能够跨操作系统使用，实现客户端和网络数据的实时共享和更新，使网上学习平台与各高校行政管理系统无缝对接，实现管理数据和学习数据的互联、共享。而且，要在中观层面上加强网络教学支持系统和资源建设。当前国内高校推出的汉语相关慕课大都存在“重视频、轻配套”的问题，与在线学习者互动不够活跃。如何针对慕课设计配套支持材料，如何采用个性化专家系统辅助在线互动，都需要我们进行深入研究与探讨。然而，目前我们在中国知网上以“汉语慕课配套资源、汉语慕课专家系统”及其近义词（MOOC、模课）进行各种方式检索后，我们还没有看到学界有类似的成果。在微观层面，应当推进基于“室联网”的汉语教学实践和研究。“室联网”指“在新一代信息技术支撑下，通过互联网将混合式学习空间智慧地联动起来，突破时空限制，扩大学习场域，远程双向互动教学，展现未来教育的新姿态”（陈明阳等，2019）。“室联网”能够实现师生互连、设备互连和各个教学环节的互连，打通物理和网络空间，呈现出跨区域的课堂教学场景，增加网络教学的仪式感、临场感，弥补网络教学互动不足的问题。

第二，加强精品金课建设，打磨代表性课程与平台。经过几年的高速发展，目前我国慕课数量和慕课平台数量均居世界第一，较好地满足了国内教育领域的需求。但是，辛平（2019：6—9）通过对代表性的四门初级汉语教学慕课的教学内容、教学目标、互动模式等进行分析，发现应将这些慕课划为知识性课程，与其语言教学目标不相适应，且课程互动模式单一，严重影响了慕课的教学质量和推广应用。另外，目前国际汉语教学中还缺乏具有代表性的课程或项目；课程平台以满足国内学习者需求为主，在平台界面、功能设置、管理功能及登录方式等方面尚不符合国际在线学习者的特点。因此，为了更好地提升国家的文化软实力，把握国内高校的教育话语权，促进国际汉语教育的发展，我们应该在理论和实践两个方面加强汉语教学国际化慕课和平台建设，以语音识别、大数据、人工智能、云计算为技术手段，设计具有人性化、个性化、国别化特征的连通主义慕课和使用平台。

第三，拓展在线语言课程与文化内容、跨文化学习等方面的融合研究，把教学设计的目标由培养语言能力、交际能力转向培养跨文化交际能力。每种语言教学模式都有其历史背景和时代特征，随着社会和技术手段的发展，“培养跨文化交际能力是语言教学实践和理论发展的必然趋势”（崔永华，2020：25—36），应深入探讨“结构—功能—文化”的教学理念及相应的教学模式，通过汉语慕课提高学习者的语言能力和跨文化交际能力。以2020年全球突发公共卫生事件为背景，推动语言与文化融合研究的迫切性和重要性进一步凸显。

参考文献

1. 陈明阳、阳亚平、陈明、陈展虹（2019）智慧教育视域下混合式学习空间的构建与实践研究，《中国远程教育》第 11 期。

2. 崔雷等（2008）文献数据库中书目信息共现挖掘系统的开发，《现代图书情报技术》第 8 期。

3. 崔永华（2020）对外汉语教学的目标是培养汉语跨文化交际能力，《语言教学与研究》第 4 期。

4. 李杰、陈超美（2016）《Citespace：科技文本挖掘及可视化》，首都经济贸易大学出版社。

5. 刘和海（2014）论“慕课”本质、内涵与价值，《现代教育技术》第 12 期。

6. 宋婧婧（2015）“互联网 +”背景下的汉语国际教育，《语文建设》第 36 期。

7. 孙瑞、孟瑞森、文萱（2015）“翻转课堂”教学模式在对外汉语教学中的应用，《语言教学与研究》第 3 期。

8. 徐娟、史艳岚（2013）十年来数字化对外汉语教学发展综述，《现代教育技术》第 12 期。

9. 辛平（2019）教学理念视域下的对外汉语教学慕课分析，《高教学刊》第 16 期。

10. 原昉（2015）大数据背景下的外语慕课教学，《中国成人教育》第 18 期。

11. 袁萍（2016）基于混合学习的汉语综合课教学模式设计，《现代教育技术》第 3 期。

12. 郑艳群（2013）汉语网络学习的数字环境与生态环境体系设计，《汉语学习》第 2 期。

13. 郑艳群（2013）世界教育技术现状和趋势对汉语教学的启示，《世界汉语教学》第 2 期。

14. 郑艳群（2014）技术意识与对外汉语教学模式创建，《华文教学与研究》第 2 期。

HSK 四级慕课词汇教学策略及设计

郝佳璐*

摘　要： HSK 四级考试是外国留学生进入中国本科学习的最低汉语水平标准，因此 HSK 四级考试对于希望来中国进行本科阶段学习的留学生来说具有十分重要的意义。北京语言大学速成学院的教师团队精准定位学习群体，推出 HSK 四级强化慕课，其中词汇习得是备考 HSK 四级的基础与重点部分。本文试探讨在慕课制作背景下的词汇教学设计与运用概念获得模式的近义词辨析教学策略。在训练学生归纳推理能力的同时，提高学生可持续的词汇获得能力。

关键词： HSK 四级；词汇教学；慕课；概念获得

一、开设 HSK 四级考试慕课的意义

（一）HSK 四级考试

中国汉语水平考试（HSK）是测量母语为非汉语者的汉语水平而设立

* 郝佳璐，北京语言大学汉语速成学院教师。

的国家级标准化考试，HSK 成绩和等级证书也是衡量来华留学生水平的一个重要依据。中国教育部规定，来华学习非汉语专业（即英文授课）的本科留学生须参加 HSK 考试并取得四级证书，学习汉语专业的本科留学生需通过 HSK 五级考试，但部分学校允许通过四级的学生申请并在一年内通过五级考试。所以，HSK 四级考试对于希望在中国学习本科的留学生来说具有十分重要的意义。

HSK 四级考试在主题式教学和任务型语言教学理念指导下，增加了话题大纲、任务大纲；改进了语言点大纲、细化了词汇大纲，将学生的语言交际能力作为主要考察内容。词汇大纲中的 1200 个词汇是学生实现话题交际、顺利通过考试的基础和前提。因此，词汇习得一直是 HSK 四级备考的重要教学内容。

（二）以慕课教学模式助力提升 HSK 考试教学

慕课英文直译为“大规模开放的在线课程”（Massive Open Online Course），简称为 MOOC，是新近涌现出来的一种在线课程开发模式。作为新一代网络化、开放式的学习方式，慕课在全球范围内逐渐受到教学界重视。慕课最早应用于美国、加拿大、英国、澳大利亚等国家的中小学教学中，后与微课、翻转课堂等新教学形式一起发展并扩展到大学中。中国大学从 2013 年开始加入 MOOC 建设实践中：清华大学、北京大学、香港大学、香港科技大学 4 所大学加盟 edX。北京大学、复旦大学、上海交通大学、台湾大学、香港中文大学、香港科技大学 6 所大学加盟 Coursera（袁松鹤、刘选，2014）。在 CNKI 以“慕课”为主题词进行期刊论文检索，结果高达 1.2 万余篇。可见，研究成果主要分布于 2013 年后，每年发表数量均呈增长趋势。

希望参加 HSK 四级考试的学生遍布世界各地，学习条件与环境不尽相同。慕课能够充分利用成熟的网络社交媒体，深化电脑、互联网技术与教育的融合，为更多人提供学习的可能。北京语言大学汉语速成学院的教师团队录制了《HSK 四级强化课程》慕课，为无法在课堂上学习的学生提供自主学习的辅导材料，也为有条件进行翻转课堂的学校丰富教学资源。

本慕课所使用教学材料全部为 HSK 四级考试真题，通过对历年真题的

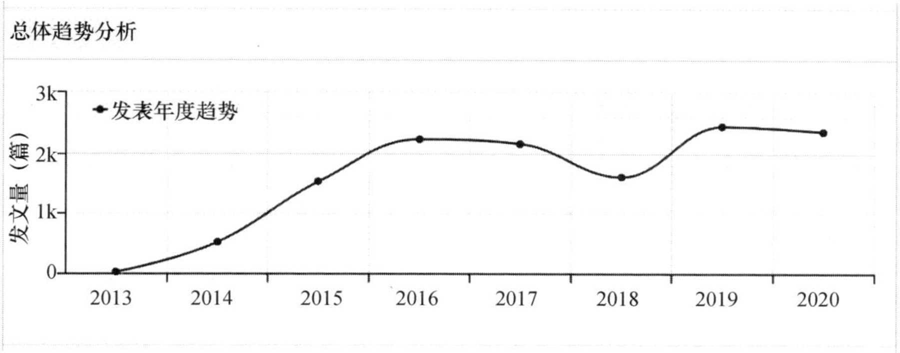

图 13—1　“慕课”检索计量可视化分析

资料来源：CNKI 网站搜索显示，https：//kns. cnki. net/KNS8/Visual/Center。

统计、分析，我们提取了考试中出现频次较高的词汇。以近义词辨析为切入点，结合团队多年教学经验，慕课中共选取“刚、刚才”“合适、适合”“本来、原来”等 24 组学生易混淆的高频近义词为教学内容。通过辨析词义、真题例句讲解和真题练习，学生可清晰地了解重点高频近义词词义的不同，熟练掌握用法，从而提高答题正确率。

二、慕课词汇教学策略与模式选择

在教学场所、教学对象、教学媒介等各方面，慕课教学均与常规课堂教学有所区别，特别是缺乏师生互动性，学生只能单方面观看教师讲解，很难及时得到反馈。同时，教师所使用语言全部为目的语，语体更为正式，也会对学生理解教学内容造成一定影响。因此，我们在本次慕课设计中引入概念获得模式，将传统教学策略与其相结合，希望通过合理的课程设计达到更有效的教学效果。

（一）传统词汇教学模式及应用

学生掌握的词汇量与阅读理解、写作能力是密切相关的，因此词汇教学一直是对外汉语教学中的重要环节，也是学界研究与讨论的热点问题。对外汉语教学中比较常见的教学模式是以语法教学为中心，以词作为最基本的教学单位。教学中曾经提倡“词本位”而不学习字义，这就导致学生在学习时不知道将汉字与词汇联系起来，认为汉语词汇量巨大，记忆困难。后来，学界逐渐提倡“语素教学法”“字本位教学法”等以构词的最小单位——语素为中心的教学法。但是也有其局限，语素义常出现与词汇义不对等的情况，学生容易混淆。近年来，学界又受到“语块教学法”理论的深刻影响，认为“语块”是第二语言教学的理想单位，词语搭配、固定表达的理解与产出有利于提高学生语言表达的流利性和准确性。

慕课词汇教学部分的切入点是近义词分析，因此我们仍然以词作为基本讲解核心，同时辅助以语素教学法和语块教学法，三种教学法相辅相成能获得更好的教学效果。以“本来、原来”的辨析为例，除了讲解两个词词义的异同以外，慕课中还为学生解释了“本”的字义。“本”是“根本、源本”的意思，因此“本来”表示“事情最初的情况，之后可能会发生变化”，其他的义项会与“原来”有所不同都是从这个字义上来的。语素学习有助于理解两个词的区别。

另外，“原来”与“怪不得”固定搭配使用，表示“恍然大悟、终于明白事情原因”的意思，在 HSK 四级考试中出现频率较高。将其作为一个语块单位来记忆，可以节省备考时间，提高学生回答问题的正确率。

（二）概念获得模式

教学模式就是学习模式，当我们在帮助学生获取信息，掌握技能，形成思维方式和表达方式时，也是在教他们如何学习。我们认为，使用概念获得学习策略能够进行有效的词汇教学，帮助学生构建长效词汇习得能力，提高学生的应试水平。

1. 概念获得模式的理论支持

概念获得模式是一种课堂上帮助学生学习和掌握概念的教学策略。其过程是学生通过教师引导对范例进行观察和比较，从中区分出肯定和否定范例，以此来判断出某一事物的本质特征。概念获得模式，一方面能够帮助学生自主获得具体概念和概念属性，避免机械记忆，让学生实现有意义的学习；另一方面还有助于学生培养归纳推理的思维能力，提高构建概念策略的能力。

认知心理学认为，学习的过程是个体建构的过程，当学习者接触到新的知识或观念时，会通过“同化—顺应/调节—平衡”这一过程将其纳入自己的知识网络中。因此，概念获得模式强调在学习某一新概念时，由教师提供充足的包含该概念特称和不包含该概念特征的范例，学习者需要自己观察分析这些范例，从中找到并列出能够将它们区别开的特点；然后验证自己的推论，总结出事物的属性、规律、内部联系及与其他事物的联系，以此获得具体的概念。这一“观察—假设—验证”的过程就是个体对新知识“同化/顺应”的过程，最终达到新知识和个体已有知识的平衡。

2. 概念获得模式在汉语词汇教学中的可行性

概念获得教学模式广泛应用在幼儿、少儿教育中，特别是在认知抽象事物时。让儿童通过对实例的观察自行去发现概念、获得概念，能培养儿童逻辑思维的能力。目前，我国一些中小学数学、生物、化学等科目的课堂上已经尝试使用此教学模式，而在语言教学方面，部分大学、中学的英语教学中也有所涉及。其实，概念获得模式是完全可以应用于汉语词汇教学的。

“概念是人们对客观世界中的事物、现象和关系进行认识而产生的思维成果，属于思维范畴，而词汇则是表示概念的外部形式。没有反映客观对象的概念，词汇就不会产生”（郭睿，2010）。词汇与概念具有一一对应的关系。例如，我们在学习外语时，常常需要有相应的汉语翻译来帮助我们理解词汇，就是将同一概念在不同语言中的表达形式对应起来。概念获得模式最核心的教学目的，是训练学生判断分析、归纳推理的能力，与传统的以教师展示词义、学生强记为主要方式的词汇教学法相比，这种对思维方式的训练能够使学生掌握持续、有效且自主的词汇获得方式，真正地习得词汇。

三、概念获得模式在慕课中的应用

（一）概念获得模式的教学步骤

概念获得教学模式中最重要的两个元素是“范例”和“特征”。范例指由教师准备的一系列资料，分为正例和反例两类。特征指可以将学习目标概念与其他概念区分开的特点，两个概念之间可能有多个特征，只有能够表达其最根本特征的被称为“本质属性”。正例即为包含学习目标概念本质属性的材料，反例为不包含的材料。因为反例能够帮助学生在确定概念范围中起到重要的作用，因此教师选择的反例必须明确而清晰。

准备好足够的正例和反例后，第一阶段，教师向学生呈现资料。学生被告知所有正例有共同的特征，学生需要对范例进行比较并推断出区分正反例的本质属性是什么。第二阶段，学生检验自己的推断是否正确。通过将未标注的范例正确分类，在教师的反馈下不断修改、确定自己的推断。第三阶段，教师引导学生分析自己获得概念的思维路径，总结如何判断概念的特征、如何验证自己的假设、如何最终获得概念。

（二）概念获得模式实例展示

在无法实现互动性的慕课教学中，我们强化了第一和第二阶段的展现，弱化了需要师生共同完成的第三阶段。在有条件开展翻转课堂的情况下，第三阶段应该是课堂教学的重点。以慕课词汇部分第一讲“本来”“原来”的辨析为例。

第一阶段：呈现资料。

在这一讲，我们首先为学生展示两道 HSK 考试真题，让学生观察范例，并告知学生，虽然两个词语意思相同或相近，但是在使用中不可互换。能够在句子中使用的情况为正例，不能使用的情况为反例。学生在观察这两个范例后，形成自己对概念本质的设想。

【示例】

（1）年轻人这才明白，（　　）自己一点儿都不穷。（2013 年真题）①

（2）我前几天有点儿咳嗽，（　　）以为吃点儿药就会好，结果一个星期过去了还是很难受，最后不得不去医院打了一针。（2018 版

---

① 2013 年 HSK 考试真题由笔者于当年下载于汉语考试服务网 http：//www.chinesetest.cn

真题）①

第二阶段：检验判断。

教师将本组近义词所有义项或词语搭配按照一定的顺序展示，引导学生按序尝试在同一语境中分别使用两个词，判断出可以使用的正例与不可使用的反例。学生在大量的区别练习中验证自己的推论正确与否，通过老师给出的答案来不断修订所选择的概念属性。

1.“本来”和“原来”都可以表达事物发生变化，“本来”强调事物本质发生变化，“原来”强调事物在时间线上发生变化。事物发生变化的维度不同是这对高频近义词具有区别意义的本质属性特征。所选取真题例句为：

（3）原来寄信需要好几天，现在发电子邮件用不了一分钟就到了。（原来的正例、本来的反例）（2016 年真题）②

（4）理发的时候总会遇到这样的情况：本来只是想稍微修一下发，理发师却鼓励你改变自己，理一个完全不一样的头发。（原来的反例、本来的正例）（2018 版真题）

2.“本来”常与“没想到”“竟然”“居然”等表示发生出乎意料变化的词搭配使用，这是“本来”的第二个属性特征。所选取真题例句为：

（5）我对这里当然熟悉了，我家原来就住这儿附近。（反例）（2013 年真题）

（6）本来只是想开个玩笑，我故意骗他说今天是我的生日，结果他竟然真送了我一份礼物。（正例）（2018 版真题）

---

① 2018 版 HSK 考试真题来源于《汉语水平考试真题集 HSK 四级 2018 版》。

② 2016 年 HSK 考试真题来源于百度文库，https：//wenku. baidu. com/view/ba2592ff112de2bd960590c69ec3d5bbfd0ada75. html#。

3. “原来”表示刚刚知道的意思，常与“怪不得”搭配使用。这是“原来”的第二个属性特征。所选取真题例句为：

（7）我才发现原来这个题这么简单。（正例）（2018 版真题）
（8）我才发现本来这个题这么简单。（反例）（笔者改写）

词汇的词义、语体、固定搭配等都是确定这个词汇概念的本质属性，例如“本来”“原来”这两个词就都需要多个特征才能确定，这种情况被称为复合属性。因此，教师需引导学生确定所有的区别特征才能让学生找到词语概念的边界。

【示例】

第三阶段：获得词语的概念以后，教师总结归纳概念获得的过程与结果，学生通过真题练习检验所获得的概念。在慕课每一讲的最后我们都设计了总结版块。

四、教学思考

在慕课教学中，教师们所面临的最大挑战就是教学的陌生性，教学对象不再是已经熟悉的班里同学，而是网络另一端陌生的、不固定的学习者，既无法观察学生的学习状态，也不能按照国别、文化背景分层次教学。教师可以借助的教学媒介和手段变得十分单一，如果存在含混不清的教学示例，学生会混淆概念，影响学习效果。

因此，本次慕课词汇教学中省略了基本释义环节，主要教学步骤为教师引导学生借助概念获得教学模式的结构体系进行近义词辨析。通过不断比较两个词的相同与不同之处，学生可自主分辨词语特征，逐步构建词语概念与内涵，划清词语边界，从而获得该词语的完整概念，最终能够独立区别近义词并掌握用法。这既是词汇教学的过程，也是对学生归纳推理能力的训练，能够让学生在习得词语的同时提高可持续的词汇获得能力。

参考文献

1. 布鲁斯·乔伊斯、玛莎·韦尔、艾米莉·卡尔霍恩（2014）《教学模式（第八版）》，中国人民大学出版社。

2. 郭睿（2010）论中级汉语词汇教学的“概念地图”策略，《语言教学与研究》第 3 期。

3. 胡秀威（1999）一种信息处理的教学模式研究——概念获得模式，《教育探索》第 1 期。

4. 金玲（2013）概念获得模式在英语教学中的应用，《英语广场（学术研究）》第 2 期。

5. 江新（1998）词汇习得研究及其在教学上的意义，《语言教学与研究》第 3 期。

6. 李如龙、吴茗（2005）略论对外汉语词汇教学的两个原则，《语言教学与研究》第 2 期。

7. 孔子学院总部/国家汉办（2015）《HSK 考试大纲（四级）》，人民教育出版社。

8. 孔子学院总部/国家汉办（2018）《汉语水平考试真题集 HSK 四级 2018 版》，人民教育出版社。

9. 时真妹、林英玉（2006）概念获得模式与词汇获得能力的可持续发展，《中国外语》第 3 卷第 2 期。

10. 袁松鹤、刘选（2014）中国大学 MOOC 实践现状及共有问题——来自中国大学 MOOC 实践报告，《现代远程教育研究》第 4 期。

基于翻转课堂的混合教学模式在面向留学生的英汉翻译课程的应用[*]

何 洁[**]

摘 要： 利用网络继续开展教学、提高线上学习的效率和效果，是疫情背景下高校教师要应对的首要课题。北京语言大学汉语国际教育学部汉语学院的“英汉翻译实践”课程，采用基于翻转课堂的混合教学模式，分为课前准备、课堂教学与课后练习/测试三个阶段，使用不同的教学方法和教学设计，衔接紧密，互为补充，以达到不同的教学目的。教师在设计和组织教学活动中应以学生为中心，采用多种教学手段鼓励学生积极参与自主学习和线上学习。

关键词： 翻转课堂；混合教学；留学生；英汉翻译

2020年全球暴发新冠肺炎疫情，学校大规模停课，学生不能返校，教育领域首先面临严峻的挑战。在此大背景下，各种远程学习方案层出不穷，如何利用网络继续开展教学，如何采用灵活多变的方式提高线上学习的效率和效果，是高校教师当前要应对的首要课题。

---

* 本项目为北京语言大学校级教育教学改革项目，项目编号为：401200153。

** 何洁，北京语言大学汉语国际教育学部汉语学院教师。

网络实时教学存在很多固有的缺陷，例如教师无法有效地观察、监管学生的学习状态，对课堂的控制程度降低，学生学习的自主性加大，受环境影响思维容易中断，各种网课平台也常常受到网络、设备等客观条件的制约，师生之间的互动程度降低，这些情况都会不同程度地影响在线教学的效果，教师需要适时地改变原有的教学思路和方法。在我们的教学实践中，基于翻转课堂的混合式教学是比较常用的线上教学模式。教师既可以进行面对面的实时在线教学，又可以通过一些技术手段让学生完成非实时的教学活动。Lage 和 Platt（2000）提出翻转课堂（flipped/inverted classroom）的概念，这种教学模式最早是在美国的中学风行起来的。翻转课堂能够突破课堂时间的限制，给学生更多自主学习的机会，把思考、探索、内化知识的主动权留给学生，是比较适合线上学习的教学模式。

一、面向留学生的特色翻译专业

“英汉翻译实践”课程是北京语言大学汉语国际教育学部汉语学院翻译专业以及英汉双语专业的必修课之一。作为面向留学生的翻译专业，其特殊性在于，既不同于面向留学生的单纯学习汉语的汉语言专业，也不同于面向中国学生的语言专业或者翻译专业。本专业的学习者除英语国家的学生以外，还常常包括以俄语、日语、西班牙语等语言为母语的学生，学生的语言情况比较复杂，常常使用三种或者三种以上的语言。

本专业对学生英汉两种语言水平的要求都比较高，一方面，他们应该掌握系统的汉语基础理论与基本知识，具备比较扎实的汉语言语能力和言语交际能力；另一方面，他们应具备比较扎实的英语语言能力和语言交际能力。此外，英汉翻译的课程对他们来说，常常意味着母语之外的第二语言和第三语言之间的互译，学习的难度常常要大于以汉语为母语的中国学生学习英汉翻译课程。因此，作为面向留学生的翻译专业，本专业在教学理念、教学模式、课程设置、课堂教学等方面都有很强的特殊性。

经过多年的教学实践和探索，我们认为面向留学生的英汉翻译课程必须强调实践性原则。在大量实践的基础上，总结出翻译的原则，使学习过汉语的学生进一步了解汉语的特点及使用规律，更有针对性地克服母语的影响，从而更快更好地掌握汉语，并为准备从事翻译工作的学生的进一步深造打下一定基础。对于留学生来说，提高汉语水平、掌握具体的翻译技巧才是其最迫切的需求。他们学习的重点不在于系统、完整的翻译理论，而应该以能否提高实际的语言应用能力和翻译能力为出发点。目前我们的做法是，根据各年级学生的汉语水平和学习特点，结合学生母语的具体情况适当讲授一些翻译理论，以学习具体的翻译技巧为主，如“词义的选择”“词性转换”“省略法”“被动语态的翻译法”以及“长句的翻译法”等。在中低年级先开设基础性质的翻译理论与技巧课程，到高年级再开设综合性的翻译实践课程。通过理论的总结讲授，以及在理论指导下的练习实践，逐步培养和提高学生的汉语水平和翻译能力。

基于翻转课堂的混合教学模式，就是在线上教学中充分体现学生参与、学生实践为主的一种与传统课堂截然不同的模式。教师在教学设计中要充分考虑翻转课堂与传统课堂的差异，在教学策略和教学设计上做出相应的调整与创新，秉持以学生为中心的教学理念，尽可能多地为学生创造实际使用语言、实践翻译技能的机会。

二、混合教学模式下的英汉翻译课程教学

在我们的教学实践中，混合教学模式下的英汉翻译课程分为三个阶段：课前准备阶段、课堂教学阶段与课后练习/测试阶段。这三个阶段使用不同的教学方法和教学设计，衔接紧密，互为补充，以达到不同的教学目的。

（一）课前准备阶段

在课前准备阶段，教师为学生提供明确的学习内容，要求学生完成相应的学习任务。我们使用的平台主要是微信小程序“作业登记簿”。教师在小程序内发布微课视频、课件、讲义，要求学生打卡完成，教师可以通过小程序清晰地了解学生的完成进度。课前的学习任务一般以下列一种或几种形式进行：

1. 了解背景知识，准备相关词汇

学生提前根据教师提供的翻译话题或者翻译材料，通过网络或者各种

资料了解相关的背景，进行知识储备，并学习相关词汇和表达。例如在学习《预测地震谁更准》这一课前，教师会让学生观看一段与地震有关的纪录片，并记录下与地震相关的名词、动词、形容词等，进行相关词汇和表达的梳理。

2. 学习翻译知识

教师在课前用视频或者文字的方式为学生讲解本课涉及的翻译基础知识，使用例句分析讲解。针对词汇或者翻译技巧的重点和难点，常见形式是教师制作相关的微课视频、课件或者发布学习讲义，便于学生反复观看阅读，直至掌握学习内容。

3. 完成文本翻译

学生独立或者小组合作完成相关文本的翻译。当学生遇到问题时，可以利用网络资源搜寻信息，或者随时与同组合作伙伴通过网络交流。同时，要求学生记录下翻译时遇到的问题或者困难，或者同一文本的多种译法，留待课堂讨论时提出解决。

（二）课堂教学阶段

课堂教学是在学生自主学习前一阶段知识内容的基础上，教师帮助学生进一步完成知识内化的阶段。在课堂教学中，我们主要使用 Zoom 平台，采用教师答疑、课堂讨论、翻译实践等教学步骤，帮助、引导学生更深入理解本课的翻译方法和技巧，提高其实际翻译能力。

1. 教师答疑

学生在课前准备阶段已经学习翻译理论，做好词汇准备，完成翻译理论和词汇表达相关的练习，并完成教材文本的翻译，所以在课堂教学环节，教师首先要针对学生记录下来的翻译技巧问题或者翻译实践中遇到的困难进行解答，以弥补前一阶段学生自主学习的不足，确保学生能够完全理解掌握课前准备阶段自主学习的知识点。在学生提问的基础上，教师会针对普遍性的问题或者本课的重点、难点引导学生进行更为深入的讨论和学习。这个环节的教学互动，是针对学生的个性化教学，要求教师对教学内容有深入的了解，对学生的语言背景和语言水平有全面的掌握，如此才能及时、清晰地解答学生的疑问。

2. 课堂讨论

处理完学生提问后，教师会就教材的翻译文本组织课堂讨论。对于文学性或者专业性较强等难度较大的文本，一般会将文本分成若干部分，布置学生以小组为单位合作完成翻译，或者安排多组学生进行同一文本的翻译。学生的语言背景、语言使用习惯、语言水平迥异，因而会出现不同风格的译文。教师引导学生一起分析比较，可发现不同译文的优点和不足，提醒学生注意翻译中出现的偏误，选择最优方案。在讨论过程中，教师会适时穿插本课的翻译技巧和知识点，并再次强调重点、难点，引导学生进一步完成知识点的内化。

3. 翻译实践

经过答疑、讨论环节，在学生对本课知识点充分理解掌握的基础上，教师会布置一段翻译文本让学生当场翻译，作为对本课基础知识的扩展训练。练习的翻译文本所覆盖的话题、词汇以及句法结构应当与教材文本相似，难度稍有提高，不宜过长，学生可以在10分钟之内独立完成，并用口译的形式表达出来。可以结合不同的翻译情景选择文本的呈现方式，例如纪录片字幕翻译、景点介绍翻译、科技知识翻译等。这样的翻译实践训练拓展了教学空间，可以让学生及时强化对相关词汇、句式以及翻译技巧的掌握，进一步完成翻译知识的内化，让他们有机会真正把课堂上学到的翻译知识应用到具体的翻译场景中，做到学以致用，也可以满足学生对于翻译课实践性的需求，达到提高学生的语言应用水平和翻译实践能力的目的。

（三）课后练习/测试阶段

课后练习或者测试是帮助学生进一步加固和内化所学知识的过程。在自主学习和课堂学习完成以后，学生再利用教师所提供的练习巩固对词汇和翻译方法等知识点的掌握，也可以通过测试检查学习效果。

1. 课后练习

教师结合视频、课件或者讲义内容以及课堂讨论内容，布置相关练习，以巩固对知识点的理解和掌握。学生可以借助教材、词典、网络等工具解决问题。教师会设计多种形式的练习，可以是针对具体翻译技巧的相关练习题，也可以是针对具体词汇或者表达的练习题，或者是与教材翻译文本相似的翻译实践训练。

2. 课后测试

测试环节考察学生对知识点的掌握，并具有一定的灵活性，考察学生的翻译实践能力。这一环节可以在完成一定量的学习内容之后周期进行，比如完成一个单元或者一个话题的学习之后。测试内容灵活多样，不拘泥于教材中的文本，题目综合性较强，需要灵活应用各种翻译技巧，重在提高学生的综合语言应用能力和翻译实践能力，强调活学活用。

三、对混合式教学模式的反思

在实施混合式教学之后我们发现，教师在设计教学环节、组织教学活动的过程中时时注意到以学生为中心，采用多种教学手段鼓励学生积极参与自主学习和线上学习，是提高教学效率的关键。

（一）学生的参与度

在线上教学中，学生的实时学习情况对于教师来说可控性并不高。教师授课时面对的只是电子屏幕，由于时空的不同，加之网络、设备等技术层面的限制，他们无法像在传统课堂上那样随时细致地观察学生的状态，并针对课堂的状况及时做出反应。而传统的翻译教学中，教学手段往往较为单一，学生翻译、教师讲评是最为常用的模式，其弊端也十分明显：教师是课堂的“主角”，课堂往往单调且缺乏灵活性，容易忽略学生的个体差异，不能保证学生充分参与课堂教学。如果线上教学还是采取这种思路，教学效果必然得不到保证。在全新的教学环境下，教师必须转变思路，创造以学生为中心的线上课堂，把启发、引导学生积极参与自主学习和课堂教学放在首位。

在实际教学中我们发现，学生的参与度是实时在线教学成功与否的关键。在线教学如果缺乏学生的主动参与，教学效果必然大打折扣。学生的积极参与是有效教学的重中之重，对提高学习效果也起着举足轻重的作用。Bryson 和 Hand（2007）提到，如果教师能创造出一个能吸引学生注意力的学习环境，对学生提出更高的要求，布置更多高阶思维能力的任务，学生则更有可能积极地参与到课堂教学中去。因此，教师需要适时地调整教学方法，提高学生的参与度，提高教学的有效性。在教学实践中，我们根据本课翻译文本的内容和题材选择适宜的教学方法，在教学过程中体现以学生为中心的原则，设计有效的课堂活动来帮助学生实现知识的内化。教学环节和教学活动的设计，均是以促进学生参与为原则展开的。

（二）教学活动的设计与组织

教学活动的设计是混合教学模式能否达到教学目的的核心环节。面向留学生的英汉翻译课程，更是要以加强语言应用能力和翻译实践能力为教学目的。目前，我们采用的混合式教学的基本做法是，课前通过各种手段让学生完成自主学习；在线教学阶段，教师使用形式多样的教学活动引导学生逐步完成知识的内化；课后阶段使用练习或者测试加固学生对知识点的掌握，进一步提升学生对语言的应用能力。

教师在混合教学的活动设计时，以促进学生参与为首要原则。在设计教学活动之前，教师应当充分了解学生的语言背景、学习条件等，对教学目标和教学内容进行详细整理和规划，确定重点、难点，梳理知识点之间的内在逻辑关系，确定适合在课前准备阶段让学生自主学习的内容，需要在课堂教学进一步强调、内化的内容，以及适合课堂、课后深化扩展的内容。在确定教学内容的基础上，根据翻译文本的话题和体裁，选择合适的课堂活动形式，合理安排教学环节以及各个教学环节之间的流畅过渡和衔接。例如在《拯救图书馆》一课中，建筑物的描写及其相关表达是语言表达的重点之一，在课前准备环节，学生的自主学习内容包括了解相关建筑术语以及方位词的表达；在课堂教学阶段的分组讨论中，要求学生结合叶圣陶先生的作品《苏州园林》中的佳句对文本进行翻译；在练习拓展阶段，设置具体的翻译场景，学生以一名导游的身份向游客翻译一段美国大都会博物馆的解说词。总而言之，教师需要打破时空的局限，设计各种教学活动，不断对知识点进行巩固和拓展，结合翻译的具体场景和实例，让学生亲身参与，对翻译知识的实际应用有更深刻且直观的认识。

结语

基于翻转课堂的混合教学模式，改变了传统的线下翻译教学的教学理念与模式，以学生为中心，通过使用网络平台、视频工具、电脑课件等多种技术手段，实现了多种教学模式、教学资源的交互使用以及网络环境下师生、生生之间的在线互动。在混合教学的思路下，教师应该在各个教学环节中合理设计组织形式多样的教学活动，充分调动学生参与自主学习和课堂教学的积极性，以完成设定的教学目标，获得理想的教学效果。面向留学生的英汉翻译课程的是一门在学生构成、学习目标、学生需求等各方面都较为特殊的翻译课程，因此在教学内容选择、教学环节设置和教学活动安排等各方面，我们都要随时更新思路，以适应不断变化的环境和形势，满足学生的学习需求，满足市场对高素质翻译人才的需求。

参考文献

1. Bryson, C., & Hand, L. (2007). The role of engagement in inspiring teaching and learning. *Innovations in Education and Teaching International*, 44 (4).

2. Lage, M., Platt, G., & Treglia, M. (2000). Inverting the classroom: A gateway to creating an inclusive learning environment source. *The Journal of Economic Education*, 31 (1).

3. 陈怡、赵呈领（2014）基于翻转课堂模式的教学设计及应用研究，《现代教育技术》第 2 期。

4. 焦健（2016）基于慕课与翻转课堂的商务英语翻译混合教学模式探究，《黑龙江教育》第 7 期。

5. 陆国栋、楼程富（2018）《开放、融合、互动、内化——浙江省高校首批“翻转课堂”优秀案例》，浙江大学出版社。

6. 余卿、李悦园（2020）翻转课堂教学模式对于英汉笔译课教学的启示，《学周刊》第 17 期。

第二语言教学视角下韩国汉语教育中 MOOC 应用现状考察

李秀彬*

摘　要： 本文通过韩国政府的官方文件、K-MOOC 平台、KOCW 高校资源共享平台、高校的 OCW 平台、高校官方网站与社会培训机构的公开讲座，考察韩国政府对第二语言教学支持力度、基于 MOOC 开展高校、社会培训机构的混合式学习现状相关分析，根据考察结果，提出基于混合式学习开展韩国创新汉语教育的发展目标与建议。

关键词： 对韩汉语教育；混合式学习；K-MOOC 现状分析

一、引言

随着网络的普及，汉语作为第二语言的教学使学习者在全球都可以随时随地开展在线学习，韩国也不例外。韩国汉语学习者的学习目标比较明确，而且韩国政府的支持促进了汉语教学的开展，汉语的普及程度得到很大提升。

---

* 李秀彬（韩国），北京语言大学汉语国际教育研究院在读博士生。

表 15—1 《2019 年外语辅助项目预算表》

项目	2018 年预算	2019 年预算	增减
政府留学生选拔	6119	5815	-304
韩日理工留学生选拔	5497	5281	-216
韩日高中生交流	290	159	-131
韩中高中生交流	310	210	-100
特殊第二语言教育	3180	3477	-297
第二语言教员研修	29	0	+29
中国辅助教师	362	362	0

资料来源：国立国际教育院《2019 年外语相关辅助项目预算表》，2019 年。

韩国政府从 2007 年起开始提供教学服务项目。由国立国际教育院的《2019 年外语辅助项目预算表》可看出，汉语跟其他外语相比，2018 年与 2019 年的预算增减方面差异不大。比如，政府留学生选拔项目、韩日理工留学生选拔项目的政府辅助增减跨度比较大，但中国方面的跨度比较少，这说明韩国政府非常重视中韩关系以及汉语学习。

此外，在国民教育方面，韩国政府通过网络技术开展 K-MOOC、KOCW、NCS 媒体中心以及高校公开讲座，向学习者免费提供录像资源与 PDF 资源。所谓 K-MOOC，是指韩国教育部支持下的 MOOC 学习平台，学习者在网站上搜集所需要的课程就可以参与学习。所谓 KOCW，是指在韩国教育评价院、韩国教育部以及各高校的支持下在网站上共享录像、PDF 等学习资源。所谓 NCS 媒体中心，是指韩国振兴院支持下，为应聘者、公司领导以及学习者提供录像资源的共享平台。

二、K-MOOC 与 KOCW 的现状与分析

在韩国政府的支持下，韩国已有多种资源平台，分别是 NCS 媒体中心、K-MOOC 与 KOCW 平台。通过 K-MOOC 平台，不同的学习者可以利用 MOOC 系统里的资源进行自学、远程教学等。KOCW 平台是为具有不同学习目的的学习者提供录像、PDF 文件与音频资源共享平台。NCS 媒体中心

是为应聘者、员工等提供学习实际工作当中必要知识的相关录像资源的平台。本文针对 K-MOOC 与 KOCW 平台考察实行策划与第二语言相关的课程设置现状。

（一）K-MOOC 与 KOCW 平台实行策划

根据 K-MOOC 实行策划数据表得知，2015 年选定参与本项目的重点高校，并开始研发讲座。参与该项目的高校有庆熙大学、高丽大学、釜山大学、首尔大学、成均馆大学、延世大学、梨花女大、汉阳大学与韩国 KAIST 大学。2016 年开始，MOOC 进行构建及运营，2016 年第二批 MOOC 重点大学选定。2018 年，K-MOOC 讲座质量提高，当时已经开设了职业部分和自由部分等 29 个讲座，5 个系列。

在 KOCW 平台方面，韩国各地高校的录像上传到 KOCW 平台，学习者可以免费观看录像进行学习。2017 年开始国外教学录像共享服务。

（二）第二语言视角下的 K-MOOC 与 KOCW 课程现状分析

在 K-MOOC 平台以外语课程为检索词，搜集到 16 个系列外语课程。主办单位是韩国高校。在语种上，韩国语相关课程 4 门、日语相关课程 1 门、泰语相关课程 2 门、英语相关课程 1 门、汉语相关课程 7 门。但通过课程名称可知，需要综合第二语言的销售、免税等特殊用途满足外语方面的需求。

在 KOCW 平台以外语课为检索词搜集到 461 个高校讲座、4 个专家讲座、47 个英文讲座与 310 个教学资源。以汉语课为检索词搜集到 117 个高校讲座、6 个专家讲座、2 个英文讲座、48 个教学资源。

（三）K-MOOC 平台面临的问题与成就

根据 K-MOOC 实行数据表得知，第二个问题是个别讲座质量较高，但与海外 MOOC 讲座相比，讲座数量较少。从 2019 年为例，美国 Coursera 已有 3709 个讲座、EDX 有 2537 个，中国只有 1907 个讲座。第二个问题是交互方式单一的问题。目前的交互方式只有 QUIZ 环节，需要考察交互方式的多样化问题。

表 15—2　《K-MOOC 实行后人数变化表》

	2015 年	2016 年	2017 年	2018 年
会员人数	3.5 万	11.5 万	22.8 万	35.7 万
授课人数	5.6 万	18.2 万	44.5 万	77.6 万

资料来源：韩国教育部信息共享平台《K-MOOC 实行后人数变化表》，2019 年。

K-MOOC 的成就方面，短期内使用量与会员人数大大增加。2015 年会员人数为 3.5 万人，授课人数为 5.6 万人。2016 年会员人数为 11.5 万人，授课人数为 18.2 万人。2017 年会员人数为 22.8 万人，授课人数为 44.5 万人。2018 年会员人数为 35.7 万人，授课人数为 77.6 人。通过上述数据可知，近 4 年的会员人数与授课人数大大增加，也证明 K-MOOC 质量比较高，很受欢迎。

（四）K-MOOC 平台实行措施与发展目标

根据 K-MOOC 实行计划可知，实行计划可以分为 4 个部分。第一是示范运营（2015—2018 年），第二是服务高度（2019—2020 年），第三是收费服务（2021—2023 年），第四是知识共享平台化（2024 年）。关于政府支持方面，由 4 大部分组成：讲座运营费支持 1000 万韩币、6 周以上的讲座辅助为 500 万韩币与 13 周以上的讲座辅助为 1000 万韩币。政府惩罚方面，质量未达到的讲座取消政府辅助资格。

韩国教育部对 K-MOOC 非常关注。教育部进行了实际运用现状分析之后，补充了其他国家 MOOC 应用现状、会员人数等。政府甚至采取各高校的研发辅助方案进行辅助，同时利用没达标的讲座惩罚措施进行警示。

三、基于 MOOC 开展混合式学习的现状

（一）基于 MOOC 开展混合式学习的韩国高校教育现状

韩国高校也在实际课堂中应用混合式学习，主要有韩国科技大学（KAIST）、乌山科技大学（UNIST）、首尔大学在使用翻转课堂形式进行混

合式教学。以 KAIST 和 UNIST 的翻转课堂为例，下面进行更详细的探讨。

KAIST 的翻转课堂是以 Education3.0 为名，从 2012 年开始进行到现在的项目。课堂环节为课前让学习者看 10—15 分钟左右的相关资料，参加网络课堂。韩国科技院给实行翻转课堂的教授辅助 300 万韩币的研发费用，一个月 50 万韩币的助教费。

UNIST 的翻转课堂以 E-education 项目为根据，从 2012 年开始进行。独到之处是线上线下课堂比率为各占 50%。在线课堂中学习知识和相关信息，线下课堂中进行讨论、报告和试题解答等强化学习。

此外，学士与硕士结合课程的线上课堂利用 MOOC 形式之一的 edX，线下课堂中进行讨论、报告和实习等学习形式。

（二）基于 MOOC 开展混合式汉语教学模式分析

在韩国高校方面，基于混合式学习开展汉语教学的只找到两所；在社会培训机构方面，基于混合式学习开展汉语教学的只有一所 C 汉语教育培训机构。

关于 H 高校的初级汉语口语课方面，课前环节，学生在 KOCW 与 K-MOOC 上查找相关的课程进行预习；教学环节，利用韩国 NAVER 的人工智能翻译软件 PAPAGO 听词语的发音、语序与词义，并且学生与学生之间进行对话练习；课后环节让学生进行期末论述。

关于 J 高校的中国文化课方面，课前环节让学生进行线上观看与课文相关的录像和 K-MOOC 平台的教学录像。课中环节让学生与教师一起讨论课文中的话题并让学生进行中文汇报，课后环节让学生进行线上考试。

关于 C 汉语教育培训机构的口语课方面，课前环节让学生观看机构制作的录像资源，课中环节教师与学生进行讨论并讲解教学重点，课后环节线上做课后练习。教师根据课后练习的结果向每位学生提供课后反馈表。

在牟占生、董博杰（2014）[①] 模式图的基础上，本人再次进行了基于 MOOC 与录像资源开展韩国的混合式汉语学习模式。主要特点在于课中环

---

① 牟占生、董博杰（2014）基于 MOOC 的混合式学习模式探究——以 Coursera 平台为例，《现代教育技术》第 5 期。

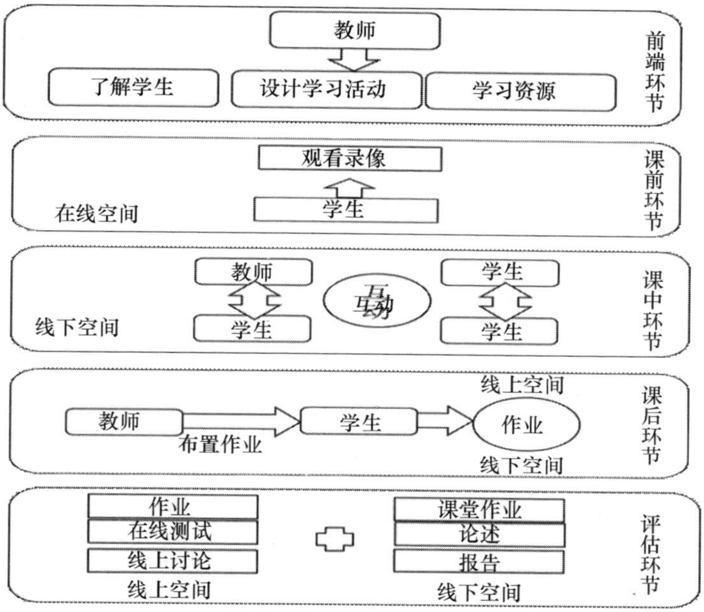

图 15—1　《基于混合式韩国汉语教学模式分析表》

资料来源：笔者自制。

节的互动部分、评估环节的线上线下空间采用不同的学习任务。下面进行更详细的探讨。

1. 前端分析

本节根据上文基于 MOOC 开展混合式汉语教学现状进行了归纳，分析出以下结果。混合式学习的教师为了开展有效的汉语教学需要进行前端分析环节。前端分析环节中，教师要了解学生的汉语水平、基本知识、设计学习活动、制作学习资源以及应用学习资源的方案。教师可以通过调查问卷、问答等形式了解学习者的学习需求、学习方法与学习动机。

关于设计学习活动方面，教师应该将已有的 MOOC 等录像资源与实际课堂所用到的教材、教学内容进行匹配，分析教学重难点。

关于学习资源方面，教师需在课前了解在课堂中所用到的学习资源的特点、形式以及思考如何跟课堂进行匹配。

2. 课前环节分析

混合式学习的课前环节具有一定的重要性。首先，课前环节通过MOOC、录像以及线上资源学习了解实际课堂中的重点难点、课文话题以及课文语境。其次，课前环节基于网络、移动手机等可不受空间与时间的限制开展有效的教学。再次，课前环节中的资源学习可以培养学生的自主学习能力、独立思考能力，这过程当中也可帮助学生加深对文档的理解。最后，课前环节的资源学习可以让教师有充分的时间进行备课和设计学习活动，并节省教学成本。

H 高校、J 高校与 C 汉语培训机构的课前环节中，都通过录像资源开展了自主学习。

3. 课中环节分析

课中环节是教学全过程中最重要的部分之一。在课中环节，教师要实现自己设计的教学目标与教学活动；学生也要利用课前环节已经掌握的知识以及之前已学习的知识积极参与课堂学习活动。

混合式学习的课中环节根据教学需求、教学目标选择线下、线上学习空间开展课堂教学。H 高校、J 高校与 C 汉语培训机构均开展了线下学习环境的面对面教学。从教学方式来看，三所教学单位都采用了讨论形式的课堂教学，但是实际应用方式有所不同。

4. 课后环节分析

混合式学习的课后环节重点在于总结、评估与教师反思。

关于总结学习内容方面，教师可以总结课堂教学的重点难点、学习内容与布置课后线上、线下的学习任务。学生在线上、线下的学习空间可以通过操练与练习的方式总结已经学习的知识。

关于评估方面，教师根据学习者已完成的线上测试、论述、讨论、出勤情况与线下测试、汇报、写作论述与课堂表现进行综合性评价以及教学反馈。

关于教师反思方面，教师可以通过观看自己的教学录像、学生的课后反馈、学生的测试结果等方式进行课后反思。教师可以在课后反思的过程当中，提高自己的教学实践能力与教学技巧能力，还可以减少课堂出现意外。

（三）基于 MOOC 开展混合式汉语教学模式特点分析

教育技术学界的三大目标是降低成本、提高教学效率与提高绩效。根据上述的考察与分析结果可以得知，基于 MOOC 的混合式汉语教学符合教育技术学的目标。下面分析基于 MOOC 开展混合式学习的其他优势与特点。

1. 实现以学习者为中心的目标，培养自主学习能力

混合式学习的多种形式中，在教师的主导下，利用 MOOC 等录像资源的学习可以让学生进行独立思考，培养自主学习能力。

在课堂教学中，学习者通过录像资源开阔眼界，在课前了解学习的内容、话题之后，可加深实际课堂中对重点难点、文化点的理解。

在知识扩展方面，录像、图片、文字与音频等媒体学习方式，可以促进学生对课堂知识的理解。而且，这一环节当中，教师让学习者设计语境，融入实际语言环境里开展教学，可让学生明确学习的动机，学习目标也更加清晰。

在学习活动方面，利用媒体资源扩展词语、话题以及实际语言环境之后，在教师主导下，学生可以参与到分组讨论、汇报等多种多样的学习活动中。

2. 教师与学生之间可以进行同伴互补评价

混合式学习的优势在于资源学习、以学生为中心的学生自主学习以及互补评价。教师进入课堂教学之前，向学生进行课前匿名调查。结束课堂教学后，请学生进行课后教师评价以及学生自身评估。

在同伴互补评价对教师影响方面，教师通过学生对课堂教学以及教师的评价，可以反思自己教学的优点、缺点、重点以及不足之处。教师通过参考学生的评价结果，可以不断地提高自身教学技巧与教学能力。

在同伴互补评价对学生影响方面，学生根据教师的评价与自身学习反馈，可以发现自己的不足与学习掌握度。

3. 利用 MOOC 与录像资源，可以降低开展混合式学习的难度

开展有效的混合式学习具有一定的难度，教师可能不熟悉混合式学习

的形式、特点以及活动设计。牟占生、董博杰（2014）[①] 指出，MOOC 体现的是一种教学课程的全程参与模式，时刻会兼顾学习者的需求，弥补了以往网络教育功能泛化、交互性功能不足等缺点。教师利用 MOOC 与录像资源开展混合式汉语学习，并开展综合性混合式学习，可降低教师开展混合式学习模式的难度。

四、小结

混合式学习是网络教学与面授教学的有机结合，能更好地完成教学目标、实现教学优化。MOOC 平台是利用录像资源向全球学习者提供教学服务。基于 MOOC 开展混合式汉语学习，是在 K-MOOC 平台以及韩国高校提供的录像资源共享平台开展混合式汉语教学，这可以实现有效的汉语教学，以及互补面授与网络教学存在的不足。

本文在收集资料与考察前人研究过程中，受到牟占生、董博杰（2014）文献与李克东、赵建华（2004）文献的影响。在受到启发的基础上，本文考察了韩国 MOOC 开展情况、韩国政府支持力度与韩国普通高校与培训机构的实际教学模式等方面。

本文对韩国政府官方文件、K-MOOC、KOCW、高校 OCW 以及社会培训机构的资源平台进行了现状考察。根据现状考察结果，分析了韩国基于 MOOC 与录像资源开展混合式汉语教学的现状、模式，以及该模式应用于课堂教学实践中的优势与特点。

本文希望能够实现韩国的创新汉语教学以及在韩开展有效的汉语教学，也希望启迪本土新手教师关于汉语教学新的思考点。

参考文献

1. 黄荣怀、马丁、郑兰琴、张海森（2009）基于混合式学习的课程设

① 牟占生、董博杰（2014）基于 MOOC 的混合式学习模式探究——以 Coursera 平台为例，《现代教育技术》第 5 期。

计理论《电化教育研究》第 1 期。

3. 李克东、赵建华（2004）混合式学习的原理与应用模式，《电化教育研究》第 7 期。

4. 孙瑞、孟瑞森、文萱（2015）“翻转课堂”教学模式在对外汉语教学中的应用，《语言教学与研究》第 3 期。

5. 袁萍（2016）基于混合学习的汉语综合课教学模式设计，《现代教育技术》第 26 期。

6. 赵金铭（2008）汉语作为第二语言教学理念与模式，《世界汉语教学》第 1 期。

7. 牟占生、董博杰（2014）基于 MOOC 的混合式学习模式探究——以 Coursera 平台为例，《现代教育技术》第 5 期。

8. 胡安珍（2015）《MOOC 教学模式的分析与研究》，北京交通大学硕士学位论文。

9. 刘敬、陶雁羽（2018）基于 MOOC 的混合式教学模式探索，《中国教育信息化》第 4 期。

10. Carman, J. M. (2002). Blended learning design: five key ingredients. Retrieved August.

11. Singh, H. (2003). Building effective blended learning programs. Educational Technology, 43 (6).

12. Drisoll, M., Reid, J. E. (1999) Web-based Training: An Overview of Training Tools for the Technical Writing Industry, tech-naical Communication Quarterey, Vol. 88, No. 8.

13. Hofmann, J., Dunkling, G., (2002) Best Practices in Blended E-leaning, Titlewpr; d Confererce on E-leaning in Corporate, No. 1.

14. 김현철, 이경진, 김주희, 이유진 (2017) 중국어 교육현황 조사 및 분석 연구: 서울 소재 사설 중국어 학원을 중심으로 《중국어문학논집》.

15. 韩国教育部 K-MOOC 实行策划，https: //www. moe. go. kr。

16. NCS 国家职务能力标准《多媒体网络中心》，https: //www. ncs. go. kr/th15/MultiMediaMain. do。

17. 韩国教育部国立国际教育院，http: //www. niied. go. kr/user/nd34860.

do。

18. 国家教育课程共享服务平台，http：//ncic. go. kr/。

19. 高校公开录播共享平台，http：//www. kocw. net/home/index. do。

20. 汉阳大学 OCW 录播共享平台，https：//ocw. hanyang. ac. kr/。

21. CHINA TAN 社会汉语培训机构，https：//tan. tantanselect. com。

基于新混合学习理念的慕课设计*

刘　畅**

摘　要：在全球形势变化、传统教学模式受到巨大冲击的今天，“混合学习”理念也面临着转变，对汉语教学提出新要求。我们结合当前形势，在对“混合学习”理念和对汉语国际教育相关课程类型重新进行思考的基础上，根据教学实践，就“理论+操练”型课程应如何制作慕课、如何实施混合式教学进行探索，提出对慕课制作的要求，为教学流程做出设计。

关键词：混合学习；“理论+操练”型课程；慕课

在当今信息化社会的大背景下，慕课的成规模出现是大势所趋。在汉语国际教育事业中，由于教学对象的特殊性，慕课的制作与使用更是成为一种刚需。而突如其来的疫情以及国际形势的变化，使这种需求变得尤为迫切，促使我们对以往的教学理念和模式重新进行思考。

---

* 本成果受北京语言大学院级项目资助（中央高校基本科研业务费专项资金）（项目批准号：20YJ010106）。

** 刘畅，北京语言大学汉语国际教育学部汉语学院教师。

一、“混合学习”理念的发展

（一）“混合学习”的概念

国内外多位专家学者从不同角度对这一概念进行过解读，在此我们选择 Driscoll（2002）最为全面的一次定义作为代表：Blended learning would have four different definitions，coinciding with different purposes，as follows：（a）combining modes of web-based technology to achieve instructional objectives；（b）combining various pedagogical approaches to produce an optimal learning outcome with or without instructional technology；（c）combining any form of instructional technology with face-to-face instructor-led training；and（d）mixing instructional technology with actual job tasks to create a harmonious effect between learning and working.

在中国国内，何克抗先生在2003年的全球华人计算机教育应用大会上首先引入这一概念。何克抗（2005：37）指出：“所谓 Blended Learning 就是要把传统学习方式的优势和 e-Learning 的优势结合起来；也就是说，既要发挥教师引导、启发、监控教学过程的主导作用，又要体现学生作为学习过程主体的主动性、积极性与创造性。”

（二）“混合学习”的内涵

正如何先生所言，我们首先经历了从传统的教育模式（Class-Learning）到网络学习模式（或称数字化学习模式，E-Learning）的发展转变。E-Learning 解除了空间和时间对人的束缚，利用先进的技术手段促进人的学习，到今天已经发展得如火如荼。然而，它也并不是一种完美无缺的模式，同样存在着很多缺陷。例如，怎样才能真正发挥出 E-Learning 的优势，是不是把传统的教学内容搬到网上就是实现了网络教学呢？如何增加师生之间、生生之间的即时互动？如何降低学生的畏难程度……这些都是学者和教师们应考虑的问题。

在类似对 E-Learning 的反思中，产生了“混合学习”（B-learning）这一理念。按照 Bielawski & Metcalf（2003）的说法：To some，blended learning meant any mix of instructor-led and technology-based learning. 陈卫东等（2010：30）指出："混合学习是在对数字化学习反思基础上建立起来的，一种注重发挥传统教学和数字化学习优势的学习与教学方式。……混合学习成功实施的关键在于关注人、技术、环境和方法这四个维度要素的融合。"

"混合学习"在对外汉语教学界同样得到关注。徐娟等（2013：54）总结了"数字化对外汉语教学"的五大发展趋势，其中就特别指出：从教学模式上说，对外汉语教学从单纯的 E-learning 走向 B-learning。

（三）疫情形势下"混合学习"理念的转变

在以往的实践中，因为教室是我们教学的主要场所，课堂教学是我们教学的主体，因此我们更多地将"混合学习"理解为：将传统的课堂学习与数字化学习相结合，将面对面教学与在线学习相结合，也就是一般所称的"线上线下混合"。然而，2020 年，突如其来、席卷全球的新冠肺炎疫情打破了我们的固有思维与行为范式。传统意义上的课堂教学难以实现，如何更好地开展全线上教学成为摆在各个学校和老师们面前的课题。

那么，"混合学习"的理念是否就脱离现实、应被时代淘汰了呢？我们认为并非如此。

"混合学习"的核心在于"混合"二字。如前所述，它本质上是要将"以教为中心"和"以学为中心"两种指导思想相混合，将人、技术、环境与方法相结合。在客观环境发生了巨大变化的今天，我们的"混合式教学"应当顺潮流而动，变之前的"线上线下混合"为"直播与录播混合""教师组织教学与学生自主学习混合"，使我们的汉语教学真正做到无国界、无限制。这其中，录播的部分就包括我们的慕课，从慕课设计、制作到使用的全过程都应围绕"混合学习"理念这一中心。

二、课程类型与慕课制作

从慕课制作的角度，我们可以将面向留学生的汉语国际教育相关课程

（以下简称汉语课程）划分为三种不同类型——“理论型”“操练型”和“理论＋操练型”。此三者在教学目标、教学模式、教学手段等方面，都有不同的侧重。

（一）汉语课程的分类

针对汉语课程的类型，以往多从内容上进行区分。如李爽（1993：220）认为“课类……主要有：语言课、语言知识课、文学课、其他文化知识课等”；金志刚等（2019：111—114）在介绍意大利高校汉语课程设置情况时，将其归纳为汉语语言课程、中国文学课程、专业翻译课程、经贸汉语课程等小类。有的则将教学内容与目标结合起来考量，如万艺玲（2005：31）讨论留学生汉语词汇课的性质和定位时指出：“留学生汉语词汇课不仅是一门特殊的技能训练课程，同时也是一门基本的理论课程”，也就是我们通常所说的技能课和知识课的分界。

我们认为，综合教学目标、教学内容、教学模式、教学手段等各方面因素看，汉语课程事实上包含三种不同的类型——“理论型”“操练型”和“理论＋操练型”。

“理论型”课程，以讲授语言或其他学科理论为主，如汉语史、微观经济学等；“操练型”，以提高语言水平、训练语言技能为主，如综合课、听力课、经贸洽谈课等；“理论＋操练型”，在传授一定理论知识的基础上加以实践操练，如词汇语法学、教学法、古代汉语等。三者客观上都兼具输入理论传授知识和提高汉语水平的双重作用，但从根本的教学目标上看还是有所侧重的。例如，学习汉字理论课，与听力课听一篇关于汉字主题的语料；学习经济法知识，与阅读课看一篇关于公司类型的文章，其教学目的、要求都不一样，与之相适应的教学模式、时间分配、教学步骤、操练方式等都有区别。

不同类型的课程，慕课制作的要求也有所不同。因篇幅所限，这里我们着重阐述“理论＋操练型”慕课的制作。

（二）“理论＋操练型”课程慕课制作的要求

任何一门课程的慕课都应满足基本的制作要求，如内容完备、知识准确、界面美观等，此不赘述。就“理论＋操练型”慕课来说，我们认为应当：

1. 充分利用慕课优势

前文提到，“理论＋操练型”课程是在传授一定理论知识的基础上，加以实践操练。例如词汇课，既要系统地教授词汇学的基本理论，也要通过不同手段满足学生扩充词汇量、将自己所学的词汇与理论知识相互印证的需求。受课时、学生水平差异等条件的限制，这类课程在课堂教学中往往难以把控进度，教师讲得多、讲得快，基础较弱的学生跟不上；反之，教师讲得少、讲得慢，水平较高的学生又吃不饱。如果充分利用慕课的优势，将理论讲解等知识性较强或课文领读等机械操练较多的部分放在慕课中进行，使学生能够根据自身的情况自主自助地学习，随时调整听课速度和频率，更有利于学生掌握教学内容。

现代化的科技手段成为教学的好帮手，慕课能使教学更为直观生动，图文并茂、音画俱全，既能有效降低理解难度，也能吸引学生的注意力。

另外，这类课程中的理论讲解、机械操练部分，都是教学中必不可少的内容。在慕课制作时，因为脚本经过教师的精心锤炼、反复录制，其内容和表述的准确性、同一性都要比平时课堂教学高，也有利于保证教学质量。而录制好的慕课可以多次使用，也可一定程度地减少教师的重复性劳动，为教师减负。

2. 尽量规避慕课弊端

客观地说，利用慕课教学也有其弊端。首先，在慕课视频观看过程中，传播是单向的，只是教师一方的输出，学生主要是被动接受，而且教师无法即时对教学过程进行监控，进行适时干预。其次，学生面对电脑手机屏幕，注意力难以长久集中，更适于进行碎片化的学习。因此，要对慕课的讲授内容、方式和时间进行合理的选择，尽量在有限的时段里充分调动学生的积极性、主动性，形成教学的“黏性”，让学生愿意听、愿意学。

总之，在慕课制作时，准确地选材、科学地设计、合理地切分、恰当地表达，才能够充分发挥其优势，规避其弊端，使慕课能够真正良好地发挥作用。

三、“理论 + 操练型”课程的混合式教学设计

慕课制作完成后，我们可以用其进行混合式教学。在有条件进行课堂教学的时间和地区，可以采取“线上线下混合”的方式；而在疫情期间，不方便进行线下课堂教学，则可采用“理论/录播 + 操练/直播”相结合的形式。

（一）“理论 + 操练型”课程混合式教学的实施

“理论 + 操练型”课程非常适合利用慕课，进行“慕课/录播 + 操练/直播”的混合式教学。我们可以将其教学流程归纳为：

1. 任务发布

要取得良好的教学效果，实现“教师组织教学与学生自主学习混合”，绝不能“放羊式教学”——只给学生发放材料，任其自由学习。尤其是“理论 + 操练型”汉语课程的教学，必须围绕教学重点难点，事先设计好学习任务表，为后面的直播操练做好准备。

通常来说，任务至少应包含两个部分：一是对教学重点难点的提示，鼓励学生带着问题进入下面的学习；二是对学习效果的初步检验。如果教学内容、学生程度适合，还可分配某些分组任务，由学生分组合作完成，既可以增加学生交流实践的机会，也能够让他们互帮互助、促进学习。

2. 视频学习

学生根据学习资料观看慕课教学视频，自主进行学习，在规定时间内完成教师布置的任务。

如前所述，在慕课中，教师主要是讲解纯知识性的内容，包括理论知识、词汇语法讲解等；或者完成语言教学中常用的领读等。教师应事先提示学生，不能像看电影一样看教学视频，而应利用暂停、重播等反复观看、自行重复跟读、做好笔记。

3. 讨论答疑

慕课/录播之后的直播学习环节，主要完成的是“理论 + 操练”中的“操练”部分。这实际上是一个检查和提高的过程，而不是部分老师所处

理成的“因为部分学生没有认真观看慕课，所以再讲一遍”。这时的学生应当是带着成果或问题进课堂。

在直播中，教师应检查学生任务完成情况，例如让学生朗读课文、回答问题、补充练习、答疑解惑、集体讨论等，并给学生以反馈，以查漏补缺。

4. 反馈复习

课后，教师可进一步布置复习提高性质的任务，用于知识点的巩固。更为重要的是，应针对学生在作业、讨论等环节暴露出的问题，在思维方式和学习方法等方面加以引导。

（二）教学实践中遇到的困难

目前来说，我们的“慕课/录播＋操练/直播”混合式教学刚刚起步，尚处于摸索阶段。在实践中，笔者也遇到许多困难，产生了困惑。在此提出，与各位同仁共同探讨，希望寻找到对策。

1. 如何贯彻培养汉语交际能力的原则

汉语教学的根本目的是要培养学生的汉语能力。这一点在我们进行“操练型”课程的教学中，能够得到比较好的贯彻；在“理论型”课程的教学中，也比较好把控尺度；但在“理论＋操练型”课程中，这个度则往往难以把握。虽然刘珣老师（1997：73—74）在论述汉语作为第二语言教学的首要原则——“培养运用汉语进行交际的能力”时就着重指出：“一提到交际能力就想到问好、点菜，就想到几句生活会话”，这其实是一种误解，“语言交际能力至少包括语法能力、社会语言学能力、话语能力和策略能力四个方面，这是一个相当庞大的由知识和能力构成的体系”；但是在实际教学中，知识与能力、理论与操练、录播与直播，各自究竟应该占什么样的比例，还有待于科学研究。

2. 如何有效组织操练/直播课堂

直播课堂是检验慕课学习效果、实现师生互动的重要环节。如果这一环节的教学不能有效地进行，就无法保障慕课教学的质量——这一环节的有效实施也正是混合式教学相对单纯网络学习模式最大的优势之所在。但是，操练/直播课堂容易受到种种因素的影响，如有些国家或个人网络设备等硬件不足，以及有学生未能事先完成慕课学习任务等，一旦出现这些情况，操练往往就不能顺利进行，很容易滑入“再讲一遍”的泥沼。除了加强管理、加强监控以外，还有没有其他更友好、更行之有效的办法，非常值得我们思考。

尽管我们对未来的世界形势充满了美好的希望，但混合式教学常态化、普及化的可能性不可忽视。作为汉语国际教育事业工作者的我们，应做好充分准备，迎接这一挑战和机遇。

参考文献

1. Bielawski，L. & Metcalf，D（2003）*Blended e-learning—integrating knowledge，performance support and online learning*. HRD Press.

2. 陈卫东、刘欣红、王海燕（2010）混合学习的本质探析，《现代远距离教育》第5期。

3. Driscoll，M（2002）*Web-based Training：Creating E-teaming Experiences*. Jossey-Bass.

4. 何克抗（2005）从 Blending Learning 看教育技术理论的新发展，《国家教育行政学院学报》第9期。

5. 金志刚、庄瑶瑶（2019）意大利高校汉语课程设置模式及其启示，《辽宁师范大学学报（社会科学版）》第1期。

6. 李爽（1993）试论对外汉语教学的课程设计，《世界汉语教学》第3期。

7. 刘珣（1997）试论汉语作为第二语言教学的基本原则——兼论海内外汉语教学的学科建设，《世界汉语教学》第1期。

8. 万艺玲（2005）留学生汉语词汇课的性质和定位，《中国大学教学》第4期。

9. 徐娟、史艳岚（2013）十年来数字化对外汉语教学发展综述，《现代教育技术》第12期。

基于语料库的汉语连词“和”偏误类型分析*

刘丽萍**

摘　要：本文考察了HSK动态作文语料库中有关“和”的728例偏误，将这些偏误区分为“误加、误代、遗漏、误用他词和其他”五大类，并结合汉语本体研究和当前跨语言研究的成果，对有关“和”的教学提出具体的建议。本文认为，连接名词性短语是“和”作为连词的基本功能，教学中如能把握“和”的这一基本用法，并注意“和”与其他同类连词之间的互补和重叠关系，就可以有效减少各类偏误的发生。

关键词：并列连词；“和”；偏误类型；连接手段

一、引言

“和”是汉语中最为常见的并列连词。根据李艳娇、杨尔宏（2014）

* 本文是北京语言大学汉语国际教育学部汉语学院院级项目（项目编号：401190280）的研究成果。感谢项目组成员杨晓宁和杨洛依在语料搜集和整理工作中的付出。

** 刘丽萍，北京语言大学汉语学院教师。

对“和、与、同、跟”四个词的使用情况的统计和比较，“和”的使用频率远远高于其他几个词，在“和”作为连词和介词两种用法中，连词用法占绝对优势。在《汉语水平等级标准与语法等级大纲》中，“和”无论是作为连词还是介词，都属于甲级词汇。

尽管“和”是汉语中极为重要的虚词，但在实际教学中并未受到足够重视。不少教材未将连词“和”作为语法项目编入其中，“和”在生词表中一般会被翻译成英语的“and”，但“and”与“和”的用法存在差异，直接翻译容易产生误解，加上学生母语和汉语连接手段之间存在差异，学生在使用“和”时会出现各类偏误。我们对北京语言大学 HSK 动态作文语料库（下文简称“HSK 语料库”）进行了考察，共收集到来自各国留学生作文中有关“和”的使用偏误 728 例。在分析这些偏误的过程中，我们发现，如果教师在教学中能够更为有效地教授“和”的用法，有些类型的偏误是可以避免的。因此，本文拟从 HSK 语料库中的“和”的偏误类型出发，结合“和”的连接功能，探讨“和”的教学要点，减少教学不到位导致的偏误。

二、HSK 语料库中“和”的偏误类型

近年来，有不少针对留学生习得汉语连词“和“的研究，其中有以 HSK 语料库为基础所做的研究（如邓蓉，2012；王寒，2014；马杰，2019 等），也有不少针对某一国别背景学生习得“和”的研究，但限于篇幅，不再一一列举。总体看来，当前的研究都对“和”的偏误进行了归类和分析，对教学有一定的参考作用。但我们对从 HSK 语料库中搜集到的 728 例偏误进行初步分析之后发现，有必要对目前研究中的偏误分类做进一步细化，并结合跨语言研究的成果提出更为具体的教学建议。

根据偏误的具体表现，我们把搜集到的偏误分为误加、误代、遗漏、误用他词和其他五类。[①] 以下简单介绍这五类偏误的具体表现。

---

① 这一分类不够完美，但除了前四类偏误之外，还有少量偏误类型比较分散，很难概括成一类或两类，故把这些分散的偏误归入此“其他”类。

（一）误加

误加是指在不需要任何连词时使用“和”进行连接的情况，主要包括连接动词或动词短语的误加、连接形容词的误加、连接句子的误加和同时使用其他连词的误加等。分别举例如下（本文所有例句均来自于北京语言大学“HSK 动态作文语料库”，文中不再一一标注）：①

（1）我很想念你们和盼望看到你们的日子。（连接动词）

（2）外在的资讯又使孩子们比以前的人成熟得早，有的时候比父母亲懂得更快和更多。（连接形容词短语）

（3）绿色食品很贵和产量会大大降低。（连接句子）

（4）父母与子女之间的代沟问题确实存在和而且是较难解决的问题。（与其他连词同现）

以上例句均不需要连接词，但在不少语言（如英语）中是需要连接词的。母语的影响也许存在，但如果学生能牢牢把握“和“的基本用法是“连接名词短语而不是其他类型的短语”这一特点，这些偏误也是可以避免的。

（二）误代

误代是指应该用其他连词进行连接，却用了“和”，从而造成偏误。如：

（5）保证能把书读好和存入记忆里成为知识，这就是我的看法和理由。（代替“并/并且”）

（6）心理上会觉得男生很难面对和有排斥男生的想法。（代替“并/并且”）

① 为方便阅读，本文所有例句中的“和”及被连接项都会添加下划线。此外，个别例句中不涉及“和”的明显偏误都进行了纠正。

（7）首先，我个人对男女分班的看法是：我觉得这个做法不切实际和会对学生们的个人发展有所阻碍。（代替“并/并且”）

（8）不管是欧洲历史和亚洲历史，我都很有兴趣。（在“不管/无论……，都……”句式中代替“还是”）

例句（5）—（7）都属于应该用“并”或“并且”的情况，后者有别于一般的并列连词，其典型使用环境是带有递进意义的两个动词短语，如果是句子，则只能用“并且”。以上情况都不能用“和”，因为“和”的典型使用环境是并列的名词性短语。

例句（8）具有一定的普遍性，同类的偏误数量不少。这说明学习者没有掌握“不管/无论”后接小句的句法要求（应为疑问句形式）。在疑问句中，具有选择关系的并列项之间应该用“还是”，而不是“或/或者”或“和”。

（三）遗漏

遗漏主要发生在连接两项或多项短语并列的情况下。几乎在任何名词性短语可以出现的位置上都可能发生此类偏误。如（为方便理解句子，将遗漏的“和”放在句中括号内）：

（9）我觉得孩子的生活环境（和）品性都是父母最在乎的。（主语中心语位置）

（10）比如火车上有抽烟的（和）非抽烟的车厢。（宾语修饰语位置）

（11）随着经济的发展（和）人们生活水平的提高，人们对饮食的看法也变了。（介词宾语位置）

（12）爸爸却没有因此而忽略了我的学业（和）就业前途。（宾语中心语位置）

以上偏误是名词短语或充当修饰成分的动词短语之间缺少连接手段造成的，这些例句中的并列项也可以用顿号连接，但却不能没有任何连接手段。

（四）误用他词

“误用他词”是指应该用“和”却用了别的词，包括误用“及”“以及”“而”“或（者）”等连词。

(13) 他们却又感到极度的失望及愤怒。（误用“及”）
(14) 社会为法律也需要知道法律的好处而作用。（误用“而”）
(15) 随着科学的发展而社会的变化，……。（误用“而”）
(16)？吸烟会引起许多病，尤其是肺病或心脏病。（误用“或”）
(17) 在韩国，大部分学生以及大人都爱吸烟。（误用“以及”）
(18)？实际上，我们在中国、韩国或者世界各地都能看到吸烟的人。（误用“或者”）

在我们所收集到的语料中，这类偏误也比较突出，尤其是误用“而”的情况。(16) 和 (18) 在一定程度上是可以接受的，但换成“和”会更自然。以上偏误说明学生对这几个连词与“和”之间的用法差别并不清楚。我们推测是因为这几个连词（除了“或/或者”）比较倾向于用在正式语体中，为了与句子的语体相符，学生选用了其他连词，而抛弃了更合适的连词“和”。

（五）其他

有些类型的偏误数量比较少，包括多项并列偏误、不同层次并列偏误、标点符号使用错误和笔误等，不需要单独列为一项，因此均编入“其他”类。下面将“其他”分为两小类进行阐述。

1. 多项并列或不同层次并列的偏误

汉语多项名词并列时，规范的表示方法是在最后两项之间用“和”连接，之前各项之间用顿号连接；如果是不同层次之间的并列，可用“和”表示一种层次，用顿号或其他连接词（“与、同、以及、及”）表示另一层次（《现代汉语八百词》）。违反以上规定造成的偏误如：

（19）我小时候每天早上7点起床，吃完饭，爸爸就送我和我姐姐和妹妹去学校。

（20）搞华文的教育工作者，应该阅读那些有关教学方法的书籍，关注儿童心理、青年学生心理状态的书籍，（和）现代青年学生生活观念的有关书籍。

（21）我还能唱中文和西洋歌曲和弹吉他。

例（19）是三个代词/名词短语的并列，应将第一个“和”改为顿号；例（20）是三个复杂名词组之间的并列，应在最后两项之间使用“和”连接，去掉逗号；例（21）的结构包含两个层次，其中“中文和西洋”是第一层并列，作为“歌曲”的修饰语，和动词“唱”构成动词词组，与“弹吉他”并列，属于典型的不同层次的并列，因此应换成其他连词（如“以及”）或用顿号连接。

2. 标点使用错误和笔误

（22）当然生命是非常重要的，但是，本人的意见，愿望是最值得尊重的。（应用顿号或“和”）

（23）比如说：花、稻、米、和其他的植物我可以种的。（顿号冗余）

（24）就是长辈们学习新出现的各和知识，技术等。（将“种”写成“和”）

以上偏误类型基本涵盖了我们搜集到的728例中的所有偏误情况，通过观察以上偏误我们能够发现，有不少偏误是可以通过有效教学避免的。比如：“误加”的偏误是因为学生不清楚“和”对所连接对象的具体选择限制所造成的；“误代”是由于学生不清楚“和”与其他同类或近似连词之间的功能差异造成的；“遗漏”的情况稍微复杂些，可能跟学生的母语有关（有些语言中存在名词短语之间零连接词的并列手段），也可能是学生回避使用造成的，如果是后者，同样说明教学不到位；学生回避使用的情况在“误用他词”这类偏误中最为明显，这类偏误比例不算低，学生在句子中选择了难度级别比“和”更高的“而、及、以及、或/或者”等连词，却没有使用更基础的“和”来连接句子，反映出教学可能存在误导现象；“其他”类型偏误反映出有些学生没有掌握多项并列或多层次并列的规范用法，而“和”与顿号和逗号之间的关系也应该属于“和”的教学内容。

三、“和”的相关研究

谈到“和”的本体研究，我们首先会想到“和”的词性，即“和”作为介词和连词的区分问题。关于“和”及同类连词与介词之间区分方法的研究成果很多，多数研究认为“和”兼有连词和介词的功能，因此“和”也曾被称作介—连词或连—介词。近年来的研究认为宾语位置的“和”都是连词，主语位置的“和”既可做介词也可做连词。那么，我们不仅要问，在对外汉语教学中，我们是否有必要区分“和”的介词和连词用法呢？答案是否定的。

最近几年的相关研究有些有趣的发现。这些发现告诉我们，在汉语教学中完全没必要向学生介绍主语位置的“和”究竟是连词还是介词。首先，“和”的主要功能是连接名词或名词性短语。Stassen（2000）考察了选自不同语族、地域的260种语言，总结出名词性成分可选择并列结构（coordinate construction）和伴随结构（comitative construction）来表达并列意义；二者在句法上具有明显差异，但都可以表示并列意义。有些语言明显区别并列和伴随两种结构，如英语，有些语言完全用伴随结构来表示并列意义，但更多语言处于中间状态。汉语正是一种处于中间状态的语言，即同时采用并列结构和伴随结构来表达并列意义。长期以来，关于汉语“和”及其他同类虚词的介词和连词的区分讨论也不断证实了这一点，主语位置的“和”无论是作为介词还是连词，都可以表示并列意义。其次，Shi & Han（2020）通过形式语义学分析方法发现，主语位置的“和”无论分析为连词还是介词，句子的真值条件都是一样的。真值条件是句子的命题意义，也是句子的核心意义。以上研究为我们不区分主语位置的“和”的词类归属提供了理论依据。本文题目采用“连词”而不是“介词”是因为“和”作为连词用法是主要用法（李艳娇、杨尔宏，2014）。

跨语言的研究发现，不同语言的连接手段各不相同。在印欧语中，一个并列标记就可以连接所有类型的短语和句子，如英语的 and，德语的 und 和俄语的 i 都是“万能”型的并列标记。具有万能型并列标记的语言不少，并不限于印欧语。此外，有的语言需要不止一个连接标记来连接不同类型的并列项（Stassen，2000；转引自杨萌萌、胡建华，2017）。汉语属于后者。以上研究说明，在对外汉语教学中，首先有必要让学生清楚，汉语的“和”并非万能型并列标记，不能连接所有类型的短语。它的基本功能是连接名词短语。

除了连接名词短语之外，“和”还有如下用法要点：（1）不能连接分句；（2）连接作谓语的动词仅限于双音节动词，且被连接的动词应有共同的状语或者宾语；（3）表示选择，相当于“或”；[①]（4）多项并列成分如果有几个层次，可用“和”表示一种层次，用顿号或“与、同、以及、及”表示另一层次（吕叔湘，1980；刘月华，2001）。

汉语不同的连词负责连接不同的句法成分，“和”与有些并列连词之间存在互补关系，比如“而”可以连接谓语位置的形容词，但不能连接名词短语，“和”可以连接名词短语，但不能连接谓语位置的形容词；但与有些并列连词之间存在交叉关系，有时可以互相替换，有时又呈现互补分布，如“跟”在口语中可以自由替换“和”，但在书面语体中却一般不能替换“和”。此外，“和”与“或/或者”也有类似的重叠关系。

四、“和”的教学建议和教学要点

基于“和”的偏误类型及“和”作为连接标记的基本用法，我们提出如下教学建议：

第一，初级阶段关于并列连词的教学应以“和”为主，在口语中，连接名词的“和”可以替换为“跟”。等学生牢固掌握“和”的用法后，再

① 但两项只选一项时，不能用“和”代替“或/或者”。

介绍其他并列连词的用法。

第二，教学中应向学生介绍清楚“和”的连接功能，包括“和”的基本功能以及“和”连接动词和形容词短语所受的限制条件等，可以通过看图说话、填空或改错练习来加以训练。

第三，要让学生清楚，汉语有些语言单位不需要使用词汇连接标记，如并列的分句和连动结构。做谓语的动词短语如果不是双音节并且没有附加成分，则不可用“和”连接。

第四，教师应清楚“和”与其他连接标记之间的互补或重叠关系，必要时进行正确的引导。避免简单告诉学生“而”只用在正式语体，而不做进一步介绍。我们在偏误分析中看到大量用“而”代替“和”的情况，很可能是这样一句简单的介绍导致的偏误。实际上，“而”与“和”之间是不存在替换关系的，二者具有不同的连接功能。除了“而”之外，相近的连词“跟、同、与、及、以及、并、并且”等有哪些用法，教师也应了解清楚。

第五，在“不管/无论/不论……，都……”结构中，第一分句中表示选择关系的连接词不用“和”，而用“还是”。

第六，顿号具有并列连接功能，在多项名词短语并列的情况下，只在最后两项之间用“和”连接，其他部分应用顿号连接，“和”前面不能再用顿号或逗号。不同层次的连接项，应选择不同的连接词，除了“和”之外，还可以根据情况选择“及、与、跟”等。

第七，不必区分“和”作为介词和连词的不同，将“和”作为连词学习，“和”的词性不是教学要点。

余论

汉语中没有一个可以连接各种类型短语的万能连接词，不同类型的短语需要不同的连接词或连接手段。Haspelmath（2005）考察了 301 种语言并标记了地理分布，发现名词性并列及动词性并列（包括句子并列）在很大程度上使用同一连接词的语言是 161 种，使用不同的有 125 种，采用并置（juxtaposition）手段（不使用有形的连接词）的 15 种（转引自杨萌萌、胡建华，2017）。可见，像汉语这样采用不同连接手段来连接名词性和动词性并列成分的语言并不少见。但同时，世界上更多语言拥有万能连接词，因此我们在教学中应该首先让学生清楚，汉语的“和”尽管是一个最普通的连接词，但不是一个万能连接词，它的基本功能是连接名词性短语，以及处于名词性短语位置（主语位置、宾语位置和定语位置）上的动词或形容词短语，而不能连接句子和大部分作谓语的动词短语，做谓语的形容词短语更是需要采用其他连接手段。根据前文的偏误类型判断，我们会发现，如果学生牢牢掌握“和”只连接名词性短语，那么大部分误加、误代、遗漏和误用他词的偏误都可以避免。

参考文献

1. 邓蓉（2012）基于对外汉语教学的连词“和”研究，湖南师范大学硕士学位论文。

2. 李艳娇、杨尔弘（2014）基于语料库的“和、与、同、跟”使用分布考察，《语言教学与研究》第 3 期。

3. 吕叔湘（1980）《现代汉语八百词》，商务印书馆。

4. 刘月华等（2001）《实用现代汉语语法》，商务印书馆。

5. 刘英林（1996）《汉语水平等级标准与语法等级大纲》，高等教育出版社。

6. 马杰（Maciej Pawel Kret）（2019）外国留学生使用“和”的偏误研究，陕西师范大学硕士学位论文。

7. 王寒（2014）对外汉语教学中连词“和”的偏误分析与教学策略，南昌大学硕士学位论文。

8. 杨萌萌、胡建华（2017）何以并列？——跨语言视角下的汉语并列难题，《外语教学与研究》第 5 期。

9. Haspelmath，M. （2005） Nominal and verbal conjunction. In M. Dryer，M. Haspelmath，D. Gil & B. Comrie （eds.）. *The World Atlas of Language Structures*. Oxford：OUP.

10. Shi Dingxu，Han Weifeng（2020） Mandarin DP1 – he – DP2 in the

Subject Position. ms.

11. Stassen, L. (2000) AND-languages and WITH-languages. *Linguistic Typology 4*.

慕课在汉语国际教育中高级阶段的发展现状与应用思考

刘 璐*

摘 要："互联网+"的浪潮使慕课这种新型的网络授课模式在各大领域风靡，汉语国际教育领域也不例外。然而，与汉语国际教育初级阶段慕课课程的蓬勃发展相比，中高级汉语慕课在课程数量、话题丰富度、授课模式多样化等方面仍处于初始阶段。本文拟以在Coursera和中国大学慕课这两大平台的汉语课程为例，总结慕课在中高级汉语国际教学中的发展现状，并尝试提出可行性建议，以期为慕课中高级汉语国际教学的发展提供新思路。

关键词：慕课；中高级对外汉语；汉语教学；Coursera；中国大学慕课

一、引言

慕课（MOOC）即"Massive Online Open Course——大规模在线开放课程"，这个概念于2008年第一次被提出，2012年在全球范围内兴起并大规

* 刘璐，昆山杜克大学教师。

模发展，并逐渐形成三大慕课平台——edX、Coursera 和 Udacity。2013 年，慕课进入中国，并形成以中国大学慕课、学堂在线、华文慕课等为主流平台的发展模式。

近年来，乘着互联网高速发展的东风，无论是在国内还是国外，慕课都发展得如火如荼，国内各大高校也积极推出一些颇具自身特色的慕课。然而，在国际汉语教学领域，尤其是针对中高级阶段的国际汉语教学，慕课课程的开发和建设仍处在初级探索阶段。如何在中高级汉语国际教学阶段利用慕课服务教学，以及如何更好地开发建设高质量的中高级国际汉语慕课课程，这是对外汉语教学工作者当前面临和需要思考的问题。

二、中高级对外汉语慕课发展现状

调查统计发现，虽然如今已上线汉语课程的中外慕课平台众多，但在课程数量和质量上颇具代表性的是美国的 Coursera 和中国的中国大学慕课，本文拟以这两大平台为分析重点，并以此为缩影，一窥中高级汉语国际教育课程在中外主流慕课平台上的发展现状。

（一）两大平台上的中高级汉语课程发展现状

数据显示，截至 2019 年 12 月，已在 Coursera 和中国大学慕课上线的较具规模的汉语课程有 40 余门，具体数据见表 18—1：

表 18—1　Coursera 和中国大学慕课汉语课程数据统计（截至 2019 年 12 月）

Coursera				中国大学慕课				
课程名称	级别	单位	参与人数	课程名称	级别	单位	参与人数	发布时间
Chinese for Beginners	初级	北京大学	830000	速成汉语语法课堂	初级	北京语言大学	15136	2018. 3. 19
Learn Chinese: HSK Test Preparation	初级	北京大学	52000	初级汉语语法	初级	北京语言大学	14328	2018. 3. 27

续表

Coursera				中国大学慕课				
课程名称	级别	单位	参与人数	课程名称	级别	单位	参与人数	发布时间
Learn Mandarin Chinese	初级	上海交通大学	50000	中国文化与当代中国	初级	南京大学	11818	2017. 9. 5
Mandarin Chinese 1	初级	上海交通大学	46000	初级汉语口语	初级	北京师范大学	5822	2018. 10. 28
Chinese for HSK 1	初级	北京大学	41000	功能汉语速成	初级	北京语言大学	5508	2018. 9. 25
Chinese characters for beginner 汉字	初级	北京大学	35000	初级汉语语法进阶	初级	北京语言大学	4407	2019. 10. 21
More Chinese for Beginners	初级	北京大学	34109	初级综合汉语	初级	北京语言大学	3486	2019. 12. 6
Learning Chinese: Start from Stratch	初级	台湾大学	19000	初级汉语口语入门	初级	北京语言大学	3269	2019. 10. 11
Chinese for HSK 2	初级	北京大学	13000	汉语初级入门	初级	上海外国语大学	1713	2019. 12. 2
Mandarin Chinese 2: Chinese for Beginners	初级	上海交通大学	10845	初级汉语语法	初级	上海外国语大学	1453	2019. 11. 18
Mandarin Chinese 3: Chinese for Beginners	初级	上海交通大学	9800	初级汉语综合	初级	浙江科技学院	969	2019. 10. 8
Learn Mandarin Chinese: Capstone Project	初级	上海交通大学	7152	你好，中文（中级）Intermediate Chinese	中级	上海交通大学	8160	2018. 12. 01

续表

Coursera				中国大学慕课				
课程名称	级别	单位	参与人数	课程名称	级别	单位	参与人数	发布时间
Chinese for HSK 4	中级	北京大学	19000	汉语 upup	中级	武汉大学	6420	2018. 10. 9
Chinese for HSK 3 Part 1	中级	北京大学	13000	HSK4 级强化课程	中级	北京语言大学	5108	2019. 9. 23
中级商务语汉语（入职与营销篇）	中级	北京大学	5700	汉语精读	中级	上海外国语大学	5327	2019. 12. 23
Learn Mandarain Chinese-Intermediate	中级	上海交通大学	5100	中级汉语视听说	中级	北京第二外国语学院	1035	2019. 12. 23
现代汉语核心语法	中级	北京大学	4626	商务汉语（中国商务概览）	高级	北京语言大学	9169	2018. 6. 8
Chinese for HSK 5	高级	北京大学	12000	商务汉语（中国经济聚焦）	高级	北京语言大学	2071	2018. 9. 28
Chinese for HSK 6	高级	北京大学	5900	中国概况	高级	北京语言大学	5431	2019. 11. 11
品读道家的智慧	高级	西安交通大学	2400	学汉字知中国	高级	四川大学	4847	2019. 9. 10
				走进中国	高级	郑州大学	1485	2019. 11. 19

资料来源：笔者统计所得。

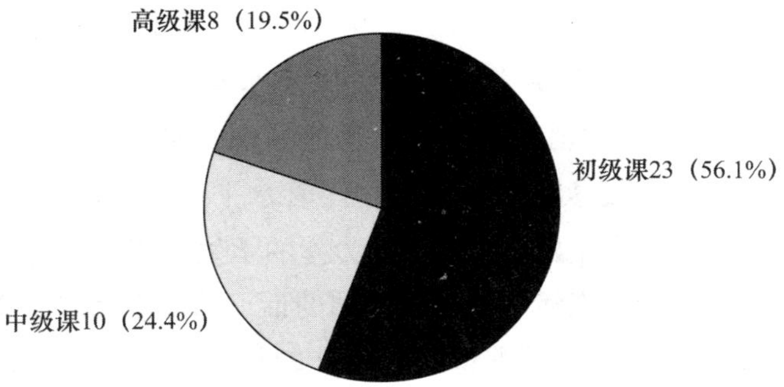

图 18—1　Coursera 和中国大学慕课汉语初中高级课程数量对比

资料来源：笔者统计所得。

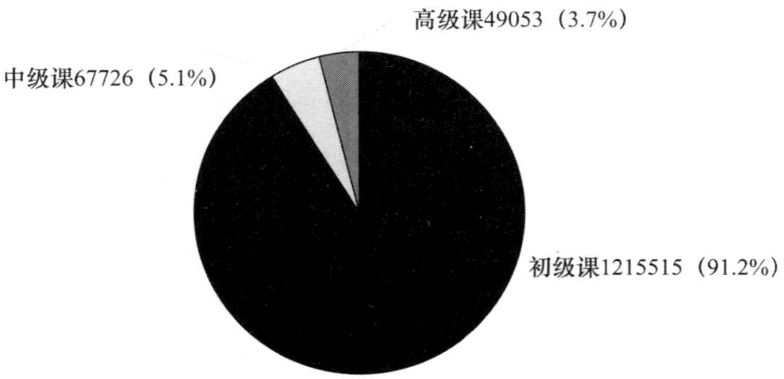

图 18—2　Coursera 和中国大学慕课汉语初中高级课程参与人数对比

资料来源：笔者统计所得。

根据上述的数据和对比图我们不难发现，中高级对外汉语慕课目前存在的问题包括：课程数量不及初级课程；课型和话题略单一，以专为 HSK 设置的专项课和专注商务及文化的专业课为主；参与人数和关注度不如初级课程。另外，从在中国大学慕课上上线的课程时间来看，初级课程从最早发布的课程至今，其间有大量优秀的作品产出，相比之下中高级课程则发展较慢，产出较少。

（二）中高级对外汉语慕课发展的意义

虽然目前的中高级汉语慕课课程仍处于初级发展阶段，但在慕课平台上大力发展该类课程是很有必要的。在课堂内，和初级对外汉语课堂相比，中高级对外汉语课堂更有可能面临学生水平差异较大的问题，因此“因材施教”是在授课时必须坚持和贯彻的原则，然而，这种理想化的状态在现实教学中是很难实现的。“学生不管水平如何，都要听同样的课，这样，接受能力强的学生嫌慢，接受能力差的学生又嫌快。”① 如果有更多选项的细分的高质量中高级对外汉语慕课的话，那么中高级汉语学习者就可以更好地针对自己的短板进行课程之外的补充学习。尤其是慕课的回放、慢速功能，甚至比传统的课堂教学更具灵活性和针对性，可以让学习

① 朱湘燕（2006）．对外汉语写作教学调查及研究，《语言教学研究》第 6 期。

者自定步调学习，变被动为主动。

在课堂外，除了在课堂上学习中高级汉语的学生之外，全球范围内还有不少中高级汉语自学者。这些人可能是在教室系统地完成了初级汉语课程的学习者，也可能是从零基础开始一直自学到中高级阶段的学习者。不管是哪种形式的学习者，以慕课为代表的网络平台的中文教学可能是他们继续汉语学习的最佳途径，为这样的学习者大力发展中高级对外汉语慕课则是必要的。我们应该从数量和质量上双管齐下，充分利用慕课在时间和空间上极具灵活性的优势，在全球范围内吸引更多的汉语学习者，力求为他们提供更广泛的课程选择。

在目前的中高级对外汉语慕课主题中，有相当部分的比例和中国文化相关。在这一阶段，因为语言交流的障碍逐渐减少，文化交流的因素日益增多，中高级汉语课程中的文化内容比例有明显提升。① 另外，在教学形式上，和初级听说课、语法课这类对互动性要求比较高的汉语课相比，文化课更侧重于讲解，这恰巧也是不能实时互动的慕课可以充分利用的一个优势。现阶段，为在全球范围内增强文化自信，国家对中国文化的传播给予了大量支持。我们可以此为契机，以中高级对外汉语文化类慕课为载体，进一步提升中国文化在国际上的传播度和影响力。

三、对中高级对外汉语慕课的思考与建议

2015 年 4 月，教育部提出要采取“高校主体、政府支持、社会参与”的模式，构建有中国特色在线开放课程体系和公共服务平台，② 由此可见，国家正在从政策层面上大力扶持慕课的发展。此外，为了利用慕课更进一步地促进汉语国际教育行业的发展，特别是为了更好地完善中高级汉语国际教育慕课课程，政府还应整合优质教育资源，鼓励高校协同创新，使更多符合“国家精品课”标准的优质中高级汉语国际教学课程得以应运而生。

---

① 张英（1997）论对外汉语文化教学，《汉语学习》第 5 期。

② 《关于加强高等学校在线开放课程建设应用与管理的意见》，2015 年。

学校是慕课课程开设与发展的主力军。各大高校应该努力发挥自身优势，与国内外慕课平台合作创新，重视中高级对外汉语课程的开发和建设，培养一批合格的教师，敢于为中高级对外汉语课程的慕课建设提供内容、硬件、师资、宣传等各方面的支持和培训。

从教师的角度来看，教师应该转变传统的教学理念，积极参加专业培训，努力顺应潮流发展更新现有的知识体系。尤其是汉语国际教师应该努力提高自己的综合素质，提升自身中高级汉语教学的水平。为了适应慕课"学习时间零碎化"的特点，教师应该学习如何用最精练的语言将一个语法点或者文化点讲解清楚。另外，教师还需要与时俱进，学习努力吸收网络时代的新技术和新概念，做一个跨专业多领域的多面手。比如，教师可以从一个内容输出者的角度对视频剪辑、后期处理等慕课加工环节提出专业建议，以便内容以更完美的形式呈现，达到让说者和听者都满意的效果。

具体来说，在开发和建设更多高质量的中高级汉语慕课课程的过程中，初级汉语阶段的优秀慕课有很多值得我们学习借鉴的地方。借鉴传统课堂的"课前（传递）—课中（内化）—课后（巩固）"流程，我们可以在以下几方面做出改进。

（一）课前：预知学生水平，细化预习材料

首先，在课前，为方便授课教师了解学习者的语言水平及对课程的基本认知，可以在课程开始前要求学习者填写一个调查问卷。比如，在 edX 上，一些初级汉语慕课在选课前会对学习者做一个初期的分类调查，学习者需要填写的信息包括：国籍、年龄、学历、职业、学习经历、相关证书等，并在"课程介绍"中详细地说明了这门课的先期要求：学习者最好是"希望进一步提高汉语水平、提高表达准确度和流利度的汉语学习者，要求已经掌握了 1000 个左右词汇，基本的汉语语法知识"。这样的设计可以让教师面对水平差异比较大的中高级汉语学习者也能有的放矢地适时对课程内容进行适当的增删修订，并根据收到的数据更有针对性地调整后续的开课计划。

另外，目前的大多中高级汉语慕课都没有设置"课前预习"环节，而

囿于正式授课的视频形式和时长限制，以及中高级汉语学习者较大的背景差异，为了帮助学习者从各个角度熟悉主题，拓展背景知识，老师可以将与授课话题相关的预习材料细分为不同的种类，如音频、视频、图片、文字等放在课前环节。比如，在介绍“儒家思想”这个话题的时候，带中英文字幕的视频简介、重要生词文档、生词跟读视频、文字图片介绍等，对学习来说都是非常好的预习或者补充材料，他们可以根据自己的短板或者兴趣点自行预习，为正式上课做充分准备。

（二）课中：增加互动模式，增强师生互动

在语言学习的过程中，互动反馈对学习者来说是非常重要的知识来源。与传统的课堂教学相比，慕课的一大短板是师生、生生之间的互动受到了较大限制。在中高级汉语慕课课程中，教师可以采用“混合式慕课”的模式，将“PPT 讲解录屏式录课”和“视频拍摄录像式慕课”结合起来，并利用图片、音频、Flash 动画等多种展现形式帮助学生克服单一模式容易造成注意力分散的问题。另外，在录像式讲解中，教师可以邀请自己的外国学生一起参与讨论，这样可以帮助提供真实的课堂交流环境，模拟真实交流场景，让屏幕前的学生者产生共情，想象自己在与老师互动，达到更好的师生互动效果。

另外，技术的发展让更丰富的交互模式成为可能。比如老师在讲解时提出问题之后，屏幕上可以跳出供学生回答的选择题，只有学生做出回答，视频讲解才会继续；或者教读以后，跳出录音界面，只有学生在规定时间内录完音，视频才会继续播放。这种强制性的互动设计已经在一些视频网站上开始实践了，相信不久的将来也会大量运用到慕课课程的视频讲解中。这样的交互设计不仅可以大大增强学生与老师之间的真实互动感，还可以帮助学生集中注意力，逐步理解吸收授课内容。

（三）课后：加强生生协作，增强用户黏性

目前大部分的中高级汉语慕课课后都设置了“作业”“考试”“讨论区”等环节来帮助学生巩固所学，增强互动，但是在大部分的课后讨论区师生和生生之间的参与度都不高，评论及互评较少。此外，慕课课程面临

的一大问题就是学习者流失率较高、用户黏性不强。为了解决这个问题，除了优化课程内容以外，我们还可以借助社交媒体软件中采取的增强用户黏性的方式，利用技术支持完善激励机制，比方说发帖积分制、高赞可置顶、优秀作业积分奖励、绑定社交软件提醒课程进度、连续打卡奖励积分等，这样可以激发学习者的连续参与热情，激励学习者积极参与课后讨论和交流，帮助学习者更好地应用与交际，促进语言知识向语言能力转化。

在“作业”和“答疑”环节，为了更精准地符合中高级汉语学习者课后测评的要求，除了设置系统可以自动打分的客观题之外，还可以设置一些能综合评测学习者掌握水平的主观题，比如问答题、小作文等，但由于慕课庞大的学生人数，教师很难与每个学生都进行深入的交流，教师在慕课中的角色也常常会被“去中心化”。在这种情况下，在测评这些主观题的时候，可以鼓励学生互评互赞、志愿者助教帮评等，“测评”部分也可以与上文的激励机制结合起来，增强学习者之间的有效互动协作与竞争，实现真实的互动与交流。

四、结语

慕课的大规模发展扩大了优质教育资源的受益面，给传统教学的改革发展带来了新的机遇和挑战。发展中高级的对外汉语慕课，现在是一个极好的时机。全球互联网技术的蓬勃发展给对外汉语教师和全球汉语者互通互联提供了硬件可能；国家经济硬实力和文化软实力的双向提升给行业发展提供了支撑和契机；经过“汉语热”数年的积淀，中高级汉语学习者数量在全球范围内势必越来越多。随之不断扩大的市场需求也在提示着：加大发展汉语国际教育慕课，尤其是相对被忽略的有巨大发展空间的中高级汉语慕课，会让更多汉语学习者受益，也会进一步助力国际汉语事业的腾飞。

参考文献

1. 辛平（2019）教学理念视域下的对外汉语教学慕课分析，《高教学刊》第 16 期。

2. 李天泓（2016）面向国际汉语教学的 MOOC 课程建设构想，《第十届中文教学现代化国际研讨会论文集》。

3. 冯传强（2018）基于北语模课平台的微课设计与应用研究——以高级商务汉语为例，《第十一届中文教学现代化国际研讨会论文集》。

4. 朱湘燕（2007）对外汉语写作教学调查及研究，《语言教学研究》第 6 期。

5. 张英（1994）论对外汉语文化教学，《汉语学习》第 5 期。

6. 林金锡、张亦凝（2015）慕课对对外汉语教学的启示，《国际汉语教育》第 1 期。

7. 赵岩、何思雨（2019）留学生汉语“慕课 + 课堂教学”模式的探索与思考，《北京工业职业技术学院学报》第 2 期。

汉语国际教育慕课体验式学习调查研究*

彭　坤**

摘　要： 慕课课程（MOOCs）为人们提供了接触高等教育机构优质课程的机会，在吸引全球大量学习者的同时，也填补了正式学习与非正式学习之间的空白。这种新型学习形式往往能激发学习者潜能，因而给教育研究领域，尤其是在线教学研究领域带来了新的研究思路。汉语作为第二语言进入在线教学领域的时间与英语相比较为落后，因此汉语国际教育慕课相关研究也较少，从学习者角度出发进行研究则更少见。本文从学习者角度出发，以体验式学习为基础，调查、研究汉语国际教育慕课课程的学习体验与评价，从中探讨和分析汉语国际教育慕课教学的相关问题，并给出相应建议。

关键词： 汉语国际教育教学；汉语国际教育慕课；体验式学习

---

* 北京语言大学研究生创新基金（中央高校基本科研业务费专项资金）（项目编号：19YCX043）。

** 彭坤，北京语言大学汉语国际教育学部汉语学院在读研究生。

一、引言

慕课（MOOCs）是一种可以通过网络学习的课程。对部分学习者（例如不需要证书的学习者）不收费，任何人只要登录网站并注册就可以学习。MOOCs 最早可追溯到 2001 年麻省理工学院的开放课件运动，十年间席卷全球，意义深远。

随着越来越多的高等教育机构投入大量师资进入慕课，居高不下的消耗率（attrition rates）也让这些机构面临大量有关课程质量等问题的批评。① 语言类慕课由于其课程自身特点，从课程建设伊始就面临着消耗率的问题，汉语国际教育慕课更是如此。相关数据显示，从整体上来说，约有 10% 的学习者会完成其选择的慕课课程。② 在汉语国际教育慕课方面，2014 年建课的第一门汉语国际教育慕课，即北京大学建立的《中文入门》（Chinese for Beginners）截至 2018 年 1 月已拥有注册学员约 90 万人，但其完成率仍不足 2% 。③

在英语作为第二语言教学领域，针对消耗率和辍学率问题的相关研究与建议不在少数。从学习者视角关注原因的研究近年来也日渐增多。MOOCs 学习体验是指以体验式学习理论（ELT）为基础的、学习者在 MOOCs 平台学习过程中发生的学习过程，与 MOOCs 完成率有较强相关性。

---

① Perna, LW, A Ruby, RF Boruch, N Wang, J Scull, S Ahmad & C Evans（2014）. Moving through MOOCs: understanding the progression of users in massive open online courses［J］. *Educational Researcher*, 43（9）: 421 -432.

② Qing Zhang, Kyle L. Peck, Adelina Hristova, Kathryn W. Jablokow, Vicki Hoffman, Eunsung Park, Rebecca Yvonne Bayeck（2016）. Erratum to: Exploring the communication preferences of MOOCs learners and the value of preference-based groups: Is grouping enough?［J］. *Educational Technology Research and Development*, 64（6）.

③ 魏宝良（2018）. 北京大学对外汉语教学慕课（MOOCs）建设情况概述［C］. 中文教学现代化学会、澳门科技大学. 第十一届中文教学现代化国际研讨会论文集. 中文教学现代化学会、澳门科技大学：中文教学现代化学会，383—388。

二、体验式学习研究

（一）理论基础

“体验式学习理论”（Experiential Learning Theory，以下简称 ELT）由大卫·库博（David. Kolb）在 1984 年提出，后经过不断修正形成较为完善的学习理论体系。这一理论借鉴了约翰·杜威“经验理论”以及昆特·列文的教育思想，在基本假设的基础上描述了两种辩证相关的经验吸收模式——具体经验（concrete experience，简称 CE）和抽象概念（abstract conceptualization，简称 AC）以及两种辩证相关的经验转化模式——反馈观察（reflective observation，简称 RO）和主动试验（active experimentation，简称 AE），并将学习定义为“通过经验吸收和转化创造知识的过程”。[①] 在不断完善理论的过程中，ELT 引入以列文的领域理论和生命空间概念（field theory and concept of life）为基础的学习空间（learning space）以及学习风格量表（Learning Style Inventory，简称 LSI）等相关概念，并在最新研究中，将学习者的不同学习空间与风格由最初的 4 种[②]细化为 9 种。[③④]

（二）统计与分析

本文运用量化与定性研究方法，依据 ELT 的经典划分维度，对中国大学慕课、学堂在线、edX、Coursera 和 FutureLearn 五大主要平台的汉语慕课课程进行了不完全统计，分别以“汉语”和 Chinese 为关键词在不同平

---

① Kolb，D. A（1984）. *Experiential learning：Experience as the source of learning and development.* New Jersey：Prentice-Hall.

② Kolb，D. A.. *Learning Style Inventory，Version 3.* TRG Hay/McBer，Training Resources Group. 116 Huntington Avenue，Boston，1999.

③ Abbey，D. S.，Hunt，D. E.，& Weiser，J. C. Variations on a theme by Kolb：A new perspective for understanding counseling and supervision. *The Counseling Psychologist*，1985. 13（3）：477 – 501.

④ Hunt，D. E. Beginning with ourselves in practice，theory and human affairs. *Cambridge MA：Brookline Books.* 1987.

台进行搜索，从其课程介绍和结构判断是否归属本文所研究的汉语国际教育慕课范畴（例如，大部分课程会在课程介绍中写出课程是否主要面向外国学习者或者国际学习者等），将归属本文研究范畴的课程进行统计，共查询到分属于9种不同课型的46门汉语国际教育慕课。其中，由于Coursera平台提供了“专项系列课程”（specialization），因此北京大学、上海交通大学和上海外国语大学提供的汉语国际教育慕课基本上形成由不同课程构成的相同课型课程体系；相比之下，北京语言大学的不同课程之间较为分散一些，每门课程几乎都分属不同课型。在所有课型中，综合课占据了汉语慕课接近半数的比例，其中以初级综合课居多（14门，30.43%），中级综合课少一些（7门，15.21%）。其余课型以HSK考试课程和语法课为主（均为8门，17.39%），专业类课程其次（7门，15.21%），口语课再次（6门，13.04%），汉字课较少（3门，6.52%）。另有其他课程类型包括如发音课和词汇辨析课各1门，分别占比2.17%。

截至2020年4月12日，共有约100万人①注册学习这些慕课。其中，有2691人②给出课程评论。笔者一一统计，并去除其中较为泛泛的评论，③根据评论内容分类整理，共得到有意义的积极评论1170条，有意义的消极评价161条，从这一整体数据来看，目前我国的汉语慕课质量和效果较好。

笔者根据ELT的划分范畴，将具体课程评论做如下分类：④

① 准确数字是986177人次，部分课程没有给出注册学员人数因此此数据是估数。

② edX和FutureLearn平台的课程没有评价区域，部分课程不能查看评论，因而此数字为所有能够采集到的评论数。

③ 例如“好”“很好”“谢谢老师”“good course”等评论。

④ 评论内容的分类依据为（1）目标完成：根据课程所属课型来看，学习者评论有类似“课程非常适合初学者”或“课程非常适合准备HSK考试”等属于这一类；（2）结构设计：评论有“课程设计合理”“各部分安排很好”等属于此类；（3）内容讲解：评论具体提到“老师讲解语法很详细”或者“课程材料很充实”等属于此类；（4）考练评估：评论中有“考试设计合理”或者“考试/练习太简单”等属于此类；（5）即时反馈：评论有类似“同伴互评的方式很好”或者“老师没有及时回答我的问题”等属于此类；（6）成果感受：学习者提到“我学到了很多”或者“我的听力/语法/词汇有所提高”等属于此类。

表 19—1　对外汉语 MOOCs 课程评论与体验式学习范畴分类表

体验式学习范畴	抽象概念 AC (Thinking)		主动测试 AE (Acting)	反馈观察 RO (Reflecting)	具体经验 CE (Feeling)		总计
评论内容	结构设计	内容讲解	考练评估	即时反馈	目标完成	成果感受	—
有意义的积极评论	96 8.20%	347 29.65%	10 0.85%	197 16.83%	13 1.11%	507 43.33%	1170
小计	443 37.86%		10 0.85%	197 16.83%	520 44.44%		1170
有意义的消极评论	9 5.59%	75 46.58	42 26.08%	6 3.72%	16 9.93%	13 8.07%	161
小计	84 52.17%		42 26.08%	6 3.72%	29 18.01%		

资料来源：笔者统计所得。

从有意义的积极评论内容来看，学习者的积极学习过程主要集中在抽象概念（AC）和具体经验（CE）上，小部分学习者进行了积极的反馈观察（RO），很少有学习者进行主动测试（AE）。

而从有意义的消极评论来看，学习者的消极学习过程主要集中于抽象概念（AC）和主动测试（AE），小部分学习者有消极的具体经验（CE），更少的学习者拥有消极的反馈观察（RO）。

为了便于理解，ELT 将上述四个范畴具体化为思考（AC）、反馈（RO）、感觉（CE）和行动（AE），而从这一分类可以看出，在汉语国际教育慕课的课程学习中，大部分学习者进行了较为良好的思考与感觉，小部分学习者有较为良好的反馈，但仍有一些学习者的思考过程体验不佳，另外一些学习者的行动也较为消极。

整体来看，目前汉语慕课的内容与讲解大部分较为合理，但仍有不够完善之处，课后的考练评估也需要加强。另外，从学习者的评论来看，汉语慕课的内容应注意与其自身目标保持一致，减少内容过难或过易而使学习者没有达到学习目的的情况出现。

三、在线调查研究

笔者同样根据以上分类设计了调查问卷，并通过网络的形式发放和收集，最终共收集到44份有效问卷。根据对问卷数据的整理、统计和分析，结合学习者对不同课程的不同类型评价得出结论如下：

其一，从平台整体特性来看，MOOCs平台系统大部分完善稳定，信息更新较及时，使用流利顺畅，指令容易操作（见图19—1）。由数据可见，超过半数（59.09%）的学习者认为“网页外观精美好看”，接近半数的学习者认为“平台使用流利顺畅”，其他学习者出于“教师要求”或“内容”选择相应的MOOCs平台。对外汉语MOOCs目前仍处于起步阶段，尚未形成较为完善的课程体系，因此学习者对于MOOCs平台的选择一定程度上会受到网页外观以及平台使用体验的影响。

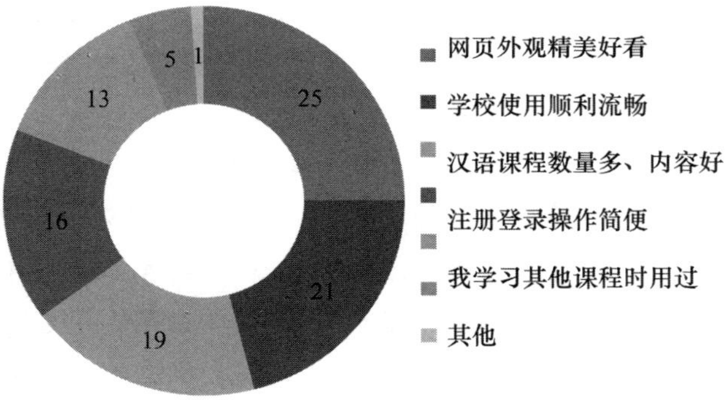

图19—1　学习者选择慕课平台原因分布图

资料来源：笔者统计所得。

其二，从课程具体内容来看，MOOCs课程资源丰富，课程说明明确，课程内容符合学科逻辑，学习者对MOOCs课程科学性、合理性与练习反馈的认同度高，可以促进个性化发展，令学习者感受到更多个性化服务，可控性高（见图19—2）。调查结果显示，大部分学习者选择学习MOOCs课程主要是由于其“课程目标清晰明确”（75%）、课程内容生动有趣便于理解（56.82%），部分学习者则出于"课程考核方式合理"及"课程内容呈现方式新颖别致"选择课程。这一结果在说明学习者在选择 MOOCs 课程时所考虑的因素与其选择传统课程时考虑的因素较为相似的同时，也显示了"创新性"和"结构合理性"在 MOOCs 课程建设中的重要性。

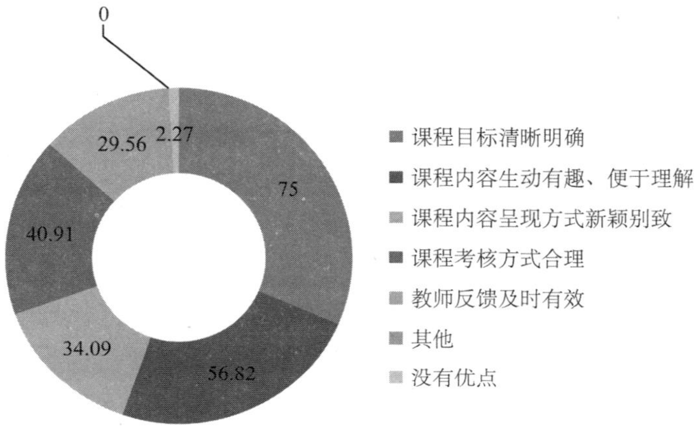

图 19—2　学习者选择 MOOCs 课程原因分布图

资料来源：笔者统计所得。

其三，人机、人际交互方面，学习者对 MOOCs 的综合评价高，但讨论区热度不够，教师未能及时反馈或者学习者自身没有及时跟进课程进度、忽略教师评价，会导致放弃 MOOCs 学习。尽管从调查结果来看，学习者认为教师是否即时反馈并不影响其完成课程的可能性，但从问卷的数据来看，更多的学习者认为在各种课型的汉语慕课中增加不同形式的师生互动和生生互动是非常有必要的。在问卷第 22 题"您认为以下类型的汉语慕课是否有必要增加师生互动以及生生互动"的回答中，认为"有必要增加"的学习者数量明显多于"不需要增加互动"的学习者数量。其中，认为需要增加"教师定期回复"的课型最多的是综合课（24 人，54.55%），认为需要增加"教师定期主持的线上会议"的课型最多的是 HSK 课程（17 人，38.64%），认为需要增加"学习者组成小组"的课型最多的是口语课（19 人，43.18%）。由此可以看出，国际学习者对于在慕课中增加互动的需求不在少数。

笔者在调查过程中也注意到一些其他方面的问题，但是笔者采集到的数据样本容量小，且样本分布较为集中，可能存在偏颇，因此对于其他次要问题暂不做讨论，希望在今后的研究中能够通过大量的数据采集加以弥补。

四、结论和建议

我国慕课进入在线教学领域时间短，汉语慕课更是最近几年才进入这一领域的，因此其相比英语作为第二语言教学的慕课课程来说存在很多需要逐步研究和探索发现的问题。在 ELT 最新的相关研究中，库博提出改善学习者体验的九项建议及具体化措施，分别是“尊重学习者和学习者经验”“以学习者经验为基础开始学习”“为学习者创造友好舒适的环境”“为谈话式学习创造空间”“为专长发展创造空间”“为行动和反馈创造空间”“为感觉和思考创造空间”“为由内而外的学习创造空间”以及“为学习者自主学习创造空间”。[①] 结合库博的观点，根据本文的统计与调查研究，笔者认为现阶段我国面向国际学习者的汉语慕课可以从调整平台战略、提升课程质量、增强交互协作三个方面控制 MOOCs 辍学现象，以促进 MOOCs 的进一步发展。

首先，各平台应根据自身特点与目标受众及时调整平台战略。目前来看，MOOCs 平台学习者众多，但很容易出现“高点击率、低留存率”的现象。结合汉语学习者的特点，各平台应及时改善其信息保护措施，在资源共享的同时保证来自各个国家和地区学习者私人信息的安全；同时应增强信息统筹与利用率，增加跨平台操作的便利性，例如融合学习者习惯使用的 APP，结合地区特点提供不同的登录方式等。

其次，各平台中的 MOOCs 课程应提高自身课程质量，激发学习者产生更多抽象概念（AC）与主动测试（AE）的学习过程。一方面，高校、

① Kolb, A., & Kolb, D (2005). Learning Styles and Learning Spaces: Enhancing Experiential Learning in Higher Education. *Academy of Management Learning & Education*, 4 (2), 193 - 212.

机构在建立课程时应准确、清晰地建立课程目标，且最好能够建立成系列、成体系的课程（可参考北京大学和上海交通大学在 Coursera 平台上提供的系列课程）。应明确课程进展方向，更为清晰地向学习者展示其学习的路径，在提升课程完整性的同时提高学习者留存在课程中的可能性。另一方面，在建立明确的课程目标的同时，应不断调整课程内容，时时检测其是否偏离课程目标。笔者建议在课程正式上线发布前，应根据课程类型在不同国际学习者中展开测试性学习并对其学习体验进行调查，再利用调查结果对课程进行上线前的调整以保证内容与目标的一致性。

此外，在尽量简化操作的前提下，应加大师生交互协作的频率，提高考核评估效率，使学习者在思考和行动的基础上进一步产生更多反馈观察（RO）与直接经验（CE），即感受体验）的学习过程。目前一些汉语慕课教师出于增加生生互动的目的，依托平台展开“同伴互评”的练习考核方式。笔者认为这一方式固然能达到增加互动的目的，但未必适合所有课型及所有水平的学习者。部分学习者在对课程进行评价时也反映，“我不认为水平较低的学习者可以公正地评判他人的作业和练习”。这一点恰恰是教师在设计考核评估方式时需要考虑的。笔者认为，在中高级汉语课程中可以适当加入“同伴互评”，但对于初级汉语慕课来说，教师的评价作用不能被忽视，否则会使学习者对考核产生怀疑和畏惧心理，降低“留存率”。

最后，为了完善课程体系，提高学习者学习体验，增加其完成课程的动力，笔者认为应在综合课、HSK 考试课程以及口语课课程中适当利用其他平台（例如微信、QQ、会议 App、邮箱、云盘等）为学习者提供综合性、联结性分组互动。教师的定期介入不但能够形成对学习者的及时反馈，更是对其学习和完成课程的提醒。语言类慕课本身就缺乏传统课堂的学习环境，学习者很难有传统课堂中及时交流和练习的体验，因此利用其他平台尽可能地增加互动是提高汉语慕课学习体验的可行方式。

后疫情时期的线上教学正在进入不断升级创新的阶段，为适应时代和环境的不断发展，汉语国际教育本身也必将经历不断的发展与变革。作为新生事物，汉语国际教育慕课的平台体系建设亟须快速发展优化，但如何在进行大规模教育资源共享的同时保证教育质量不被消耗、学生学习体验得到提升，则将成为未来汉语国际教育长期发展需要面对和解决的重要问题。

参考文献

1. Abbey, D. S. , Hunt, D. E. , & Weiser, J. C (1985) . Variations on a theme by Kolb: A new perspective for understanding counseling and supervision. *The Counseling Psychologist.*

2. Hunt, D. E (1987) . Beginning with ourselves in practice, theory and human affairs. *Cambridge MA: Brookline Books.*

3. Kolb, D. A (1984) . *Experiential learning: Experience as the source of learning and development.* New Jersey: Prentice-Hall.

4. Kolb, D. A (1999) . *Learning Style Inventory, Version 3.* TRG Hay/McBer, Training Resources Group. 116 Huntington Avenue, Boston.

5. Kolb, A. , & Kolb, D (2005) . Learning Styles and Learning Spaces: Enhancing Experiential Learning in Higher Education. *Academy of Management Learning & Education.*

6. Perna, LW, A Ruby, RF Boruch, N Wang, J Scull, S Ahmad & C Evans (2014) . Moving through MOOCs: understanding the progression of users in massive open online courses. *Educational Researcher.*

7. Qing Zhang, Kyle L. Peck, Adelina Hristova, Kathryn W. Jablokow, Vicki Hoffman, Eunsung Park, Rebecca Yvonne Bayeck (2016) . Erratum to: Exploring the communication preferences of MOOCs learners and the value of preference-based groups: Is grouping enough? *Educational Technology Research and Development.*

8. 魏宝良（2018）北京大学对外汉语教学慕课（MOOC）建设情况概述，中文教学现代化学会、澳门科技大学《第十一届中文教学现代化国际研讨会论文集》中文教学现代化学会、澳门科技大学：中文教学现代化学会。

马来西亚学生疫情期间线上汉语学习效果调查

全　军*

摘　要：2020年，新冠肺炎疫情肆虐，全球汉语教学遭受巨大冲击，北京语言大学作为全国最大的对外汉语教学基地，果断应对，群策群力，共克时艰。全校汉语教师从零入手，积极开展线上教学，一边学习线上教学技能，一边开展远程线上授课，在实践中积攒经验，发现问题，解决问题。笔者本次调查也旨在调查马来西亚学生线上学习与线下课堂学习效果之不同，从学生的所在位置、家中网络状况、线上学习优缺点、综合课六大要素线上掌握情况、学期末考试成绩满意度、线上教学使用软件的选择等方面进行了详尽的调查，以期为后续线上教学的改进提供思路。从学生对学期末考试成绩的满意度等方面看，针对马来西亚学生的线上教学效果接近线下教学，但是大部分学生更满意线下教学，更喜欢和老师、同学们进行直接有效的互动。

关键词：疫情；线上汉语学习；学习效果；线下课堂学习；网络

* 全军，北京语言大学汉语学院初级综合教研室教师。

引言

2020年由于新冠肺炎疫情在世界范围内的传播，在华的外国留学生回国，并通过腾讯会议、Zoom等各类软件开展线上学习。教学形式的这一变化，使教师的教学方法发生改变，师生之间的互动内容与形式也随之改变。同时，学生所在国家情况千差万别，社会经济发展状况不同，科技水平不同，因此网络状态不同。笔者任教的马来西亚学生总体网络状况较好，但仍存在网络不稳定的问题。况且语言学习注重师生之间的互动，而线上教学在一定程度影响了这种互动。如此种种都是我们要迎接的挑战。因马来西亚与我国无时差问题，故笔者采取了直播教学的方式，用纸作为“黑板”，实时实地教授课内教学内容，并尽量拓展课外文化知识，努力做到教学效果与线下教学一致，同时让学生自主进行演讲，增强学生的自学能力。总体来说，疫情下的线上教学对我们是一种机遇和挑战。线上教学不仅是应对疫情的应急手段，而且在得到发展和推广之后，能扩大我校的教学范围，更好地弘扬中华文化。

一、马来西亚学生线上学习基本情况调查

本次调查对象为北语2019—2020学年汉语学院在册学习的马来西亚学生，分别为马来预科班、马来一年级班和马来三年级班。本次调查发出问卷45份，回收问卷41份。回收问卷中女生占63.41%，男生占36.59%；家庭所在地为农村的占60.98%，城市的占39.02%。调查结果显示，马来政府奖学金学生来自农村的数量明显高于城市。

学生中家庭网络信号情况一般的占39.03%，信号不稳定的占29.27%，信号强的占17.07%，有14.63%的学生家庭信号弱。家中网络信号不好的原因有以下几种，天气不稳定占75.61%，所在地区网络条件差占46.34%，因经济原因安装不起高清网络的占19.51%，还有学生反映：“农村总是停电，学生没有电脑总是用手机看，很不方便。”

信号不好时，学生们如何解决线上学习问题呢？46.34%的学生选择了

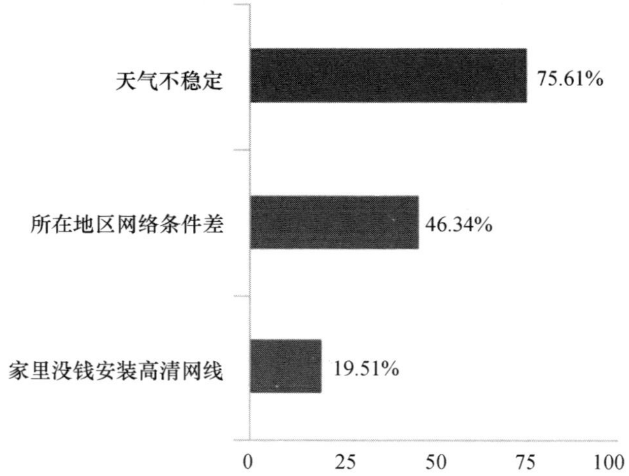

图 20—1　马来西亚学生家中网络信号不好的原因

资料来源：笔者统计所得。

在信号好时补看录播的视频，看来以直播为主的整班马来学生汉语教学，学生能做到自觉自主补课。26. 83% 的学生对落下的课程选择了自学的方式，这在马来学生群中也是常见的。马来学生学能高，在校内学习时，如

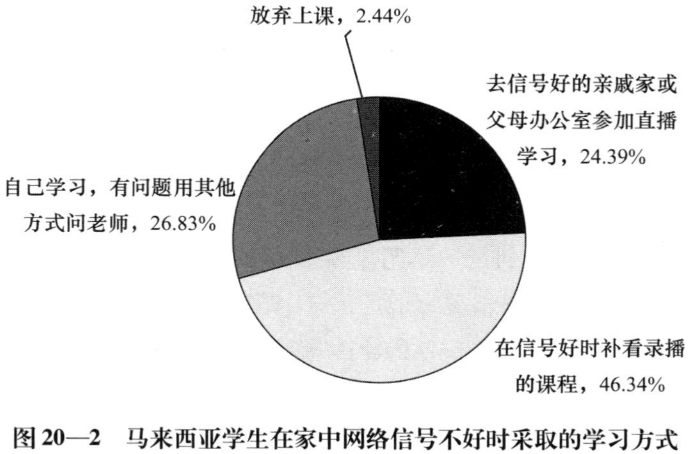

图 20—2　马来西亚学生在家中网络信号不好时采取的学习方式

资料来源：笔者统计所得。

遇身体不适或家中有事不能上课时，他们往往也采取自学的方式，且自学效果良好，反映到期末考试上跟正常跟班的学生无大区别。24.39%的学生选择去信号好的亲戚家或父母办公室参加直播学习，这说明这部分学生对自己要求严格，无论如何不愿落下老师的直播课程。当然这跟老师的教学趣味性强且逻辑缜密有关，孩子们既可以通过每天的线上课程缓解疫情带来的情绪不稳定，获取温暖，还可以有学习的精神支撑。41 名同学中只有 1 名选择放弃上课，原因不详。

疫情之下，线上教学是没有办法中的办法。线上教学突如其来，令教师与学生都措手不及、猝不及防。教师从教学平台的选择（如腾讯会议、钉钉、Zoom、瞩目）到线上技术的学习，都耗费了巨大的体力、精力和时间。但是我们在对比线上教学和课堂学习效果时，学生的反馈依然是课堂学习效果比线上学习效果好，这个比例占到 85.37%。认为二者都好的占 9.76%，只有 4.88%的人喜欢线上教学。

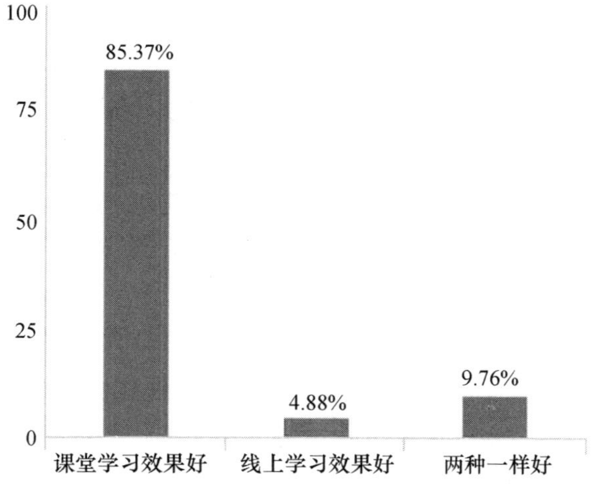

图 20—3　马来西亚学生课堂学习效果和线上学习效果比较结果图

资料来源：笔者统计所得。

那么，线上学习的缺点主要集中在哪儿呢？调查表明，网络不好是导致线上学习效果不好的主要原因。92.68%的学生反映网络突然中断，学习受到阻隔，会使他们沮丧、懊恼。另外，因为是虚拟课堂，老师在屏幕共享或讲解时无法及时监控到学生的一些闲散行为，例如睡觉、吃东西、上卫生间、学习姿态不端正等行为，这些行为会使学生注意力无法专注到屏幕上的学习。超过一半的学生（53.66%）认为网络授课仪式感不强，学习不太正规。由于网络信号的问题，某些学生在两个小时的课上无法打开摄像头，学生只能开启音频，这样教师也无法监控到学生是否着装整齐地参加学习，在无形中就会导致人变得懒散。另外，36.59%的学生认为在线上教师无法身临其境地演示很多语法条目和词汇，导致他们有时候会跟不上教师的讲解。以学习简单趋向补语"V＋来/去"为例，课堂教学时教师会带着全班学生集体行走一遍，从"起来"（从座椅上站起来）——"出去"（教师在教室内说："我们现在出去。"）——"出来"（教师在门外说："我们出来了。"）——"下去"（教师在楼梯口对全体学生说："我们现在下楼梯。"）——"下来"（教师在楼梯上带着已经下来的学生看未下来的学生说："看，后边的同学下来了。"）——"上去"（教师带着学生从楼下返回说："我们先上去。"）——"上来"（上来以后说："我们上来了。"）——"进去"（在教室外说："我们要进教室去"）——"进来"（在教室里对教室外的学生说："同学进来吧。"）——"回来"（在教室里对大家说："刚才我们走了一大圈，现在回来了。"）。简简单单的一套动作瞬间让学生掌握了简单趋向补语的用法，既有趣又扎实，这一画面会印在他们的脑海中，并接力到他们今后的教学中。在线上教学中教师的个人魅力也大打了折扣，48.78%的学生反馈道："我们见不到老师，心情不好。"教师是班级的灵魂，优秀的教师绝不局限于书本上知识的展现和讲解，教师的风趣、优雅、大方、得体，渊博的知识，教师在课堂上的随机应变、信手拈来，以及教师对学生春风化雨般的关爱等，在线上教学中都受到极大局限。在第二语言所在国学习之余，感受中国古老与现代的文化、风土人情之美，饮食之酣畅，这些是线上教学无论如何也不能满足的，也是学生更喜欢课堂学习的原因之一。另外，还有41.46%的学生反映线上学习特别损害视力。还有部分学生反映，线上学习缺乏参考资料，上网费昂贵，老师布置的作业比课堂学习时多等。

当然线上学习也有其优点，78.05%的学生同意此观点，只有9.76%的学

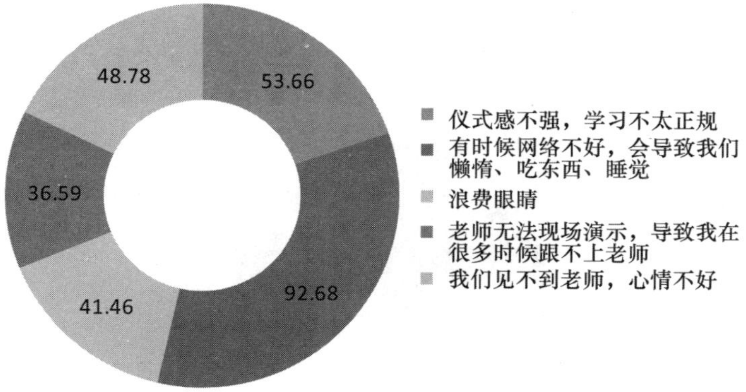

图 20—4　线上学习的缺点

资料来源：笔者统计所得。

生不认可线上学习，还有 12.2% 的学生保持中立，不知道线上学习的优点。

在列举的线上学习的优点中，有三类原因所占比例较大且一致。其一，可以不用去学校，节省路上的时间。其二，在家学习很放松，精神不紧张。其三，可以节省很多钱，伙食费、住宿费、交通费等。首先，北京语言大学的学生来自全世界，脾气秉性、生活习俗、宗教信仰各不相同。虽然马来政府奖学金生全部住校，但由于自小受马来热带气候的影响，学生们不喜游动，喜欢宅在房间里，那么本次疫情导致的线上教学正好符合他们的天性，大部分学生喜欢线上教学，这也是他们可以不用多走动就能接受汉语教育的原因。其次，据前文调查结果，马来学生中有 2/3 来自农村，他们受地域限制，接触外界机会较少，容易害羞紧张，惧怕陌生环境，包括陌生的教师、同学、室友、教师的教学方法及学校的规章制度等，都会让他们有文化冲击，相比之下的网上授课会让他们觉得放松，没有额外的压力。第三，马来奖学金生从本国每月能获得数额不小的马来政府奖学金，在家学习生活可以省下一笔不小的奖学金，这也是他们发现的一个上网课的优势，这是第一学期上网课的情况，据调查马来西亚政府已在第二学期上网课时（2020 年 9 月）将奖学金降至最基本生活保障。当然，相比于课堂教学，线上教学考试不太难，教师在线上课堂也要求相对宽松，这也是少数人喜欢上网课的原因。另外，回看视频复习方便，可以吃上妈妈做的可口的饭菜更是他们发现网课的优势之所在。

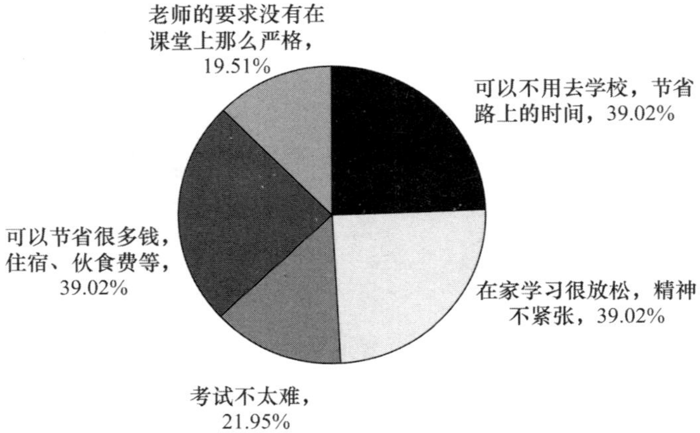

图 20—5　线上学习的优点

资料来源：笔者统计所得。

但是无论如何，如果让学生们选择，仍按如下顺序，去中国大学课堂学习的占 95. 12% ，在马来西亚课堂学习和线上学习的各占 2. 44% ，可见学生们对中国和北语是非常接受与认可的。

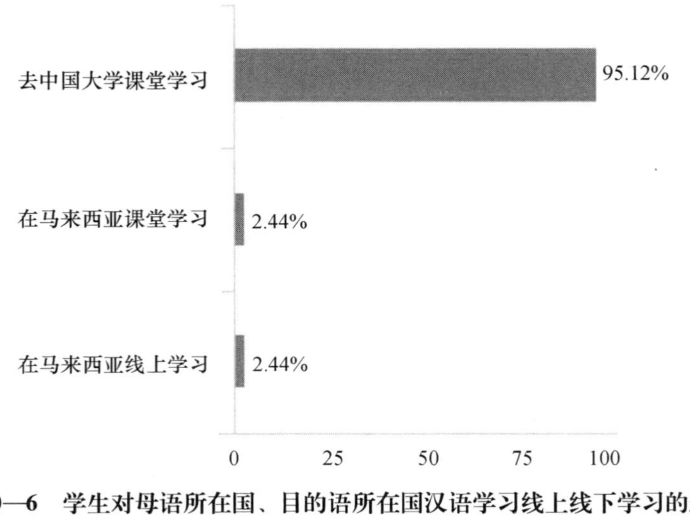

图 20—6　学生对母语所在国、目的语所在国汉语学习线上线下学习的选择

资料来源：笔者统计所得。

二、马来学生在汉语综合课中各要素学习效果汇总

语音、汉字、生词、语法、课文和自由会话是汉语综合课学习中重要的六大要素，在对这六大要素掌握情况（多选项）的调查中，60.98%的学生认为线上学习中语音要素学习效果最差，往下依次是自由会话（34.15%）、语法（34.15%）、汉字（31.71%）、课文（26.83%）、生词（21.95%）。

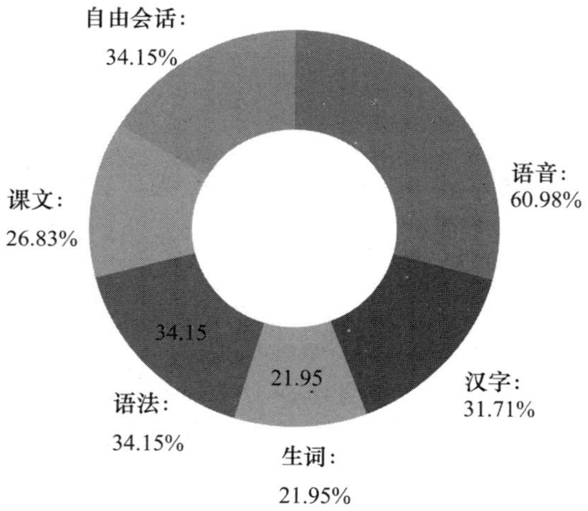

图20—7　汉语综合课六大要素学习效果差的分布图

资料来源：笔者统计所得。

（一）语音

汉语的声调是学生语音学习中的难点部分，在零起点和一年级课堂中，教师将很大精力和时间投入正音和纠音中，北语也开设有专门的语音课和正音课，但是即使在目的语环境中，学生的语音面貌也不是很稳定，反映在如果学生有意识地去注意发音时，就会发出正确的四声声调，但是在快速交谈或注意力集中在要组织句子和对话时，学生就无暇顾及语音的正确与否。所以好的发音需要长期而稳定的练习，这一点在课堂学习中都

很难完成，在线上学习就更是雪上加霜。反映到问卷中，87.8%的学生认为网络不好，教师无法及时纠音是最大的原因；还有12.2%的学生认为班里学生人数太多，线上纠音难。参与本次问卷调查的41名马来西亚学生的班级人数如下：一年级马来西亚预科班整班编班7人，二年级马来西亚班整班编班15人。三年级马来西亚学生23人，已被打散进入各混合班，在线时各班人数在15人到23人。北语汉语学院的本科生课程繁多，语音能得到大量和及时纠正的阶段仅限于在预科和一年级时，进入中高年级，学生各自的语音面貌已形成，教师课上基本上无时间纠正。所以，高年级学生的语音能力在线上就更难得以提高。

（二）语法和自由会话

语法和自由会话是线上学习效果差的第二模块。关于语法学习，41.46%的马来西亚学生反映，线上学习时，有很多听不懂的语法条目很难及时问老师和班里的同学，一旦落下就仿佛陷入一座孤岛，再想找回很难。34.15%的学生认为，网络容易掉线，声音也不清楚，有时很难回答老师针对语法点提出的问题。还有24.39%的学生认为由于无法在课堂学习，导致老师无法灵活处理某些语法点。总而言之，就是虚拟的教学班替代不了面对面的课堂教学，线上教学的缺点是学生与学生之间无法完成及时互帮互助，师生之间也会因时空阻隔而切断查漏补缺的时机，最终导致学生语法学习的困难。自由会话（表演模块）也是学生反映学习效果差的重头，经访谈发现，高年级学生因课程多、进度快，教师在一个学期内只能酌情安排一两次学生课前小报告或分组辩论。在预科和一年级阶段，学生课堂表演的概率很高，几乎每课书都可以涉及。但是相比于课堂，线上学习虽也有分组表演，但很难达到课堂上随机出现的喜剧效果，故而学生对这一模块的学习也不甚满意。

（三）汉字

汉字学习对于马来西亚学生而言不是难点，在北语的课堂教学中，由于有听写生词和听写句子环节，在这两个环节中教师有目的地训练学生记忆和书写汉字的能力，学生也可通过观看板书学生的错误来纠正和提醒自己避免同样的错误。而在线上教学中，我们无法看到单个或两个学生演示听写这一环节，因此有 36. 59% 的学生反映了这个问题。我们发现“在网上无法像在课堂上那样随时练习汉字”是大量学生的心声（41. 46%），这准确地暴露出线上学习的不足，随时随地很难在线上完成。在课堂上，教师可以利用黑板、学生的作业本，只要有需求就可以书写汉字让学生认读，与学生交流。而在线上，大部分教师使用 PPT 共享屏幕，这就限制了随时随地的书写。随着教师对汉字书写要求的减少，学生的懒惰行为紧随而来。另外，“教师在网上批改作业也不能像在课堂那样及时”（12. 2%），“在网上教师很难做到系统分析讲解汉字”（9. 7%），这两点也是紧跟网上教学的局限性而来的，因此是一环套一环。

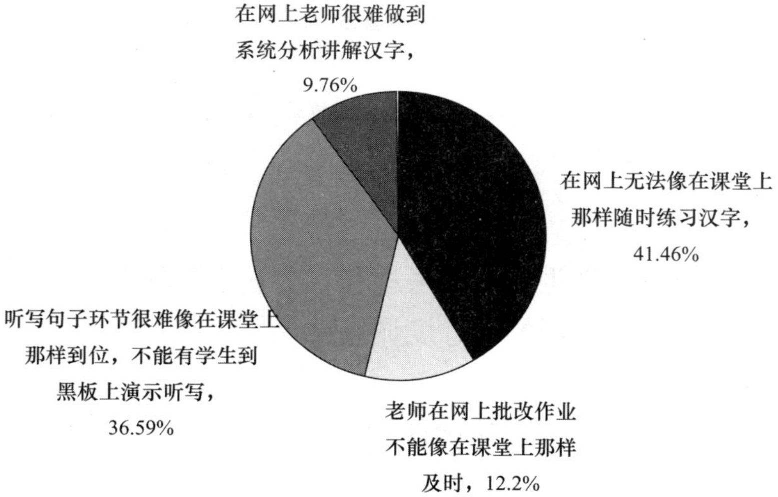

图 20—8　线上汉字学习效果差的原因

资料来源：笔者统计所得。

（四）生词

生词在线上教学中的问题主要集中在学生认为虚拟导致了互动的匮乏，老师很难在屏幕这边用肢体语言解释词语（41. 46%），还有 39. 02%

的学生认为当同义词、近义词太多时，他们无法像在课堂学习那样及时问老师或周围同学。另有 19.51% 的学生认为教师使用共享屏幕过快，他们无法及时记录老师所讲问题。

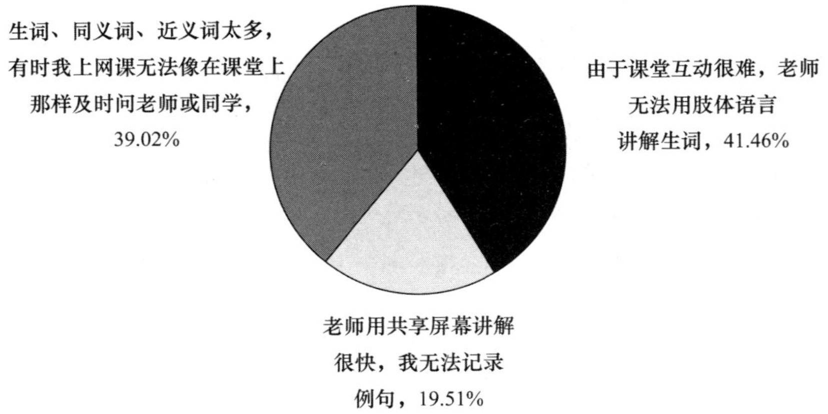

图 20—9　线上生词学习效果差的原因

资料来源：笔者统计所得。

三、学生对课程考核和线上教学及软件使用的满意度调查结果

（一）学生对课程考核的满意度调查结果

经过一个学期的线上教学，师生之间都在摸索和磨合中缓慢进步，线上教与学是今后汉语教学的一条可探索之路。调查发现，41.76% 的学生对自己的期末成绩是满意的，14.63% 很满意，反映一般的占 31.71%，反映不满意的占 12.2%。

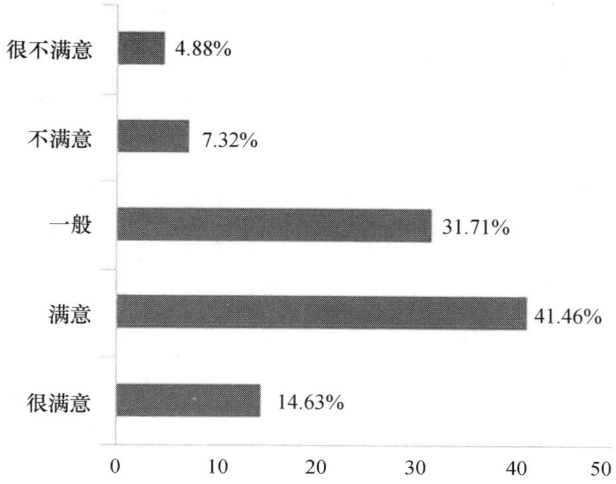

图 20—10　学生对期末考核成绩满意度调查

资料来源：笔者统计所得。

（二）学生对教师们的线上教学提出的意见

1. 下课后老师把那天的视频和 PPT 发给学生。
2. 请谅解，有时我们需要很长时间才能理解，所以我们不能立即做出反应，我们不想变粗鲁。
3. 希望老师能更了解学生的情况。
4. 别给学生很多作业，因为线上学习压力很大，要自学。
5. 希望老师多做听写。
6. 我们要慢慢学生词和语法。
7. 希望回中国在课堂跟您见面！一起学习。

（三）学生对教师线上教学软件的使用情况反馈结果

学生对教师经常选用的 Zoom、腾讯会议、钉钉、微信群的反馈如下，90.24% 的学生认为 Zoom 好用，24.39% 的学生比较欢迎腾讯会议，19.51% 的习惯使用微信群学习，14.63% 的学生对钉钉满意。Zoom 之所以使用满意度高，是因为它功能强大、操作简单，有分组互动功能等。腾讯会议也是疫情期间较受欢迎的软件，相比于钉钉，学生反映腾讯会议全天信号稳定、画面清晰。而钉钉虽然不用每次发出会议室和密码邀请，可建立稳定的班级组群，但钉钉在马来西亚下午时间画质不清晰。微信群作为线上教学的辅助平台，优势很大。目前中国本土疫情控制情况平稳，但海外疫情复杂、纷繁多变、不容乐观，故汉语教学的线上与线下并存将持续一段时间，由线上教学逐步过渡回归到线下教学尚需时日。但是学生（90. 24%）普遍认为未来人们更愿意选择线下学习汉语，喜欢线上教学的只占一小部分（9. 76%）。原因如下：学生们喜爱老师和课堂教学的氛围；学生们喜爱中国饮食及文化；学生们喜欢北京一年四季气候变化带来的新鲜感；学生们喜欢集体生活。

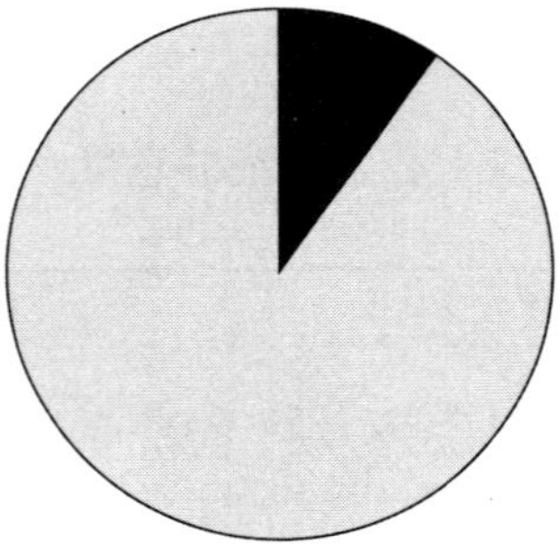

图 20—11　疫情之后学生更愿意选择线上教学还是线下教学

资料来源：笔者统计所得。

四、结论及后疫情时汉语综合课教学对策

后疫情时代，大灾逐渐退去，但受冲击较大的留学生第二语言教学若要恢复元气，恐需汉语人更多地去努力和奋斗。老子云：“万物负阴而抱阳，冲气以为和。”事物皆具两面性，课堂教学的优势远高于线上教学，

但我们也不能否认线上教学仍有一定的优势存在，总之我们更应该看到弱势事物背后带来的转机与生机。我们应该看到线上教学在疫情肆虐的当下托住了对外汉语教学的沙漏，在未来可以与课堂教学并存，为更多想学汉语却因种种原因（经济因素、年龄因素、国家间的因素等）而无法到达中国的人群提供长短期非学历教育和长期学历教育的可能性。线上教学更可为无法在课堂上从事汉语教学但有丰富经验的教师人群提供机会，在线上教授中国语言，传播中国文化，实现人类文化的共享。

针对马来西亚学生在问卷中反映出来的问题，我们提出以下教学对策：

（1）要求马来西亚学生自主寻找或加强家中网络容量，以保证学习的正常运转。

（2）要求师生上课时正规着装，开启摄像头，保证线上教学的仪式感。

（3）要求教师同等对待线上和线下教学环节，听写、表演等教学环节绝不能缺省。

（4）要求教师严把语音关，及时纠音，不能囫囵吞枣、一带而过。

（5）建议教师学生建立小组群，提供可供学生表演或辩论的话题，并让学生事先准备好，在上线时虚拟表演，以增加课堂的趣味性。

（6）建议教师将语法和生词难点交给学生课后去讨论，同时于第二日展示并讲解讨论结果。

（7）建议教师每日安排一名学生做课前小报告（不超过 10 分钟），话题可自选，也可由教师按大系统切分，这样有利于避免每日单调重复的教学方式和内容，将自主权与话语权交给学生，教师可做适当补充和讲解。

汉语国际教育线上教学模式研究

张　浩*

摘　要： 2020年初新冠肺炎疫情暴发后，迅速在全球范围内蔓延，造成200多个国家数百万人感染和数十万人死亡，给全球带来无尽的社会问题。针对疫情对高校的正常开学和课堂教学造成的影响，教育部相继出台了各项通知和指导意见，要求在保证教学质量的前提下，实现“停课不停教，停课不停学”。在此背景下，各地高校先后决定以线上教学方式开展延期开学期间的教学工作，史上最大规模的汉语国际教育在线教学拉开帷幕。本文旨在从特点、困境和策略三个维度分析目前高校的汉语国际教育在线教学情况，以期为线上教学平台建设提供有益的启示。

关键词： 疫情；汉语国际教育；在线教学

随着新冠肺炎疫情在全球的大暴发，高校各门课程均已陆续开始在线教学。汉语国际教育的语言学习者的个体差异非常大，主要体现在国家、母语、年龄、目的、学习能力、学习习惯等方面不尽相同，若在进行在线教学时处理不好，势必会影响到教学计划的实施。区别于传统的课堂式教

---

* 张浩，北京语言大学汉语国际教育学部党委书记、教授。

学，师者在进行汉语国际教育在线教学时应注重选择合适的教学平台，转变教学观念，积极适应新的教育技术，主动应变。

一、汉语国际教育在线教学的特点

（一）学生文化背景复杂

学习中文和中国语言文化的学生来自世界各个国家，这种文化背景的多样性是汉语国际教育区别于其他外语教学的一个显著特征，这一点在进行在线教学时被放大得更加明显。学生们往往来自不同国家，母语和文化背景迥异，在思维观念、思维方式、学习态度和学习风格等多方面存在差异，在教学时需要全面了解学生在学习过程中所处的状态，这样才能更有效地开展教学，完成教学计划。

（二）时空差异明显

在开展汉语国际教育在线教学时，往往按照国内的既定课表进行上课。由于时差的原因，国内白天时段的课程往往是其他国家的深夜，教学安排很容易被学生的其他事项打乱。而且，学生处在世界各地，虽在一个时间同上一堂课，但地域的差异会导致网络不尽相同，尤其是在网络覆盖率还不普遍的西亚和北非等地，网络信号直接影响了课程的质量，课程计划很可能会被打乱，甚至拖延更久。

（三）教材电子化

20 世纪 50 年代以来，汉语国际教育事业在教材建设方面取得较大的成就，教材在数量和种类上都有较大的发展。目前常见的教材有北京语言大学出版社的《汉语教程》《发展汉语》《成功之路》《拾级汉语》，北京大学出版社的《博雅汉语》，高等教育出版社的《体验汉语》，华语教学出版社的《当代中文》《环球汉语》，外语教学与研究出版社的《今日中文》，人民教育出版社的《我的汉语教室》 等。这些教材结构基本以“词汇—课文—语法—练习”形式展开，并向结构、功能和文化结合的方向发展。线上教学的复杂因素和技术问题直接导致这些纸质传统教材使用不便，往往完不成既定的教学计划和安排。自新冠肺炎疫情以来，已有越来越多的教师在汉语国际教育在线教学时选择使用电子版教材，用 PPT 的形式展现，从编排到运用使用多媒体软件制作，与时代热点接轨，以功能和文化为主。这样的教材更符合学生对汉语的兴趣和习得规律，灵活性较强，形式多样，更有吸引力。

二、汉语国际教育在线教学的困境

（一）在线教学平台容量不足，难以满足高峰时段使用需求

自新冠肺炎疫情在各地蔓延以来，全国各类教学平台均面对过海量访问所带来的服务器压力过大甚至崩溃的情况，部分汉语国际教育使用的线上教学平台稳定性不够，网络拥挤，开课关键时间节点无法进入，运行过程中有卡顿、延迟、掉线现象，影响教学的流畅性。这增加了教师和留学生参与在线教学的时间成本，削弱了在线教学原有的便捷教学优势属性。虽然许多高校放开教师对于在线教学平台的选择，方便了教师进行在线教学活动的前期准备以及具体实施，但低年级的留学生普遍汉语能力不行，在同时面对多门课程和教师时也面临一定的困扰。

（二）课程资源审核机制欠缺、教学设计与教学形式契合度不高

课程资源上线前审核机制尚未建立。由于汉语国际教育的特殊性，目前在海外的留学生普遍面临教学资源匮乏的问题，而且绝大多数在线课程都属于教师临时搭建，在线教学资源的形式、来源、质量等方面尚未建立起有效的审核机制，导致留学生在进行线上学习时会发现很多漏洞与不足。此外，在线教学的各种功能及教学形式并不是万能的，是有相对适用的课程及教学活动匹配属性的。目前多数从事汉语国际教育的教师对于此方面的理解尚不到位，还不能做到灵活准确地安排所负责课程的在线教学活动，仍不同程度存在“将课堂搬上网络”的现象，未体现出线上教学“以教为主”向“以学为主”的转变，多采用传统课堂的教学方式，不利

于学生自我学习能力的培养，也不利于学生深度思考、踊跃发言、积极提问。

（三）师生互动受限，无法判断留学生的上课状态

互动与反馈是汉语国际教育课堂教学的核心点，而线上教学中师生缺乏面对面的互动交流，加之在实际视频授课时，网络卡顿等原因造成的互动体验非常糟糕，授课教师往往看不到留学生在线学习状态，难以及时掌控留学生听课的状态并调整教法和进度，造成不能达到与实体课堂的实质等效。

三、汉语国际教育在线教学的策略

（一）因课制宜，平台选择多管齐下

汉语国际教育本质上是一种语言教学，其中必不可少的是在语音互动中发现问题、诊断问题、解决问题，并以此为依据不断调整教学节奏，因此需要反复比较，确定最优的教学平台。平台的选择需要满足不同课型的特殊要求，既能保障教学效果，又能配合达到一定的课后督促作用。目前来看，主流的教学平台和媒介（如智慧树、腾讯会议、微信、翻转课堂等）都没法独自完成教学任务，不少教师在比较后最终选择了多平台协同使用的方式，如翻转课堂加在线互动相结合的形式：利用智慧树平台签到，发布预习任务、学习任务、课后作业；利用腾讯会议进行课堂教学、实时互动、答疑；利用微信群随时发送与课堂教学同步的电子资料。经过几次实际操作，师生会逐渐适应这种教学方式，教学效率会逐步提高，课堂的持续性和稳定性也会逐步提升。

（二）全力以赴，解决资料短缺难题

对于语言学习者来讲，学习材料是不可或缺的，然而此次新冠肺炎疫情事发突然，很多身在国外的学生并未携带教材回国，而且因为国情的不同，很多在国外的学生找不到合适的学习材料和资源，只有依靠教师花费大量精力准备的素材和资源，如逐页扫描的文件或是截屏和录屏；选择相关的文化和历史音像资料；录制大量符合学生水平和特征的教学小视频等。对给初级汉语水平留学生上课的汉语教师来说，压力更多来自语言障碍。亚洲国家的语言生汉语起步晚，有的连英语也不能熟练使用，教师和学生的沟通缺乏有效的媒介语言。这一点在传统的汉语国际教育课堂面对面教学时有很多办法可以弥补，但线上教学时却无可凭借，教师不能直观得到学生的回应，唯一的办法就是更充分地备课。在合理安排教学内容的基础上，还必须反复推敲教学重点、难点，预测可能出现的语言屏障，补充大量图片、动图作为不时之需，准备多套教学方案相机而用。需要把所有新的以及重要的知识点录制成视频，以保障他们能多次听讲并复习巩固。

（三）多措并举，齐抓共管保障效果

不同国家的留学生在学习态度上区别很大，如有些国家和地区的学生由于民族的特性，会自主完成学习任务。为了让留学生学会使用教学平台（如智慧树、腾讯会议等），准时上网听课、准时完成作业，教师们有必要采取保姆式的管理策略，手把手、人盯人地解决技术难题。每次上课前都需在沟通媒介（如微信群）反复提醒上课时间和操作步骤；课后反复交代作业内容和完成时间；如有需要也可邀请负责留学生管理的辅导员一起加入督促行列；同时，还要保证几乎全程待命，基本上是机不离手，随时准备回复学生的问题。随着教师们的倾心付出和各项措施的有序落实，汉语国际教育在线教学的开展会越来越顺利，学生到课率也会越来越高。后续的教学过程中，即使会出现新问题，但只要教师、教务、教辅各部门通力配合，问题总会迎刃而解。

综上，自国家启动重大疫情防控措施以来，高校开展了大规模的线上教学活动，对汉语国际教育来说既是一次考验和挑战，也是一场推进新时代教育教学改革的契机。从长远和现实来看，新冠肺炎疫情结束后，教学模式将迎来变革。汉语国际教育的线上教学应该成为高校教学的重要阵地。为此，我们一方面要继续加强平台建设，打破院校的壁垒，鼓励资源整合和开发；另一方面，要继续加强线上教学研究，摸索建立适合汉语国

际教育在线教学的完整课程体系，从线上教学的教学资源、课程设计、评价体系等方面入手找到适合师生互动的教学方式，以促进高校汉语国际教育在线教学高质量、可持续发展。

参考文献

1. 李丹萌（2017）汉语国际教育中线上汉语的应用研究，郑州大学硕士学位论文。

2. 吴勇毅（2018）从两组数据看当前汉语国际教育存在的问题，《语言战略研究》第 2 期。

汉语慕课交互效果考察与分析

——以《HSK 入门课程》为例*

徐小童** 田 艳***

摘 要： 慕课（MOOC）是一种大规模在线开放型课程，其依托“互联网 + 教育”的理念受到广泛关注。交互式教学是一种互动的教学方式，旨在调动学生学习的积极性和创造性，培养个性化和具有创造力的高素质人才。本文运用文献研究法、内容分析法等多种研究方法，以“学堂在线”慕课平台中的《HSK 入门课程》作为个案，同时从三个维度（学习者—内容、学习者—教师、学习者—学习者）对课程交互性进行分析，以期提升汉语慕课交互效果。

关键词： 交互式；汉语慕课；国际中文教育；HSK 入门课程；“学堂在线”慕课平台

---

* 本文为世界汉语教学学会 2020 年《全球中文教育主题活动资助计划》学术研究类课题阶段性成果，课题名称为《深度学习理论指导下的汉语微课框架构建及应用》（课题号：SH20Y30）。

** 徐小童，中央民族大学汉语国际教育专业研究生，研究方向为汉语信息化教学。

*** 田艳，博士，中央民族大学国际教育学院副教授、硕士生导师，研究方向为国际汉语教学模式、国际汉语传播。

一、引言

21 世纪初，网络技术的发展对社会各层面都产生了深刻的影响。在国际汉语教学领域，利用网络技术进行汉语慕课教学受到广泛关注。但当前对汉语慕课交互效果进行分析的文章相对较少，发展处于起步阶段。

交互式教学（Reciprocal Teaching）最早是由美国心理学家布朗尼和帕林萨提出的，旨在改善学习者的阅读理解和自我学习的能力。交互式教学中的交互即交流，是指教师、学生和网络平台之间的交流互动。教师是教学活动的组织者和参与者，网络是汉语教学的平台。交互体现在自主学习、合作学习、探究学习和解决问题的活动之中。

交互式教学可以提升学生的学习效果，提高学生的自主学习能力，构建新技术支持下的现代课堂。在提升学生的学习效果方面，王慧娇（2019）通过实验研究的方式证明交互式教学能够增强师生、生生之间的交互，帮助学生实现深度学习，提升学习效果。[①] 在提高学生的自主学习能力方面，慕课教学中语言的练习、交流、纠正需要学生之间相互配合，这也极大地提高了学生的自主学习能力。在构建现代课堂方面，慕课本身的特点结合交互式教学的指导，能够将慕课教学资源最大化利用，构建现代化的汉语课堂。

目前，慕课教学已经逐渐成为国际汉语教学的新趋势，其发展状况受到学界的广泛关注，但对慕课交互效果进行研究的文章相对较少，仅有杨潇堃（2013）、王凯欣（2019）、刘凤琴（2019）、马旭（2019）等人进行过专门研究。基于这一情况，本文选取“学堂在线”慕课平台中的《HSK入门课程》，从“学习者—内容交互”“学习者—教师交互”和“学习者—学习者交互”三个交互维度对课程进行分析，以期促进汉语慕课交互效果的发展。

① 王慧娇（2019）促进深度学习的交互式学习设计与应用研究，河北师范大学硕士毕业论文。

二、“学习者—内容”的交互

在三个交互维度中，学习者是交互的主体，内容是交互的中心。“学习者—内容”的交互指的是学习者主动对知识内容进行意义构建和自主探究的交互方式。我们对《HSK 入门课程》中的“学习者—内容”交互分析主要从语言情境及导航功能两个方面进行。

（一）语言情境

在汉语慕课课程中，交互情境的真实与否直接影响到汉语教学的效果。在汉语慕课教学中，模拟真实的生活场景，可以带给学生更加真实的感受，激发学生的参与热情，促使他们主动实现与学习内容的交互。权志成（2020）提出在应用交互进行口语教学时，教师创造一定的真实口语情境，可以推动师生之间的互动交流。① 崔希亮（2020）也提到语言的教学具有一定的特殊性，其对互动性的要求决定了汉语教学需要真实的交互情境。② 在慕课教学中，“学习者—内容”交互情境的真实显得尤为重要。

本文选取的《HSK 入门课程》已在“学堂在线”慕课平台推出，共有 6 个课时，由清华大学国际汉语文化教学中心的教师团队打造，以外国学生“Peter”为主线打造故事情节，强调了基础语言技能在日常生活中的重要性。“学习者—内容”具体交互方式如表 22—1 所示：

表 22—1　“学习者—内容”交互方式

课时	课程名称	交互方式
1	问候	Peter 和老师打招呼
2	自我介绍	Peter 向老师做自我介绍
3	交通	Peter 寻找学生公寓
4	美食	Peter 邀请朋友吃晚饭

---

① 权志成（2020）交互式英语翻译教学研究，《黑河学院学报》第 6 期。

② 崔希亮（2020）全球突发公共卫生事件背景下的汉语教学，《世界汉语教学》第 3 期。

续表

课时	课程名称	交互方式
5	住宿	Peter 想住青年旅社
6	购物	Peter 要买明信片

资料来源：笔者依据《HSK 入门教程》慕课分析所得。

在交互内容的选择方面，课程从学生真实的交际情境出发，选择与学生生活密切相关的交通、美食、住宿等内容，将具体的交互话题与“Peter 真实的北京生活”相结合，实现了交际的故事性和趣味性，增强了“学习者—内容”的交互体验，使教学更有质感，更加贴近生活实际。

（二）导航功能

导航功能是“学习者—内容”交互中的另一个重要内容。导航功能能够帮助学习者快速了解课程的结构与教学内容。在慕课教学中采用的导航方式通常有目录索引表，其主要包含课程的结构说明，能够引导学生进行有效学习。

在《HSK 入门课程》中，研发团队尝试在“学习者—内容”交互维度进行了积极的探索。因此，该课程在目录导航设计中，按照日常生活中沟通的需要，将相关的词汇和句型重新组织编排，同时介绍了一些汉字基础内容。目录导航主要包括慕课视频、学习讨论、汉字练习、课后作业等内容。通过课程导航，学生可以清晰地了解本课程的主题内容和教学思路，从中选取其需要的内容自主地进行交互，更加高效而便捷。不仅如此，课程还会自动记录学习者的学习进度并显示在目录中，帮助学习者了解其学习情况。

三、“学习者—教师”的交互

在慕课教学的过程中，学生在教师的引导下对交互内容进行探究学习。“学习者—教师”交互维度体现在以下两方面：第一，教师通过慕课课程及安排展现课程内容，使学生明确交互重点的安排；第二，教师通过答疑对学习者的学习结果进行客观评价，帮助学生进行深层探究。

本文对《HSK 入门课程》中“学习者—教师”的交互分析主要从课堂讲授以及教师答疑两个方面进行。

（一）课堂讲授

课堂讲授是“学习者—教师”交互维度的重要内容，慕课的课堂讲授主要采取视频问答的形式，结合图片、音频、视频设计。在《HSK 入门课程》中，慕课课堂讲授内容包含情景对话、生词、汉字三个部分。

《HSK 入门课程》中课堂讲授交互形式主要体现在操作式交互和反思式交互两个方面。操作式交互是指学习者在与教师的互动过程（播放音频、文字展示、视频问答）中完成交互；反思式交互是指学生在互动过程中通过教师引导以及自我反思完成对新知识的理解。

在《HSK 入门课程》的课堂讲授板块，“学习者—教师”的具体交互形式如表 22—2 所示：

表 22—2　“学习者—教师”交互形式

交互活动	交互类型	实现形式
词语发音	操作式交互	视频问答
词汇讲解	操作式交互	视频问答
汉字讲解	操作式交互	视频问答、文字展示
句型讲解	操作式交互	视频问答、文字展示
词语练习	反思式交互	播放音频、文字展示
对话练习	反思式交互	播放音频、文字展示

资料来源：笔者依据《HSK 入门教程》慕课分析所得。

在词语发音和词汇讲解部分，教师通过视频问答的形式指导学生正确发音，通过交互问题启发学生思考，学生通过自主表达以及评论区留言形式完成与教师的交流互动。在汉字讲解和句型讲解方面，教师在视频中进行了汉字的笔顺展示以及句型的造句举例，同时将文字展示与学生互动相结合。在词语练习以及对话练习方面，课程中采用了音频指导结合文字展示的方式帮助学生深化理解，学生通过变换句式、造句等多种形式完成交互活动。

（二）教师答疑

在“学习者—教师”交互维度考察中，教师答疑也是重要的因素，教师以及管理者可以在平台上管理课程内容，发布优质课程，同时在疑问区解答学生的学习疑问，管理者可以设置教师、学生的使用权限，发布课程安排等。

本文对《HSK 入门课程》中的答疑环节进行分析，经过观察我们发现，该慕课中“学习者—教师”的答疑交互主要通过教师任务下方的评论互动以及作业后下设的交流区完成，均为异步交互。在教师答疑部分，主要由学管老师 Y 老师承担答疑工作。除此之外，该汉语慕课虽注册人数较多，已达到 71424 人，但平台的留言板留言数量和答疑教师都相对较少。因此，平台中的教师答疑部分的管理教师数量以及具体板块设置可以进一步丰富与扩展。

四、“学习者—学习者”的交互

学习者是慕课交互维度中的主体，学习者能否掌握汉语知识并成功应用于交际是交互成功与否的关键之所在。赵磊、吴卓平、朱泓、李玉斌（2017）提出在慕课交互中学习者应该拥有更大的自主性，教师应根据学生的特点创设交互活动。[①] 张传思（2015）、马旭（2019）等也在文章中提到慕课教学中“学习者—学习者”交互具有重要意义。因此，本文从活动练习以及经验分享两个方面对《HSK 入门课程》的“学习者—学习者”交互维度进行分析。

① 赵磊、吴卓平、朱泓、李玉斌（2017）中国慕课项目实践现状探析，《网络教育》第 9 期。

（一）活动练习

活动练习是“学习者—学习者”交互的重要方式，在活动中学习者需要合作学习、了解彼此，最终共同完成交际任务，实现成功交互。

《HSK 入门课程》中，在主体课程之外，以“Peter 的下午茶”这一话题活动为线索设置了“Tea time”这一课后交际活动，其作为一种生生训练的交互方式，能够培养学生的合作能力。实际上，“Tea time”并不会存在于中国人的日常生活以及大学的教学情境之中，这一活动属于慕课设计中“学习者—学习者”交互的创新之处。学习者之间的对话交流可帮助学习者将自身代入活动之中，从而实现 Peter 与学习者，即“学习者—学习者”的交互。这一活动提醒学生汉语学习不能仅仅停留在课程的被动吸收过程中，课下还需要反复练习。学生只有与其他学习者不断地交流互动，才能达到良好的学习效果。

（二）经验分享

经验分享也是“学习者—学习者”交互的重要实现途径。第二语言学习者由于熟悉其母语的发音特点，在学习汉语时的思考角度和母语者不完全相同，学习者在论坛以及评论区的经验分享也会给其他学习者带来重要的启发和参考。田阳、冯锐、韩庆年（2017）通过假设论证分析出在线学习者的经验分享对学习效果起到直接的影响作用。①

在《HSK 入门课程》中，Peter 以其母语（英语）的发音作为线索，向学习者分享自己的汉语声调学习经验，例如汉语声调的一声很像“Maybe”中“May”，二声的发音很像“What”的前半部分。这样的“学习者—学习者”交互为汉语慕课教学提供了新思路，有利于学生消除畏难情绪，最终实现对知识点的理解与掌握。

① 田阳、冯锐、韩庆年（2017）在线学习社交行为对学习效果影响的实证研究，《电化教育研究》第 3 期。

五、关于汉语慕课交互式效果的延展性思考

本文尝试以《HSK 入门课程》为例，分析汉语慕课的交互教学效果，并对汉语慕课的交互式效果进行了延展性思考，具体如下：

（一）学习者—内容：创设真实的交互情境

在汉语教学中，创设真实的交互情境可以给学生提供更好的学习体验，提高汉语教学的效果。在慕课汉语教学中，教师可以通过真实的交际情景和交互活动来提升教学效果。陈作宏、田艳（2008）强调语言教学中的真实活动情境能够最大程度上保证学生的参与，使得语言教学从关注教学内容转变为关注语言习得的语言的使用者。[①] 在交互情境设置中，一定要注重其真实性以及学生的参与感。在汉语慕课课程情境的设计中，可以结合学生的需求等方面内容综合考量。

（二）学习者—教师：配备合适的辅助人员

辅助人员是指除教学外，承担慕课平台中的问题答疑、小组分配、话题发布等工作的教师。辅助人员担任慕课主讲教师的助手，帮助教师协调处理部分教学工作。当前的汉语慕课课程中，除了要注意创设真实的交互内容之外，还要注重学生的交互体验。在慕课课程结束后，学生期待与教师进行真实的交流互动，但慕课教师大多来自高校，课业繁重，时间极为有限，因此选择合适的教学辅助人员协助授课教师就显得格外重要。

除慕课课程本身，平台应为课程教师配备合适的辅助人员，同时明确课程教师、课程辅助人员之间的分工。例如，教师主要负责知识板块的答疑活动；辅助人员主要帮助学生解答平台使用、经验交流等方面的困惑。同时，辅助人员可以帮助学生创设同伴交流、寻找语伴等讨论区块，帮助学生之间自主交流互动，最终提升慕课教学效果。

---

① 陈作宏、田艳（2008）探索以任务为中心的体验式国际汉语课堂教学模式，《民族教育研究》第 4 期。

（三）学习者—学习者：创设丰富的生生交互

生生交互（“学习者—学习者”交互）是指有助于学习者直接沟通、交流的语言活动。丰富的生生互动能够更好地帮助学生提高汉语的学习效果，例如《HSK 入门课程》中就设立了“Peter 的下午茶”环节以及“Peter”的声调学习经验分享来帮助学习者更好地掌握所学内容。

同时，在设计生生交互时，应考虑到慕课学习者的年龄、水平和母语环境。例如，学生若处于初级阶段，在设置练习活动和相互分享经验时应考虑到学生的母语差异，这样更有利于学生之间有效地进行交流与讨论。在创设生生交互练习时，也应尽可能在学生学习动机的基础上合理创设，以防止发生学生参与积极性不高等问题。

目前，有关交互式教学在汉语慕课中的应用研究还处于初级阶段，需要更多的理论与技术探讨。交互式教学为汉语教学提供了一个新的思路和发展方向，本文在交互式教学的基础上对慕课平台汉语课程的交互式效果进行了初步尝试和探索，希望未来能有更多学者投入到汉语慕课的交互研究之中。

参考文献

1. 崔希亮（2020）全球突发公共卫生事件背景下的汉语教学，《世界汉语教学》第 3 期。

2. 陈作宏、田艳（2008）探索以任务为中心的体验式国际汉语课堂教学模式，《民族教育研究》第 4 期。

3. 马旭（2019）基于交互式教学模式的初级汉语口语网络课程教学研究，沈阳大学硕士毕业论文。

4. 权志成（2020）交互式英语翻译教学研究，《黑河学院学报》第 6 期。

5. 田阳、冯锐、韩庆年（2017）在线学习社交行为对学习效果影响的实证研究，《电化教育研究》第 3 期。

6. 王慧娇（2019）促进深度学习的交互式学习设计与应用研究，河北师范大学硕士学位论文。

7. 许广永、晋雪梅、刘晶晶（2019）智能手机辅助的交互式教学及其效果，《阜阳师范大学学报》第2期。

8. 赵磊、吴卓平、朱泓、李玉斌（2017）中国慕课项目实践现状探析，《网络教育》第9期。

9. 张传思（2015）大规模在线开放课程交互设计研究，西南大学硕士学位论文。

10. 谭斌、田艳（2020）对唐风汉语微课大赛团体赛视频的个案研究——以M大学8个参赛视频为例，《教育研究》第1卷第2期。

利用网络会议平台 Zoom 进行语言教学的实践探究

徐秀芬[*]　诺　敏[**]

摘　要：新冠肺炎疫情不仅给汉语教学带来前所未有的挑战，也给了我们机会尝试不同的教学方式。本文建基在网络直播教学经验上，梳理了网络直播教学的优势，优化了传统课堂教学，也延展了课堂学习，同时对学生的学习提出更高的要求——自主学习。这无疑也对老师提出挑战，他们的教学角色、教学方法以及教学材料都要做相应的调整。在这些梳理和思考之上，我们认为混合式教学以及合作探究式学习是未来教与学的改革及发展方向。

关键词：网络工具；优化课堂；延展学习；自主学习；混合式教学

2020 年，一场突如其来的新型冠状病毒席卷了全球，各国大学面对这场疫情，纷纷将课堂搬上了网络，线上教学成了眼下一种看似不得已的方法。随着这场疫情愈演愈烈，我们不得不未雨绸缪，探究如何能在可交互的虚拟空间里实施有效的语言教学活动。本文从自身的教学经验出发，来

* 徐秀芬，香港科技大学语文教育中心讲师。

** 诺敏，香港科技大学语文教育中心讲师。

分享和探讨网络语言教学的实践及挑战，并进一步思考如何在网络空间里通过师生的合作来成就学生的学习。笔者任教学校主要利用可以双向互动的 Zoom 网络会议平台，辅以文件上传分享平台 office365 以及课程网络管理平台 Canvas 展开的实时直播教学，同时对直播有录制，课后学生可以回看课堂录像。

一、网络直播课堂可以优化传统课堂，充分调动学生学习的积极性

教学活动搬到了线上，虽然“教师和学生之间的互动受到局限，同学和同学之间的互动也受到局限，学生的现场回馈显然不如面对面的教学直截了当（崔希亮，2020：292）”，但是我们可以借助网络工具优化课堂。首先，教师要调试好心态，即使隔着屏幕，即使面对空荡荡的教室，教师的心态还是要跟平时在教室里上课一样，因为听众没有消失，就在屏幕的另一端，教师的教学热情不应消减。其次，教师要依靠其他手段来营造教室上课的氛围。那么教师如何在一个虚拟空间里调动学生的积极性呢，不但能让他们主动打开摄像头，而且还能投入地参与课堂活动？笔者会依从传统课堂活动的程序来探讨线上直播教学的多元互动性。

网络直播课堂可以实现的传统课堂活动包括讲解、板书、提问、练习、讨论等环节。讲解的部分不宜过长，最好控制在 5—10 分钟，讲完以后可以利用调查（polling）功能或是 office365 里的 Form 功能检验学生对知识的掌握程度，也可以检测学生上课的专注情况。题目应难易混杂，由此学生的上课状态便一目了然。比如讲解完之后就可以推出以下问题让学生选择：

问题一：第一次评估哪项分数比重最高？

1 听力

2 语法

3 说话

4 写作

问题二：这段时间他觉得很无聊，每天（）睡觉，就是看电视。

1 只要

2 不仅

3 除了

4 都

问题一和问题二的目的明显不一样，一个是检查学生上课的专注力，一个是检验学生是否掌握了学习内容。学生完成投票后，Zoom 的系统会立即统计出结果。这个环节不仅可以让学生时刻保持警醒，还可以供教师检验学生对知识的掌握程度。再如，利用 office365 设计的阅读理解选择题，呈现出的结果清晰明了：

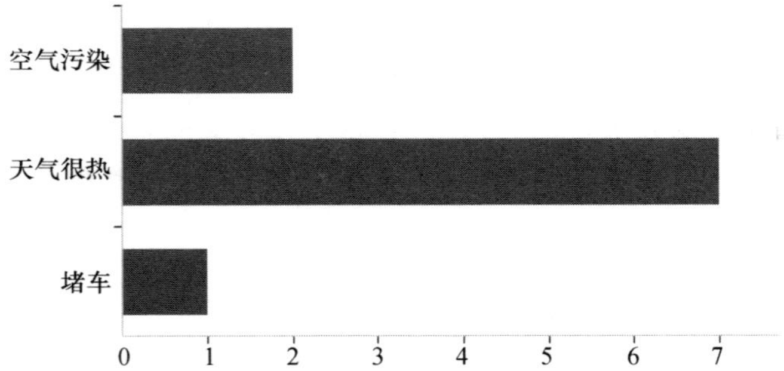

#	Field	Minimum	Maximum	Mean	Std Deviation	Variance	Count
1	爱美丽对北京的印象是什么？下列哪一项文章没有提到？	1. 00	3. 00	1. 90	0. 54	0. 29	10

#	Answer	%	Count
1	空气污染	20. 00%	2
2	天气很热	70. 00%	7
3	堵车	10. 00%	1
	Total	100%	10

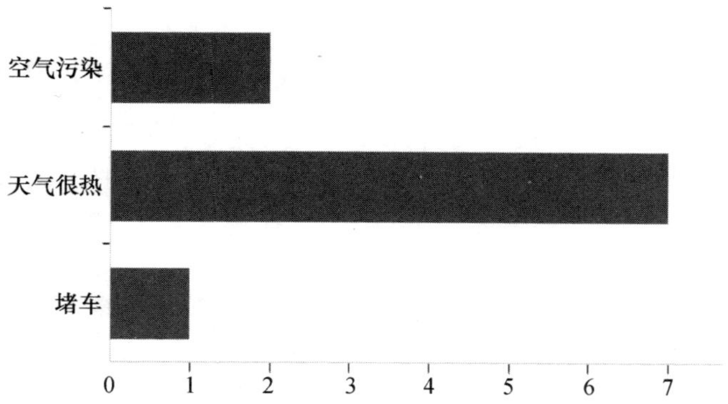

图 23—1　阅读理解统计

资料来源：笔者统计所得。

课堂教学中教师会借助白板（黑板）展示教学内容，在网上直播课堂上，Zoom 里面的“白板”不但可以达到课堂的效果，还可借助“白板”功能，起到课前热身的效果。课前可以让学生在白板上写写画画，自由地分享。借着学生的分享，可以了解学生的背景知识。如教师提问：中国有哪几大方言区？让同学们将答案写在白板上，他们可以自由及大胆地表现自己，这是面授课堂上很难做到的一点，如图 23—2 所示。

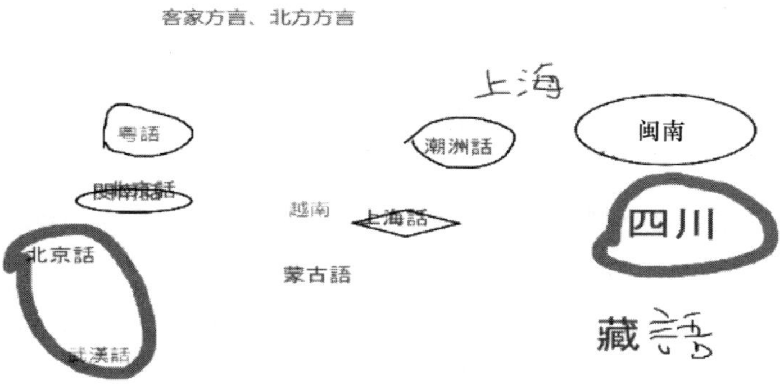

图 23—2　自由表达

资料来源：笔者统计所得。

白板的使用，不仅可以调动学生参与课堂活动的积极性，教师也可以通过学生的参与了解学生的学习难点。在讲解课文之前，教师可以将课文复制到白板上，让学生把自己不会的词语或语法标记出来。幕后个性化的操作下，学生没有朋辈的压力，可以毫不隐瞒地将自己的弱项展示出来，如此一来，老师的讲授就会更有针对性，如图 23—3 所示。

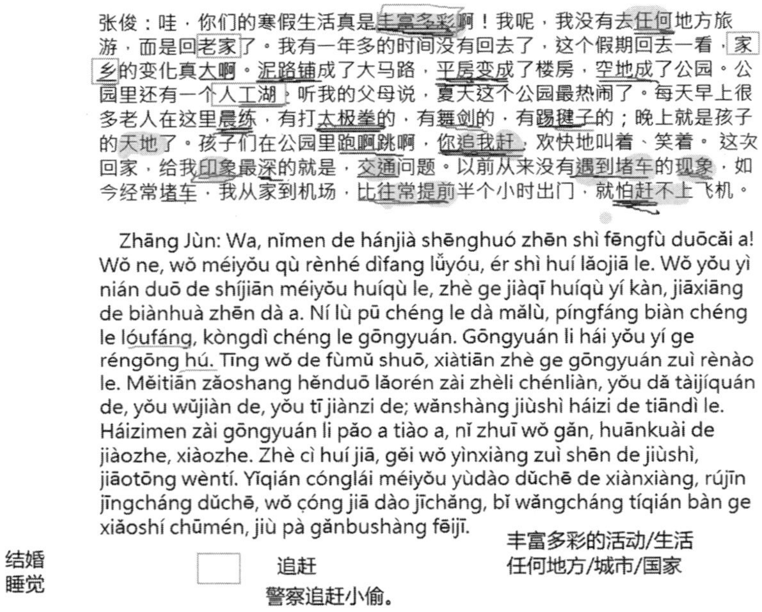

图 23—3　学生反馈

资料来源：笔者统计所得。

老师根据词语下划线数量的多少，可以判断出这些词语的难易程度，讲解的时候就可以突出重点了。

白板除了可以用来做板书外，还可以设计题目进行小测，以检验学生学习的成果。对于不会用电脑输入的同学来说，用鼠标在白板上书写很不方便，可以设计一些只需要线条就可以完成的任务，如选词填空，课上将段落和备选词直接复制粘贴到白板上，让学生进行连线，如图 23—4 所示。

也可以借助白板进行词汇练习，帮助学生记忆词汇。如，表示人的性格和能力的词语，如果单单让学生记忆，可能会苦闷很多，设计成下列连

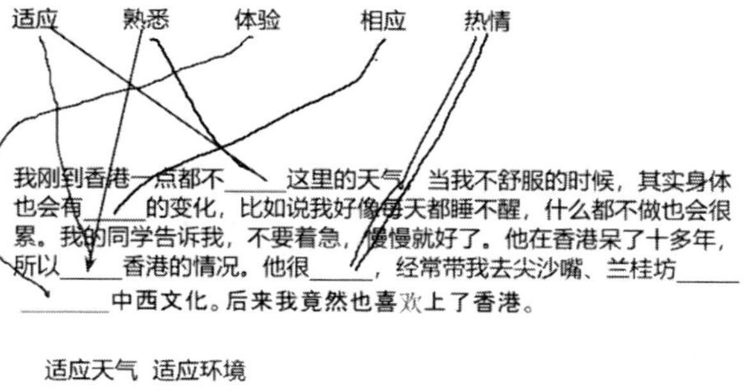

图 23—4 填空练习

资料来源：笔者统计所得。

线练习，或者是寻找反义词、同义词，标记褒义词、贬义词等，便可以调动学生的积极性。如图 23—5 所示。

图 23—5 词汇记忆

资料来源：笔者统计所得。

将听力理解设计成画图任务，全班学生可以一起参与、互相合作。如要求学生将听到的内容画在白板上，听力内容是关于中国一般家庭客厅的摆设，要求学生掌握方向词语。具体内容如下："陈老师家的客厅非常大。西边的墙上挂着一幅油画，下边放着电视机。旁边的柜子里摆着很多外国的纪念品。东边放着大沙发，沙发旁边还放着一盆君子兰。沙发和电视机之间是一张茶几，茶几上放着杂志、报纸和水杯。"学生在白板上呈现出的结果如图 23—6 所示。

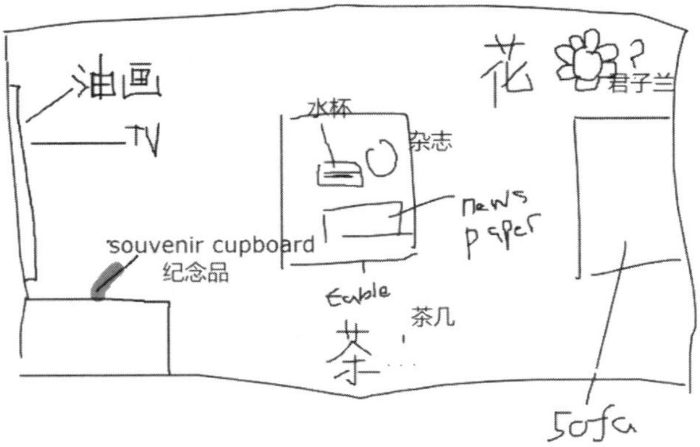

图 23—6　听力练习

资料来源：笔者统计所得。

无论是课堂教学还是网络直播教学，人与人之间的互动非常重要。师生之间、同学之间的互动对教学效果的影响非常大。“课堂教学是由教师和学生组成的集体在一定环境中进行的活动。一堂生动的课堂教学是科学性和艺术性的体现，它造就了一种浓厚的学习氛围。这种使学生融入其中的氛围，充分调动、集中了学习者的能动性，是提高学习者学习效率的主要原因”（郑艳群，2001：99）。上述教学活动的目的就是努力营造一种互动的学习氛围，让学生主动融入学习中去。

二、网络直播课堂可以延伸传统课堂，更好地满足学生个性化的学习

传统课堂教学具有集中授课、组织性强、教学效率高的特点，便于提高教学质量（黄荣怀、汪燕、王欢欢、逯行、高博俊，2020：10）。网上授课缺少互动的三维物理空间，想要做到效率高、组织性强，就必须以学生为中心，以学习重点和难点为焦点组织课堂活动，使学生可以带着明确的学习目标在课堂上解决问题。这种操作就需要学生课下提前学习知识

点，把疑惑、问题、难点带到课堂上解决。因此，学生课下自主学习的内容就多了。想让学生保持强烈的学习动机和学习兴趣，课下自我学习内容必须与课上的教授保持紧密的相关性。同时，学习材料要有趣、有用，能引起他们学习的欲望。“教师和学习者的角色范式必须要转换，需要合作和协同过程，这样才能利用新媒体提供的广泛可能性。教师应该抛弃传统角色，更重要的是扮演引导者和导师的角色，而学习者要探索新媒体的应用，这样才能成为学习者中的翘楚”（转引自崔希亮，2020：292）。因此，教师的教学方法和上课的方式也要相应地做出调整。

我们在直播课堂上增加了大量的小组讨论和小组活动，需要学生合作探究，在讨论交流与表达中，操练学生运用语言的能力，培养学生的语言交际能力。“网络教学不仅是以技术的方式来延伸课堂，还为远程学习者在学习者之间、学习者与学习资源之间、学习者与生态环境中的人建立联系”（郑艳群，2013：80）。笔者利用 Zoom 的分组功能，让学生带着详细的学习任务和清晰的组员角色进组讨论，更多地操练语言以及培养解决问题的能力、与人沟通合作的能力。在每一次小组活动中，笔者会指派一名组长担任主持，引导大家讨论，一名记录员记录讨论要点，当回到主会议厅时，其他组员要进行口头汇报。大家轮流担任不同的角色，每次活动各司其职地完成小组任务，不仅可以让学生发挥、锻炼自己的能力，彼此之间还可以互相学习，在交流互动中满足个性化学习。在操练的过程中，学生也分别操练了听说能力、书写能力等。“智能时代，人们的学习和生活将进入基于现实物理世界、数字世界和虚拟网络世界的交融时代。学习者对学习方式的诉求，将由被动接受向主动探究转变，由‘标准化班级授课制’向‘差异化和个性化学习’过渡”（黄荣怀、汪燕、王欢欢、逯行、高博俊，2020：10）。这种互动交流合作式学习，可以让学习者更好地进行学习反思，更清楚地知道自己的优势和不足，从而更有针对性地制定学习目标以提高自己的能力。

三、网络直播课堂带来的挑战及课堂教学的未来发展方向

网络直播教学也给教师和学生带来一些挑战。首先，教师的教学方

法、教学内容的设计要发生变化。线上授课“不是简单地将线下课堂教学搬到线上，不是‘黑板搬家’或‘教科书搬家’，更不是简单的‘人灌 + 机灌’模式，而是要将二者有机地融为一体，形成一种面向每个人、适合每个人的未来教育形态”（黄荣怀、汪燕、王欢欢、逯行、高博俊，2020：11），这无疑对教师提出新的挑战。就一个学期的网络直播教学经验来看，语音教学、跟读练习不宜在网络直播课上进行，主要源于技术的不稳定性，包括网络信号不稳定以及设备，如话筒等的质量，会影响音质。另外，文化体验环节是网络教学无法实施的，比如写毛笔字。如何实施这些教学内容呢？语音方面，学生可以录播，然后上载到网络共享平台，学生之间可以交互评价。文化的体验，需要老师展示不同形式的教学内容，比如利用视频等来加强学生认知。其次，学生和学生的互动不甚理想。上述各种方法及网络工具虽然可以某种程度地满足教师和学生的互动，但是学生的互动毕竟是在一个虚拟的空间，缺少物理空间中人与人交流之间产生的情感的依托。他们在网络上仅凭面孔和声音来认识彼此，交流的内容又限于学习的内容，虽然会被随机分到小组，但是没有个人层面的基于人与人之间关系建立的交流，所以他们需要更长时间彼此熟悉和配搭。所以，学生的学习策略和学习心理以及人际交往方式都得发生变化。另外，Zoom目前无法做到让教师同时监控所有的小组，如果小组长无法有效地组织活动，就达不到理想的学习效果。因此，在网络直播课堂上，学生要非常清楚地知道自己的学习目标，不能完全依赖教师的讲授，要主动投入到学习活动，也要有意识培养自己的领导能力和小组协作能力，这样才能达到理想的学习效果。学期末，我们采访了 4 个班级共 80 名学生，了解他们对直播课堂的感受、建议。高达 86% 的学生认为，虽然网络直播课堂非常方便（即使有时差，也可以看回放），但是他们更希望能体验校园文化，多一些面对面的沟通，以增加情感交流，从而多认识朋友。

网络直播教学已经不是课堂教学的补充了，随着互联网的发展，学生的学习方式、学习策略都不同于以往，教师的工作重心不仅要从“教”向学生的“学”转变，而且要充分发挥网络资源、网络工具的优势，这就势必要求前线教师在设计课程、规划课堂活动时以“学生”为中心，以如何帮助学生有效学习为考虑面向。网络直播教学之后我们也看到教师的“引导、启发”在学生学习过程中的重要性。学生自主学习更需要和教师及同学互动，在经历思想碰撞及相互评价之后，大家才能投入到更有意义的学习任务和活动中去。“人的因素对语言教学有着极其重要的作用。新技术的使用不能冲淡或者限制课堂教学中人的因素，因此在远程教学的设计中，应该考虑如何更多地模拟和体现人的因素”（郑艳群，2001：100）。未来的课堂教学，教师要有意识地把课堂时间交给学生，让学生自主地在学习任务、学习活动中掌握知识及训练能力，教师要成为引领者、指导者、协助者及评价者。所以，混合式教学、合作探究式学习应该是未来教与学的主要趋势。本文根据网络直播教学的经验提出一些想法，目的是为未来的课堂教学改革提供参考。

参考文献

1. 崔希亮（2020）全球突发公共卫生事件背景下的汉语教学，《世界汉语教学》第 3 期。

2. 冯晓英、王瑞雪（2019）“互联网 +”时代核心目标导向的混合式学习设计模式，《中国远程教育》第 7 期。

3. 黄荣怀、汪燕、王欢欢、逯行、高博俊（2020）未来教育之教学新形态：弹性教学与主动学习，《现代远程教育研究》第 3 期。

4. 王瑞烽（2020）疫情防控期间汉语技能课线上教学模式分析，《世界汉语教学》第 3 期。

5. 郑艳群（2001）课堂上的网络和网络上的课堂——从现代教育技术看对外汉语教学的发展，《世界汉语教学》第 4 期。

6. 郑艳群（2013）汉语网络学习的数字环境与生态环境体系设计，《汉语学习》第 2 期。

混合式学习模式在《文化中国：现当代文学》课教学中的应用*

张爱东**

摘　要： 混合式学习模式将多种学习内容、方法、多媒体等结合于一体，特别是把传统的课堂教学和在线学习模式相结合，从而获得有效的教学效果。本文将探讨此方法在《文化中国：现当代文学》课程教学中的运用和实践。相信这样的实践能够提升学生综合能力，提高整体教学效果。

关键词： 混合式教学；网络平台；多媒体；翻转课堂；第二课堂

目前，传统课堂正面临着教育信息化和多元化的冲击与挑战。混合式教学是在信息时代的背景下出现在教育领域的一种新的教学理念。何克抗教授指出：所谓混合式学习（Blending Learning），就是要把传统学习方式的优势和 E-learning 即数字化或网络化学习的优势结合起来，也就是说，既要发挥教师引导、启发、监控教学过程的主导作用，又要充分体现学生作为学习过程主体的主动性、积极性与创造性。目前国际教育技术界的共

* “混合式教学”的定义是由斯密斯·J. 与艾勒特·马西埃将传统学习理念与 E-learning 纯技术学习理念相结合提出的。混合式教学的理论基础包括建构主义学习理论、结构主义理论、人本主义学习理论等。混合式教学受建构主义学习理论的影响很大。

** 张爱东，新加坡南洋理工大学教师。

识是，只有将这二者结合起来，使二者优势互补，才能获得最佳学习效果。①

混合式教学将多种学习内容和方法、多媒体等有机结合起来，特别是把传统课堂教学和在线学习的模式有机整合，以期获得最佳的学习效果。

一、混合式教学模式的理论依据：建构主义理论的运用②

皮亚杰认为，儿童是在与周围环境相互作用的过程中，逐步建构关于外部世界的知识。维果斯基提出“活动”和“社会交往”在人的心理机能发展中的重要作用。因此，建构主义认为，知识是学习者在一定的情境下，借助其他人（教师和学习伙伴）的帮助，通过人与人之间的协作、交流等，利用必要的学习资料，获得意义建构。③

根据本人的课堂教学实践和思悟，笔者对建构主义教学方法有如下认识：

（1）学生是教学情境中的主角。自我身份认同后，学生会更积极主动地参与教学过程。

（2）教学绝非一个被动传授知识的过程，而是一个建构知识的过程。教学过程中需要教师根据具体情况创设各种情境，帮助学生利用先备知识进行学习和认知。

（3）教师是引导者、提供咨询者。他们应致力于激发学生以探究、合

---

① 何克抗（2004）从 Blending Learning 看教育技术理论的新发展，《中国电化教育》第 3 期。

② 建构主义的教学概念：瑞士心理学家皮亚杰（Jean Piaget）坚持从内因和外因的相互作用的观点来研究儿童的认知发展。儿童在与周围环境的相互作用过程中逐步建立起关于外部世界的知识，从而使自身的认知结构得到发展。认知个体（儿童）就是通过同化与顺应这两种形式来达到与周围环境的平衡，并在“平衡—不平衡—新的平衡”的循环中不断得到丰富、提高和发展。在皮亚杰的理论的基础上，柯尔伯格在认知结构的性质与认知结构的发展条件等方面做了进一步研究；斯腾伯格和卡茨等人则强调了个体的主动性在建构认知结构过程中的关键作用。而维果斯基创立的“文化历史发展理论”则强调认知过程中学习者所处社会文化历史背景的作用，在此基础上，维列鲁学派深入地研究了“活动”和“社会交往”在人的高级心理机能发展中的重要作用。所有研究都使建构主义理论得到进一步丰富和完善，为实际应用于教学过程创造了条件。

③ 王传明（2014）浅议课堂教学情境创设的策略，人教网“教育研究”专栏。

作的方式进行学习。

（4）教师应指导学生进行思考、探究，并鼓励开放性答案；应该认识到教学过程与结果都很重要。

（5）好的教科书固然重要，如能善加利用，学生所处社会文化、生活中面对的任何问题和情境都有助于他们的学习和知识建构。

二、混合教学的具体实施方法

（一）丰富教学内容

1. 教材的多样

选取教材的开放性是指在文学的教学过程中，有意识地引进与所学内容相关的学习资料，使教材由单一变为多元。首先，笔者认为，除学校传统运用的教材之外，也要介绍给学生其他文学课程和作品选读教材，并说明各自的特色，让学生根据自己的爱好自主学习，使学生在建构知识体系的同时能够有机会感知不同的人对问题的不同理解，从而提高学生的思辨能力。其次，教师还应该结合教材的进度给学生推荐一些重点书目，指导学生阅读。如在讲授鲁迅作品时可给学生推荐钱理群的《鲁迅与当代中国》、李欧梵的《铁屋中的呐喊》，及一些英文书目（新加坡学生具备双语能力），这样能够拓宽学生的阅读视野，深化知识体系。再次，还应加强文学理论和文化史内容的教学。在课堂教学时，补充相关的文学理论知识和文化史知识，使学生在分析文学现象和文学作品时有理论依据，培养学生的理性思维。

另外，教师还应加强文学教学内容的前沿性，应关注学术动态并及时吸收学术研究新成果（包括我自己的研究成果），[①] 使文学教学充满现代活力。教材丰富了，学生的思维也丰富了，学习兴趣自然就提高了。

2. 与时俱进性

作为一个推行双语教育的国家，新加坡秉持的教学策略比较容易与世

---

① 本人自2006年出版了《有效教学　快乐探究》教学系列（一、二、三卷）。

界接轨，有利于进行教学观念的更新、内容的更新以及教学方法的更新。①

3. 挖掘作品的当代性

虽然一些现代文学作品所涉及的研究对象从时间上来说远离当代社会，但从深层内蕴来看就会发现他们仍有其当代价值，因此在教学过程中应突出其当代适用性。鲁迅的杂文、韩少功的《马桥词典》可启发学生文学的创新和对文化的多维理解；新诗的寓意和含蓄之美加强了学生的审美感受力，使他们增强了学习的兴趣和动力。

（二）教学方法的多样化

1. 让学生以多种方式参与课堂教学

翻转课堂的设计②

1）布置翻转课任务　探究式学习、项目式学习、讲座式学习

2）教师布置线上学习任务，学生观看视频，完成思考题，记录学习难点疑点并做呈现

3）提出问题（从学习内容中凝聚出问题）：

周作人你真的醒了吗？（读周作人《人的文学》及《初恋》）

小渔最终能离开江伟吗？（读严歌苓《少女小渔》）

---

① 房永青、张爱东（2015）一带一路战略与人力资源战略：语言与文化问题，在南京大学中国语言战略高峰论坛主旨演讲。房永青、张爱东《一带一路战略中的人力资源问题》，南京大学：《中国语言战略》2016年。Zhang, A. & Fang, Y. Language-Culture Pyramid in the Era of Belt and Road, International Journal of Languages, Literature and Linguistics, Vol. 5, No. 4 2019（张爱东、房永青《语言、文学与语言学国际学刊》：一带一路背景下的语言文化金字塔》第五卷第四期，2019）

② 翻转课堂（Flipped classroom）是一种新的教学模式，起源于美国。2007年，化学教师的乔纳森·伯尔曼（Jon Bergmann）和亚伦·萨姆斯（Aaron Sams）开始用PPT演示播放文稿。他们把结合讲解和PPT演示的视频上传到网络以帮助缺席的学生补课。后来，这些视频被更多的学生接受并传播开来，也影响了其他各校教师和教学。翻转课堂的教学模式和教学成果使他们获得"数学和科学教学卓越总统奖"。翻转课堂一般先由学生课前在家中看教师准备好的课程内容，到学校时再与老师一起完成作业，并且进行提问及讨论。由于学生和老师角色对调，而且在家学习，在学校完成作业的方式也与传统教学不同，其被称为翻转课堂。（张金磊等（2012）翻转课堂教学模式研究，《远程教育杂志》第4期）

谁能活下来？（结合新加坡日据时期[①]的血腥背景进行场景扮演并展开讨论）

新世纪教育界的共识是，积极的教学模式首先应该是一种有利于学生主体意识发展的教学形式。传统的文学教学往往是教师精心备课，努力地教，而学生则是笔记拼命地抄。这样的教学模式使得学生缺乏学习的积极性和原动力。

翻转课堂的设计能够让学生积极参与课堂互动而不再是被动地接收信息。在课堂教学时，教师可以引出具有发散思维特点的话题让学生分小组讨论，最后由教师进行总结发言。比如，笔者在讲授新文化运动时，提出思考题，让学生自主发掘材料，分组讨论并各抒己见。笔者通常会结合讨论进行概括总结，但强调自己的总结也不代表标准答案，学生可进一步思考。这样既活跃了课堂气氛，打破一言堂的局面，也调动了学习的积极性和主动性。

翻转课堂教学法应当遵循几个原则（笔者认为遵循这些原则至关重要）：

原则1：不能为翻转而翻转，也不是每堂课都适合翻转。教师要问自己这堂课的翻转理由即必要性是什么。是重在解决问题的能力、语言表达的能力、批判性思维能力，还是沟通协作能力等；同时也要选择合适的学习平台——笔者在大学里主要用 Blackboard 平台。

原则2：教师应有明确的教学计划和具体实施规划，明确此翻转课堂的目的、具体步骤，如思维能力的培育、核心素养的培养和发展。学生需完成作业以及具开放性的思考题。翻转课堂进行之初，师生应预先沟通，建立共识，这样有利于具体实施。

原则3：检验学生的自学结果。虽然多数学生会自觉完成课前学习任务，但仍会有人不按要求做。因此，教师课前检测就成为必要，

① 新加坡日占时期（英语：Japanese occupation of Singapore），也称新加坡日据时期，是指第二次世界大战太平洋战争时大日本帝国占领新加坡的时期：由 1942 年 2 月 15 日新加坡海峡殖民地政府投降起，至 1945 年 9 月 12 日在新加坡政府大厦举行日军无条件投降仪式为止。

如提问、让学生列出有疑问的方面等。

2. 充分利用现代科技及“微课”辅助教学

在信息化时代，多媒体等现代科技的使用是课堂教学现代化的重要标志，常见的现代科技辅助手段有图片（包括自己拍摄的）、音频、视频、微课等。巧妙合理地使用多媒体有助于学生更好地感悟作品，提高学生的学习兴趣；也可以利用共享资源拓宽学生的视野，从而提高现代文学的教学效果。

例一：在学习鲁迅的《孔乙己》时，播放电视片《鲁迅》的片段，让孔乙己、小伙计等人物形象跃然纸上。学习沈从文作品系列，如《萧萧》时，通过展示图片和观看电影《边城》《湘女萧萧》给学生呈现湘西边陲的意境、情景，使学生能形象、直观地理解作品里“人性和神性（与惰性，作者加）”——声光色影的展开与运用。

例二：在学习萧红的《生死场》时，播放琵琶曲“十面埋伏”和新加坡本地日据时期和抗日烽火的电视连续剧《和平的代价》（获得新加坡97红星大奖最佳电视连续剧奖）的主题曲，学生在欣赏音乐影视的同时，可深入理解作品展现的那一时代，在日寇铁蹄下的中国百姓生不如死、命悬一线的绝望挣扎。

例三：新加坡经历过日本侵略时代的人虽寥寥无几，但还有些微尚存。笔者将一位老人——司徒醒玲日治时代的日记《一个新加坡少女的战争日记》（真实日记）拿来给学生看，起到很好的警醒与情境提示的作用。

对于一些基础知识，学生因不了解背景而难以掌握，教师可以推荐开放的网络共享资源，让学生自主地选择学习，以他们自己的进度拓展知识。课余时间，教师可通过微信、Blackboard 等交流平台与学生互动，便于教师及时掌握学生的学习进展，以弥补课堂学习时间的不足。

（三）积极开展“第二课堂”① 学习

1. 教师应将课内教学与课外实践有机结合，积极引导学生开展形式多

---

① 教育家朱九思提出“第二课堂”的概念：即在教学计划之外，引导和组织学生开展的各种有意义的健康的课外活动。《高等学校管理》（武汉：华中工学院出版社，1983 年。）

样的“第二课堂”

可在平时的教学活动中结合教学进度，引进其他课程和活动，展开综合学习活动。如学习老舍作品时，笔者课上的学生正上着另一门戏剧课，而老舍作品艺术性强，也适合剧目表演。笔者就让学生选择喜欢的作品《开市大吉》等进行“演出”。“第二课堂”能够加深学生对作品的理解和把握，提高学生对作品的理解力和表现力，也提升他们自身的文学和艺术素养。

> 国际21世纪教育委员会1996年向联合国教科文组织提交的一份报告中的可信内容即“未来教育的四大支柱”① ——教导学生
>
> 学会认知（Learning to know）
>
> 学会做事（Learning to do）
>
> 学会共同生活（Learning to be together）
>
> 学会生存（Learning to be）
>
> 其中，与人相处、与人合作、与人共同生活，被看作学会生存的重要前提。

2. 社会服务项目（Group Endeavours in Service Learning，简称 GESL）

新加坡南洋理工大学国立教育学院有一种引导大学生走向社会、为社会服务的“第二课堂”。这个社会实践和服务课堂在特定教师的指导下以小组的形式走向社会，在下述方面为社区、机构（残障、幼儿园、退伍军人、外籍劳工等）提供服务和帮助：

- 社区多元化建设
- 多元文化与交流
- 环境、自然资源保护教育
- 动植物保护
- 卫生、健康宣传

---

① 周南照（2010）21世纪教育四大支柱，《世界教育信息》第1期。

- 性格构筑（帮助幼童、残障儿童）
- 扫盲教育
- 音乐艺术等美学教育
- 社会福利
- 民众科技普及

笔者在引导学生学习沈从文的湘西小说《萧萧》和《丈夫》的时候，曾经引导学生参观新加坡一处“晚晴园”的历史遗址。那里有一些展出的旧照片，如被摧残的裹小脚的妇女等。来修课的教育学院学生绝大部分是女生，笔者引导学生设身处地地思考，如果身处萧萧那样的封建、落后的社会环境中，自己会遭遇何种境遇？出路又何在？此类的讨论效果显著，往往能直捣问题关键。同时，尤其能令本来对社会课题不敏感，也不关心时事的学生幡然醒悟，加深对所学课程的理解。

3. 适当挖掘、运用地域文化资源进行教学

随着高等教育的普及，大学不但不应该远离社会，而应逐渐与社会融合，了解社会构成和多元文化。现当代文学的学科内容与现实社会有着千丝万缕的联系，文学教师更要有清醒的认识，发现现当代文学与地方文化（如地方戏剧）的结合点，挖掘地域文化中的文学资源，并将其梳理成章，转化为所需的教学资源。新加坡有几位非常有成就的文化奖得主，如戏剧作家郭宝崑。他著有杰出的戏剧作品《傻姑娘和怪老树》《棺材太大洞太小》等。[①]这些戏剧反映当代社会文化，揭露官僚主义等社会弊端，艺术性也很高：

> 一场官僚和平民百姓周旋到底，超越你死我活的荒谬丧礼：
> 一个死人，一个丧礼，一堆家属。一口棺材，一个坟洞，一条规矩。
> 当棺材太大，洞太小时，人情和体制，谁会先让步？

笔者利用教学和研究优势，结合当地学生熟悉易懂的社会文化题材，引导展开讨论，如此一来，既能弘扬地方文化、服务地方，又易于启迪学

① 柯思仁、潘正镭（2005）《郭宝崑全集》（卷一），新加坡八方文化创作室。

生，加深其对现当代中国文化的理解。

参考文献

1. 朱九思（1983）《高等学校管理》，华中工学院出版社。

2. 何克抗（2004）从 Blending Learning 看教育技术理论的新发展，《中国电化教育》第 3 期。

3. 张萍等（2017）翻转课堂的理念、演变与有效性研究，《教育学报》7 月刊。

4. 柯思仁、潘正镭主编（2005）《郭宝崑全集》（第一卷），八方文化创作室。

5. 张金磊等（2012）翻转课堂教学模式研究，《远程教育杂志》第 4 期。

6. 张爱东（2006）《有效教学　快乐探究》（一），汤姆森学习集团出版社。

7. 张爱东、房永青（2010）《有效教学　快乐探究》（二），培生教育出版公司。

8. 张爱东（2014）《有效教学 快乐探究》（三），培生教育出版公司。

9. 房永青、张爱东（2015）一带一路战略与人力资源战略：语言与文化问题（在南京大学中国语言战略高峰论坛主旨演讲）。

10. 房永青、张爱东（2016）一带一路战略中的人力资源问题，《中国语言战略》第 1 期。

11. Zhang，A. & Fang，Y. （2019） Language-Culture Pyramid in the Era of Belt and Road，International Journal of Languages，Literature and Linguistics，Vol. 5，No. 4（张爱东、房永青《语言、文学与语言学国际学刊》："一带一路"背景下的语言文化金字塔》第五卷第四期，2019）。

12. 周南照（2010）21 世纪教育四大支柱，《世界教育信息》第 1 期。

13. 曾红卫（2019）"混合教学"模式下学生自主学习能力培养的探索和思考，《广东教育·职教版》第 8 期。

基于慕课（MOOC）的汉字与中国文化教学新举措*

张道升**

摘　要：为了提高汉字与中国文化慕课的教学效果，我们的新举措包括：梳理在线视频课程教学内容，理清阐释汉字文化的思路：形—构—用；纠正在线课程中的错误；扩充在线课程内容；加强实践教学：汉字文化的应用实例；重视课外活动：参观安徽省博物馆。

关键词：汉字；中国文化；教学新举措

汉字与中国文化为全校人文社科类通识选修课程和教师教育学院小学教育专业（本科）必修课。它从学科上隶属于汉字学，兼及历史学、考古学等知识。中国大学 MOOC 网上近似的课程有：暨南大学李香平的汉字文化及应用，北京师范大学孟琢的汉字与中国传统文化，武汉大学万献初的《说文解字》与上古社会，华东师范大学刘志基的汉语文字演变与中国文化传承等；近似的讲座有：中央音乐学院赵世民老师的探秘中国汉字，大

* 基金项目：安徽省教育厅2018 年度高等学校省级质量工程大规模在线开放课程（MOOC）示范项目“汉字与中国文化”（项目编号：2018MOOC0110）。

** 张道升，合肥师范学院文学院教授、硕导。

连大学李索老师的汉字的传统文化解读。通过以上视频及任课教师的讲解、师生互动讨论等，从传统文化的视角对汉字进行全方位解读，阐释寓含在汉字形体中的传统文化信息，并结合当今社会语言生活中存在的对汉字误用，对国学经典文献误释、误读及网络语言中的文字问题，从汉字学理论和汉文化的角度予以分析阐述，帮助学生和听众更深入、全面地了解汉字，在生活和工作中爱护汉字、规范使用汉字，并从中接受汉民族优秀传统文化的熏陶。为了提高汉字与中国文化 MOOC 的教学效果，我们的新举措主要包括：

一、梳理在线视频课程教学内容，理清阐释汉字文化的思路：形—构—用

（一）都 dū/dōu

形体：左右结构。左边是“者”；右边是“阝”，叫“右挂耳”。全字共 10 画，归在“阝”部。注意与“部”“郡”等字的形体区别。

构意：由“者”和“阝”两个构件组成，“者”字上古音属鱼部，现代单用时，读音变成“zhě”，而在构字时仍然保留上古音，可表示参构字读“-u”音，如“睹”“赌”“堵”“猪”“煮”“暑”等字的韵母都是“-u”。“阝”是“邑”字形体演变的结果（参“邑”字条），构字时仍然表示城邑或与城市有关的地名、姓氏等意义，如“邯郸”“郴”“郑”“邶”“祁”“郊”“郝”“邬”等。“都”字中的“阝”也表示城市类义，所以“都”的构意指城市。

用法：（1）符合构意的用法，如“首都”“都城”“都市”，其中的“都”是城市义。（2）借用记录副词，读音为“dōu”，表示总括或强调，如“大家都来了”“脚都走疼了”。

（二）邑 yì

形体：甲骨文作“蓆”，下面是个曲膝跪坐的人形，金文变作“ᕐ”，小篆变作“汪”，隶书变成“邑”，下面讹成“巴”。所以现代的“邑”字

上面是个扁形的“口”，下面是个“巴”字，上下结构。全字7画，本身是个部首字。

古文字的“邑”还有另外一条形体演变线索，演变成现代的右挂耳“阝”：（散盘）（多友鼎）→（天水秦简）（睡虎地秦简）→（马王堆帛书）（银雀山汉简）（武威汉简）（流沙简）→都→阝

构意：甲骨文上面的“囗”读“wéi”，即范围、包围的“围”，不是“口”字；下面从“人”。字形表示人围居的某个地方，其构意指有围墙的城市、都邑。现代汉字“邑”失去了原字构形的理据，成了两个跟意义无关而跟“口（kǒu）”“巴（bā）”同形的记号。

用法：“邑”字的构意现代一般不单用，只在“城邑”“都邑”等双音节的书面语中残存，但作为构件，除少数表示读音外（挹浥悒），大都保留城邑的古义而体现义符的价值，只是作义符时通常形变为“阝”，表示的意义也不限于城邑，还包括跟城邑相关的地名、姓氏等，如“郏”“邦”“邻”“都”“郭”“祁”等。

二、纠正在线课程中的错误

（一）家 jiā

百家讲坛《探秘中国汉字》认为：最早的字形是房里有猪。当时的人们认为最重要的是生产力，又因为猪繁殖力强，所以以生产能力旺盛的猪象征家的人丁兴旺。

段玉裁在《说文解字注》里说：“此篆文本义乃豕之居也。引申假借以为人之居。字义之转移多如此”（段玉裁，1981）。据此，“家”最初是指猪圈，因为“家”从“宀”从“豕”，“宀”甲骨文像房子形状。房子里有一头猪，不就是猪圈吗？大约因为古代劳动人民居住条件简陋，常常就在自己住的房子里养猪，所以逐渐变为指人居住的地方。笔者认为段玉裁之说可从。

（二）弃 qì

李孝定的《甲骨文集释》："弃，字像纳子箕中弃之之形。古代传说中常有弃婴之记载"（李孝定，1960）。李索老师在分析弃婴原因时说："养不起，把畸形的孩子给扔了，母系社会的风俗，上古'食长子'现象。"其实，还有一个重要原因。

"弃"字遗留有抢婚习俗的痕迹。抢婚的习俗在《周易》中有明确记载。《屯卦》："屯如邅如，乘马班如。匪（非）寇，婚媾。"描述的就是远古抢新娘的情况。"屯、邅"是困难的意思。"班"是盘旋。卦辞意谓：跨过山山水水，越过水水山山，小伙子们的马队在村外盘旋，我们不搞打砸抢，为的是和你们结成亲家。又《睽卦》："见豕负涂（土），载鬼一车。先张之弧，后说（脱）之弧。匪（非）寇，婚媾"（尚秉和，1980）。它描写的也是一场抢婚的情景。负涂：背着泥巴。涂，泥巴。弧：弓。卦辞意谓：好像见到脏猪滚一身污泥，好像见到大车装满鬼怪；好像见到有人先是张弓欲射，后来又将弓箭抛掉。来的不是仇人，而是求亲者。上古人们不知妊娠的准确期限，故常怀疑掠夺来的女子的第一胎孩子的血统，遂弃之。抛弃非正宗血统的孩子在上古经常发生。《史记》："姜原为帝喾元妃。姜原出野，见巨人迹，心忻然说（悦），欲践之，践之而身动如孕者。居期而生子，以为不祥，弃之隘巷，马牛过者皆辟不践；徙置之林中，适会山林多人，迁之；而弃渠中冰上，飞鸟以其翼覆荐之"（司马迁，1959）。姜原或称姜嫄，为姜姓部落的某年轻女子。所谓姜女原出野，履巨人迹，无夫感天而生子的记载，这是古人为了避"私生子"之嫌而编造的神话，却真实地透露了她与外氏族男子出奔野合的消息，故姜嫄一而再、再而三地想把私生子遗弃。

三、扩充在线课程内容

李索教授的"汉字中的文化信息解读——婚姻"篇中介绍了"昏（婚）、姻、嫁、取、妻、歸、婦"等字，笔者在讨论中拟补充"也、始、毓（育）、娩"等字。笔者上课时拟补充以下内容：

（一）从“宾、娶”等字看氏族社会的婚姻

母系社会中男人所从事的农业尚不发达，而狩猎所得又不固定，反之女人所从事的采集成为食物的主要来源；同时，女人的生育能力决定了氏族成员的多寡，而氏族成员的多寡决定了氏族的力量和生存能力，所以妇女受到高度敬重，甚至未成年女孩的地位也较高。“宾”字很好地体现了“母权制”。“宾”甲骨文从“宀”字（家的简体），从女，从止，会意。“止”代表外族客人到来，上半部形体表示家族中女头人对客人款待。”（刘志诚，1995）

母系氏族采用外婚制，本氏族的兄弟姊妹不能通婚，兄弟必须出嫁，在相互通婚的对方氏族的女子中寻找配偶；同样，对方氏族中的成年男子则嫁到本氏族来，在本氏族的女子中寻找配偶。古代文献关于亲属称谓制度的记载中，也保留着母系氏族婚姻关系的遗迹。比如说：“男子谓姊妹之子为‘出’，女子谓昆弟之子为‘女至’；谓出之子为‘离孙’，谓女至之子为‘归孙’”（胡奇光、方环海，1999）。在母系氏族外婚制中，或者是一个氏族同其他许多氏族通婚，或者是在两个氏族同级的男女（即所谓结婚组）之间通婚。按照后一种情况，因姊妹之子必须从本氏族出嫁到对方氏族中去，所以称为“出”。出之子不生于本氏族，但以辈分而论为孙，所以叫作“离孙”。反之，因兄弟出嫁到对方氏族，与对方氏族女子所生之子，由于结婚组的规定，一定要嫁回本氏族中来，所以称为“姪”“姪”是“至”的意思。姪之子又生于本氏族，所以就叫作“归孙”。

随着农业、畜牧业和手工业的发展，男子在这些生产部门中逐渐居于主导地位，由此促成原始公社组织和社会关系的变化，母系氏族社会逐步转变为父系氏族社会。父权制的确立是和新的婚姻形态相辅而行的，并借助新的婚姻形态而发展和完善起来。随着母权制过渡到父权制，婚姻中男女双方的关系也颠倒过来了。原来是女子留在本氏族，男子出嫁到另外的氏族，现在是男子留在本氏族，女子要出嫁到外氏族，并随男方居住。反映这个时期婚姻的“娶”字，《说文》：“娶，取妇也。”《易·蒙》：“勿用取（娶）女”（尚秉和，1980）。两处皆表明女子要嫁到男家。男子成了维系氏族的中心，妇女则处于从属的地位。这就要求妇女委身于男子，履行

生儿育女的义务。不仅妇女的家务劳动变成为私人的服务，甚至死后还要殉葬。这说明“在历史上出现的最初的阶级对立，是同个体婚制下的夫妻间的对抗的发展同时发生的，而最初的阶级压迫是同男性对女性的奴役同时发生的”（恩格斯，1999）。

（二）从“归、反”等字看古代的省亲与离婚

对于这一问题，汪少华先生做了详细论述，现转引如下（汪少华，2002），笔者做了适当增删：

女子出嫁称作“归”，女人……以夫为家，故谓嫁曰归也。”《〈易·渐〉孔疏》。女子出嫁后从来就是可以回娘家的，《诗经·周南·葛覃》：“归宁父母。”毛传：“宁，安也。父母在则有时归宁耳。”《后汉书·列女传·刘长卿妻》：“妻防远嫌疑，不肯归宁。”明代民间习俗，“娶妇三日归宁”（《明史》卷160《石璞传》）。女子出嫁后被弃回娘家称“反”，称“来归”《谷梁传·隐公二年》：“礼，妇人谓嫁曰归，反曰来归。”晋范宁注：“嫁而曰归，明外属也。反曰来归，明从外至。反谓为夫家所遣。”《谷梁传·成公五年》：“归人之义，嫁曰归，反曰来归。”《左传·庄公二十七年》：“凡诸侯之女，归宁曰来，出曰来归。”何注：“妇人有七弃……无子弃，绝世也；淫佚弃，乱类也；不事舅姑弃，悖德也；口舌弃，离亲也；盗窃弃，反义也；嫉妒弃，乱家也；恶疾弃，不可奉宗庙也。”孔疏：“见绝而出，则以来归为辞。”出嫁之女“反”“来归”，即被夫家休弃（出）回娘家。《士昏礼》贾疏：“礼，妇人谓嫁曰归，明无大故不反于家。”所谓“大故”，指的就是“七弃”之类的“严重过失”或“罪恶”，有此“大故”则休弃回家，而“反”显然是“休弃”。知道“反”的意思，大家就能很容易理解下边这段话：

战国时民间几以离婚为常事，而好合为偶然。赵太后嫁女于燕，祭祀必祝之，祝曰：“必勿使反。”（《战国策》卷二十一《赵策》）卫人嫁其子，而教之曰：“必私积，为人妇而出，常也，成居，幸也。”（《韩非子·说林上》）离婚之风之盛，可想见矣（陈鹏，1990）。

女儿出嫁可以归宁父母，赵太后也许难受流泪，但她决不会为此做生离死别、涕泣涟涟状，她深深担忧的是女儿被弃回来。“必勿使反”乃是

为了女儿生儿育女，“有子孙相继为王”。“反”前的一个“使”字就决定了这“反”是女儿不由自主、身不由己的行为，主动权不在女儿，赵太后对此也只有祈祷的份儿。

四、加强实践教学：汉字文化的应用实例

设计思想：汉字是依据汉语的特点创制而成的记录汉语的符号体系，具有超越时空和方言限制的优势，从而大大增强了汉语的交际职能。同时，它还是思想文化的直接载体，书写了中华民族的历史，记载了灿烂的中华文化，它已经不仅仅是一种交际符号，更重要的是它还担负起承载中华文明的重任，所以有必要让学生们去寻找现实中汉字文化的应用实例。

效果：让学生们通过具体事例了解汉字与中华文化的交相融合，发现汉字具有的拼音文字所没有的特质——那就是汉字本身蕴含和积淀着丰厚的历史与文化信息，从而使本课程具有知识性、趣味性和内涵性。

例如，通过物象之间的谐音合成来表现人们对婚姻的祝愿。这种汉字婚姻习俗所要表达的意境往往不是通过文字来直接道白，而是借助物象，以谐音的方式来表达一种祈求幸福吉祥的美好愿望。民间在新娘出嫁礼物中常备有枣子，祝福新人“早早生子”。《中山王嚳壶》中“早”字写作：从日，从枣，枣亦声，就遗留有这种习俗的痕迹。出嫁礼物中常备有筷子，是为了祝福新人“快快生子”。女方的父母在女儿出嫁前准备家具时，在衣柜、桌子的抽屉以及箱子里必须放一样东西：带籽的棉花。棉花籽的“籽”与生子的“子”同音，能使人联想到人的生育。新人还有吃“子孙饺子”的习惯。婚宴散后，要给新娘单独做饺子（饺子是有馅的食品，是一个能使人联想到怀孕的意象）。饺子只煮到半熟的程度便端给新娘吃。新娘吃时感到不熟，会说“生”。或者专门有人问：“饺子生不生啊?”回答说“生!”生熟的“生”与生育的“生”同字同音，使人联想到生育，便达到目的。

无论是在过去还是现在，生育孩子（尤其是男孩子）就能大大提高女子在婆家的地位。女儿出嫁当天，娘家送女儿两双新鞋，一双新郎的，一双新娘的，以“鞋”与“偕”同音，祝福新人“同偕到老”。新郎新娘入

洞房前要跨过一个火盆，以示未来的日子“红红火火”。

这种婚姻事项尤其是在吉祥图案和民居建筑装饰图案中俯首可拾。如画喜鹊与梧桐枝叶，谐音“同喜”（“桐”“同”谐音）。“梅”与“眉”音同，传统图案中，常画一只喜鹊立于梅花枝头，寓意“喜上眉梢”。再如“枣”谐音“早”、“栗子”或“荔枝”谐音“立子”，吉祥图案中画枣与栗子（或荔枝），表“早立子”意，常用于新婚之喜。“莲”与“连”、“桂”与“贵”谐音，传统吉祥图案中，常绘莲花、桂子，寓意“连生贵子”。如此等等，不一而足，充分展示了汉字的神奇魅力，表现了人们祈求幸福吉祥的美好心愿。

从“弃”和“宾”等形体结构来看，它们的造意的确证明了华夏史前文化的存在。但汉字是个动态系统，它通过谐音等手段丰富了其内涵，扩大了其表现力。

五、重视课外活动：参观安徽省博物馆

设计思想：安徽省博物馆有的文物有文字形体，它以详实的资料、严谨的布局、科学的方法和现代化的展示手段充分展示中华民族一脉相承的文字、灿烂的文化和辉煌的文明，荟萃历代中国文字样本精华，讲解古汉字的构形特征和演化历程。同时，省博物馆以古汉字符号为独特视角，反映东方华夏文明与中国语言文字的研究成果，具有普及性和学术性双重使命。

效果：省博物馆通过详实的资料、严谨的布局、科学的方法和现代化的展示手段，将文字的起源、发展及有关词语典故都反映出来，充分展示了中华民族一脉相承的文字、灿烂的文化和辉煌的文明。学生可以直观地领略华夏文明与中国语言文字的研究成果，这对于振奋民族精神、弘扬中华文明、增强民族自豪感有重要意义。

复旦大学张世禄教授提出：“世界言象形文字者，必推吾国。则此文字者，诚有史以前先民遗迹之所留，曷借之以窥其政俗之梗概，以补史策所未及者乎！”总之，汉字历史悠久、内涵丰富、表现力强。它是我们这个民族语言的形象符号和思维载体，通过其产生、发展、成熟和运用的过

程，可以读出我们这个民族的心理发展历程，尤其是可以从中领略到我们这个民族博大精深的民俗文化内涵。教学中，要运用新举措来揭示这些内涵，提高当代大学生的人文素养。

参考文献

1. 段玉裁（1981）《说文解字注》，上海古籍出版社。

2. 李孝定（1960）《甲骨文集释》，中央研究院历史语言研究所。

3. 尚秉和（1980）《周易尚氏学》，中华书局。

4. 司马迁（1959）《史记·周本纪四》，中华书局。

5. 刘志诚（1995）《汉字与华夏文化》，巴蜀书社。

6. 胡奇光、方环海（1999）《尔雅译注》，上海古籍出版社。

7. 恩格斯（1999）《家庭、私有制和国家的起源》，人民出版社。

8. 汪少华（2002）从古代习俗看词义训释，《中国训诂学研究会论文集》，中国文史出版社。

9. 陈鹏（1990）《中国婚姻史稿》，中华书局。

10. 张世禄（1984）文字上之古代社会观，《张世禄语言学论文集》，学林出版社。

四
文化传播与跨文化交际

非目的语环境下意大利汉语教师跨文化障碍调查与分析

郭　九*

摘　要： 近年来，随着全球国际中文教育的飞速发展，非目的语环境下的跨文化障碍问题越来越明显，亟须得到解决。作为其中的一名汉语教师，笔者深受其害。因此，本文主要以意大利米兰天主教圣心大学孔子学院（以下简称圣心孔院）的汉语教师为研究对象，采用问卷调查、课堂观察、文献查阅等方法，对30名汉语教师（含本土教师）进行问卷调查与分析，以总结问题、分析原因并提出解决策略，进而为意大利的汉语教学提供一定的参考和帮助。

关键词： 非目的语环境下；意大利汉语教师；跨文化障碍问题；解决策略

一、跨文化障碍的界定

关于跨文化障碍的界定，笔者主要参考赵晓栋（2009）在《法国人汉语学习中的文化障碍研究》一文中的相关研究，将跨文化障碍界定为：不

---

* 郭九，北京语言大学孔子学院工作处，现借调至中外语言交流合作中心政策研究处。

同文化背景下，因文化差异、民族中心主义、刻板印象等而出现的困惑、失望、误解、冲突等跨文化交际问题。

同时，受文化差异影响，汉语母语教师和本土教师在跨文化障碍的界定上存在分歧，如调查问卷中涉及的“眼神直视、课上去卫生间”等本土汉语教师不觉得是跨文化障碍问题，但对汉语母语教师来说则是比较严重的跨文化障碍问题。对于上述问题，笔者都将其列为跨文化障碍问题，因为它们严重影响了教学质量。

二、调查问卷的设计与构成

调查对象为圣心孔院汉语教师和罗马大学、博洛尼亚大学、佛罗伦萨大学、米兰国立大学等孔院的部分优秀汉语教师；问卷的设计主要包括常见的跨文化障碍问题调查、跨文化障碍问题分析及解决策略等两部分；问卷的内容则主要根据理查德·波特（Richard Porter）关于跨文化交际学研究内容的观点①以及心理学家麦克·阿盖尔（Michael Argyle）跨文化交际中主要的问题或困难的观点；② 同时结合教师们的教学经验、工作生活体验等设置调查题目。

三、调查问卷的发放与收集

问卷的发放主要采用邮件发送和纸质发放的方式，其中罗马大学、博洛尼亚大学、佛罗伦萨大学、米兰国立大学等孔子学院的教师问卷通过电子邮件发放；圣心孔院的教师问卷则采用纸质问卷形式发放。

本次研究共发放问卷 30 份，成功收回 30 份，回收率为 100%；其中

---

① 胡文仲（1999）《跨文化交际学概论》，外语教学与研究出版社，第 12 页。（理查德·波特认为跨文化交际学应该包括八个方面：即态度（包括世界观、价值观、民族中心主义、偏见、成见等）、社会组织、思维模式、角色规定、语言、空间的组织与利用、时间观念、非语言表达。）

② 胡文仲（1999）《跨文化交际学概论》，外语教学与研究出版社，第 13 页。［麦克·阿盖尔认为跨文化交际中主要的问题或困难有六个方面：（1）语言，包括礼貌用语；（2）非语言交际；（3）社会行为准则，包括赠送礼物等；（4）家庭和同事的关系；（5）做事的动力和动机；（6）思想观念，包括受政治影响产生的观念。］

有效问卷为28份，有效回收率为93%。

四、调查问卷的统计与分析

（一）跨文化障碍问题的统计

调查结果显示：教师们较难解决的跨文化障碍主要为“学生经常迟到；学生随意离开教室；学生一直直视老师；被批评的学生很沮丧，常常沉默或捣乱；公交车上给老人让座；称呼年纪大的学生为“老××”；非工作日布置作业；被学生告知汉语课枯燥无味，是典型的“中国式”课堂；不受学生尊重；日常行贴面礼”等10个问题。

（二）跨文化障碍问题的分析

1. 学生经常迟到

根据调查问卷，笔者将教师们（含本土教师，因为本土教师的方法更符合学校规定）的处理方法根据教学对象的不同总结如下：

教学对象为社会人员：多因工作原因迟到，应该理解；提醒他，但是不会批评；偶尔迟到者可以忽略，经常迟到的会用“关切”的语气询问迟到原因。教学对象为大学生：理解，课后沟通；是学生的自由选择；没关系，不打扰其他同学即可；适当改变教学安排。教学对象为中学生：先批评，如不改，和家长谈；问清缘由，准时上课；宣布纪律和准时的重要性。

调查显示：教师们对社会人员、大学生迟到的容忍度比较高，常选择耐心地询问原因并表示理解，甚至有教师选择“什么也不说”的处理方法；相反，对中学生的容忍度则普遍较低，一般会采用谈话、批评、禁止等方法处理，甚至有教师会选择通知学生家长的处理方法。

本土教师也表示：意大利汉语课的性质、校规校纪等决定了教师对待迟到的态度。社会人员、大学生的课多为选修课，没有学分、考试等的压力，比较松懈；对中学生来说，汉语课则是必修课，有口语测试、综合小测试等考试的压力，要求比较严格。同时，意大利大部分高中都有“不准迟到”的校规，而大学则比较灵活。因此，教师们应提前了解校规校纪、学生特点，做到有的放矢，有效解决迟到问题。

2. 学生随意离开教室

根据问卷调查，教师们的处理方式主要表现为如下两类：A 类（社会人员、大学生）：自由选择（12 人，42.9%）；继续上课，不随便制止（18 人，64.3%）；理解并友好地说“再见”（3 人，10.7%）；不干涉、忽视、忽略（19 人，76%）。B 类（中学生）：询问原因，根据实情决定，按校规处理（24 人，85.7%）；直接批评，必要时通知家长；立刻制止，得到允许后方可离开（20 人，71.4%）。

数据表明：对社会成员和大学生，76% 的教师选择“不干涉、忽视、忽略”的处理方法；10.7% 的教师在学生离开时报以友好的微笑或和学生说再见。对中学生，85.7% 的教师询问离开的原因，并根据实情决定是否允许其离开；同时，71.4% 的教师选择“直接提出批评，必要时通知学生家长；立刻制止等严肃的处理方法。本土教师表示，主要是因为意大利大、中学校规不同，中学一、二年级学生年龄较小，管理严格；大学生大多已成年且比较自由，可自行决定是否留在教室，不用考虑中国文化里的“尊师”观念。

3. 学生直视教师

调查问卷显示，此类问题的处理主要包括具体问题具体分析（A 类）、坦然处之（B 类）、忽视不回应（C 类）类等三类。相关数据统计如下：A 类：学生盯着教师的眼睛，可能是专心听讲、思想集中的表现，需要依情况而定；询问学生是否有问题，适当提问，正常上课；对该生进行提问，分散其注意力，在教室走动，如检查学生的发音和书写状况，避开其视线范围；首先要搞清楚学生盯着教师眼睛的出发点，如果是认真听讲或友善地盯，可以接受；如不是出于善意，则用提问的方式解除（27 人，92.9%）。B 类：坦然处之，也保持目光接触；与学生保持目光接触，但不盯着学生；微笑处之，然后注重与全班同学的眼神交流（18 人，64.3%）。C 类：忽略学生的眼神而不做回应；不处理，环视全班，将目光放在所有学生的身上（6 人，21.4%）。

数据表明：92.9% 的教师选择具体问题具体分析；约 64.3% 的教师了

解意大利“讲话时直视对方眼神”的非语言交际规则，并入乡随俗；约21.4%的教师则不了解此规则，注意不到学生眼神对课堂教学的影响。这提醒我们，应充分了解任教国非语言交际规则，避免不必要的跨文化障碍。

4. 受批评的学生很沮丧，扰乱课堂

据调查数据显示，教师们主要采取“课上冷处理　课后再交流”（A类）、“课上及时处理”（B类）、“自我反思，尽量避免此类问题出现”（C类）等三种处理方法。具体如下：A类，请他坐到前面冷静一下并且不要扰乱课堂；采用突然提问地方式，让他集中注意力；通过提问、眼神交流等方式制止该生，课后单独沟通；增加提问他的频率；灵活维持课堂秩序，课下沟通解决（27人，96.4%）。B类，暂停讲课，请母语教师处理；停止讲课，跟所有学生谈谈这件事情（本土）；我会请他/她出去。如果继续不让我授课的话，我停课，叫门卫（本土）；若是大学生，我会停下来，告诉大家，谁要捣乱就请离开教室，以免造成其他同学的损失；若是中学生，我会告诉负责汉语课程的老师，请他协调，该教师应该知道怎么解决，否则上诉至校长处理，因为学生不愿意学习汉语的话，可以放弃而改学其他外语，不需要勉为其难；若是孔院的学生，因为要自费，所以不会有这种情况发生，如果有，按照大学生的处理方法处理；若是高中生，请当地老师/学校负责人帮助；若是孔院的学生，告知孔院负责人，与该生谈话；制止他的行为并申明课堂纪律（13人，46.4%）。C类，尽量不要上课当众批评学生，以下课交流为主；分析他这么做的动机，如果是想引起教师的注意，会反思也许是因为对他的关注不够。如果有其他目的，那要具体分析；先接纳他的负面情绪，再想办法找到对双方都有利的解决方案，千万不要只是压制（23人，82.1%）。

数据显示：96.4%的教师选择“课上冷处理，课后再交流”，这样可以保证课堂教学的正常进行；82.1%的教师选择“自我反思，避免此类问题的出现”，这样有利于和谐师生关系的培养；46.4%的教师选择“课上及时处理，必要时寻求帮助”，这主要适用于中学生。总之，遇到此类问题，应根据教学对象的差异，或选择冷处理，或选择及时制止。

5. 公交车上给老人让座

调查显示：教师们“公交车上给老人让座与否”的处理方法大致分为A、B、C三类，分别为询问后再决定、不让座、让座。具体如下：A类，询问是否需要让座，再根据实情决定（16人，57.1%）；B类，不让座，减少不必要的麻烦（7人，25%）；C类，让座，因为意大利道德教育也有让座范畴，公共交通工具上也设有老人专座，只是没有特别宣传（19人，67.9%）。

数据表明：67.9%的教师选择让座；57.1%的教师选择询问后再决定；25%的教师选择不让座。数据表明，大部分教师能够恰当地处理此类问题，不管是直接让座还是询问后再让座，都不会影响跨文化交际。

6. 误称年纪大的人为老××

问卷表明：教师们主要采用如下三种方式处理称呼语方面的跨文化障碍问题：一是向他道歉，并找机会称赞他“活到老，学到老”（13人，46.4%）；二是首先解释中国文化中“老”的敬称意义，并向他了解意大利的称呼习惯（22人，78.6%）；三是改正错误，以后严格按照意大利的称呼习惯称呼学生（23人，82.1%）。

数据表明：82.1%的教师选择“改正自己的错误，入乡随俗，按照意大利习惯称呼学生；78.6%的教师选择解释汉语文化中的“称呼语”习惯，并了解意大利的习惯；46.4%的教师选择道歉，并借机称赞。这说明教师们在此类问题上多选择入乡随俗，有着较强的跨文化适应能力。

7. 非工作日布置作业

调查显示：教师们基本上不会选择非工作日布置作业，相关数据如下：社会人员类：经常布置（0人，0%）；偶尔布置（2人，7%）；不会布置（26人，92.2%）。大学生类：经常布置（1人，4%）；偶尔布置（2人，7%）；不会布置（25人，89.2%）。中学生类：经常布置（1人，4%）；偶尔布置（3人，10.7%）；不会布置（24人，85.7%）。

数据表示：大部分教师在非工作日都不会布置作业，这和意大利非工作日不谈工作的文化习俗相符合，尊重了任教国的风俗习惯，有利于教师们避免布置作业带来的跨文化障碍。

8. 被告知汉语课枯燥且偏‘中国式’课堂

根据问卷调查，笔者将教师们的处理方法总结如下：（1）社会人员和大学生。耐心听取学生的意见，不断改进自己的教学（教师1）。虚心接受意见，询问其他学生有没有相同的感受；若有，切实改进自己的教学方式；若学生是因自身原因无理由地不喜欢，我会和他沟通，一起商量解决策略（教师2）。首先询问哪里不好，并征求其他学生的意见，适当改正，调整教学计划；其次向有经验的教师请教或听课学习（教师3）。请学生指出不满意的地方，认真聆听，若建议合理，我会采纳，同时也反思自己的上课方法（教师4，本土）。和学生沟通并反省，如确有问题，及时改正，提高教学能力；询问学生的意见，及时沟通，综合所有学生看法，不断根据实情调整教学方案（教师5）。进一步询问哪儿不好，以便日后改进（教师6）。了解什么是“中国式”课堂，跟本土老师聊天，观察一下他们的上课方式（教师7）。客观接受，自我反省，了解原因，改进教学（教师8）。进一步询问原因和学生的学习需求，尽快按照学生的要求改进，部分学生尤其是大学生比较直接，课堂上出现错误或对课程有意见时他们会直接提出，所以不必担心学生从此不喜欢你了，学生很喜欢按照他们的要求不断改进教学方法的老师，因为这让他们觉得老师很尊重他们的想法（教师9，本土）。

（2）中学生。我会请他告诉我为什么他觉得我不好，哪些地方可以改进（教师1）；我请他们提出改善讲课方式或者应该注意的内容（教师2，本土）；有点儿尴尬，但是如果发生的话，会进一步了解学生的需求并改进（教师3，本土）。

数据表明，无论是母语教师还是本土教师，都能虚心听取学生的建议并反思自己的教学，进而寻求更合适的教学方法，顺利解决由此引起的跨文化障碍。

9. 不受学生尊重

问卷表明，教师们常采用以下三种方法处理此类问题：一是理解并能接受；考虑到意大利“学生养教师”的制度，理解并接受（3 人，10.7%）；二是理解但不能接受；对教师的不尊重是我最不能接受的（21 人，75%）；三是不理解、不能接受（4 人，14.3%）。

数据显示：75%的教师对“不尊师”理解但不接受；14.3%的教师不理解也不能接受；仅10.7%的教师理解并接受。正如一位教师所说：“在中国，教师是一种受人尊重的职业，而在意大利尤其是圣心大学（私立大学），学生交了高额学费来学习，是学校的主体，是教师的‘衣食父母’，学生可以在课堂上‘任意出入’，不必跟老师‘报告’，路上遇见老师也可以‘视而不见’，在这里教学，无法体会‘师道尊严’的神圣”。因此，在这样的环境中教学，应努力克服这一跨文化障碍，使其不影响自己的教学效果。

10. 日常行贴面礼

调查显示，教师们的处理方法主要为入乡随俗类和无奈接受两类。具体如下：入乡随俗，接受并和他们行贴面礼；欣然接受，热情回以同样的贴面礼；同样行贴面礼，因为我们在意大利，要入乡随俗；接受，入乡随俗；同样回以贴面礼，同时告诉他在中国的打招呼方式（27 人，96.4%）；接受，但不会回以贴面礼（1 人，4%）。

数据表明：96.4%的教师都表示入乡随俗，和意大利人行贴面礼，只有一位教师表示“接受他人的贴面礼，但不会回对方以贴面礼”。同时，根据学生反馈，贴面礼也是学生比较喜欢的方法。

五、跨文化障碍的解决策略

根据调查问卷的统计与分析，我们将跨文化障碍的解决策略总结如下：

（一）尊重当地文化，遵守合作院校法律法规

在非目的语环境下，一切都不同于目的语环境，想要保证汉语教学的顺利进行，就必须依靠合作院校。因此，我们必须遵守合作院校的法律法规，比如禁止中学生随意离开教室、迟到等意方院校禁止的事情；同时我们还要尊重当地的文化，比如不随意批评学生、虚心接受学生意见、尊重学生私人时间等。总之，在非目的语环境下进行汉语教学，尊重、遵守是前提，只有这样，才能继续汉语教学。

（二）以积极的姿态面对意方文化环境，给学生树立榜样

正如一位教师所说："在非目的语环境下，你会遇到很多令人不可思议的事，这个时候你唯一能做的就是默念三遍我在意大利，然后一笑了之。"这位教师的话虽然有些戏谑之意，却不失为一种解决跨文化障碍的良策。

（三）多了解，了解才能理解，理解才能适应

通过问卷调查，很多教师表示了解是理解的前提，无论是教学中，还是在生活中都必须多了解意方的文化习俗、教学模式、学生特点等。一位教师曾提到："向学生介绍中国文化，首先自己要多了解外国的文化，因为了解是理解的前提，然后才是教学中的求同存异，不能强迫学生接受。所以，面对学生迟到、不受尊重、言语直率、擅自离开等一系列跨文化问题时，我们应该本着'了解—理解—适应—入乡随俗'的心态来解决问题"。

（四）灵活教学，创造真实的目的语环境

在非目的语环境下教学，教师要注意教学方法的灵活性，时刻根据学习者的需求而变化；同时，通过孔子学院、留学生、华裔中文学校等为学习者创造真实的发音、交际和文化体验环境，从而帮助学生适应了解中国文化。

（五）努力学习意大利语

部分教师表示语言障碍也是教学的一大难题，一位教师曾表示："我觉得最困难的事情是语言不通，不能精准地解释汉语的一些问题，严重影响了教学与学习。"因此，教师们应利用一切机会，努力学习语言，积极了解文化，进而解决语言引起的跨文化障碍问题。

（六）多展示，少评价

强调文化的多样性，对差异不做好坏、对错的评价，多展示新的、不

同的事物，并以开放的心态对待新事物；自己多学习、多了解，多理解，这样才能不“少见多怪”。

参考文献

1. 胡文仲（1999）《跨文化交际学概论》，外语教学与研究出版社。

2. 赵晓栋（2009）法国人汉语学习中的文化障碍研究，山东大学硕士论文。

3. 王莉（2011）意大利学生汉语习得文化障碍分析及对策，辽宁师范大学硕士论文。

4. 赫佳瑶（2014）对外汉语教学文化冲突及应对策略，大连理工大学硕士论文。

5. 孙荔（2011）跨文化交际对外汉语教学中的障碍及其解决对策，《现代教育管理》第 4 期。

附录：汉语教师跨文化障碍调查问卷

序号	问题	回答内容
1	您遇到的较难接受的跨文化障碍有哪些？	
2	学生经常迟到，您怎么处理？	
3	学生随意离开教室，您怎么处理？	
4	学生一直盯着您，您怎么处理？	
5	批评捣乱的学生，他很沮丧、沉默不语，您怎么处理？	
6	“公交上给老人让座”问题，您怎么处理？	
7	称呼年纪大的学生为老 × ×，他很生气，您怎么处理？	
8	您会在非工作日给您的学生布置作业吗？为什么？	
9	被学生批评汉语课太中国式，很枯燥，您怎么处理？	
10	不受学生尊重，您怎么处理？	
11	学生经常和您行贴面礼，您怎么处理？	
12	您觉得解决跨文化障碍的有效策略有哪些？	

国际中文教学中文化传播策略探析

王中南*

摘　要： 来华留学生学习汉语的目的是获得跨文化交际能力，而跨文化交际能力的发展在一定程度上依赖于高效、科学的教学方法。对于汉语教师来说，培养留学生的跨文化交际能力就是懂得如何教授文化。国际中文教学中的文化教学和文化传播是高校语言教师普遍面临的问题。语言是文化最重要的载体之一，是文化的反映。文化教学和文化传播在国际中文教学中十分必要且地位重要，通过文化教学，留学生可进一步了解汉语文化，提高跨文化交际能力。

关键词： 语言文化；汉语教学；交际能力；文化教学；策略

来华留学生学习汉语的目的是学习汉语后进行交流，促进自己的学习、工作和生活。交际能力是通过说话人的社会化获得的，是一个人为适应社会必须掌握的技能。这种能力的培养在学习一门外语时同样适用。我们对来华留学生进行汉语教学，其本质目标也是培养他们能够正确使用汉语进行交际的能力。跨文化交际是指来自不同文化背景的人之间面对面的

* 王中南，香港岭南大学文化研究系。

交流。对于汉语教学的教师来说，培养留学生的跨文化交际能力就是懂得如何教授文化。

一、跨文化交际能力与汉语教学

首先，语言与文化的关系是密不可分的。学习语言的过程也是掌握该语言文化的过程，美国语言学家萨巫尔在他的《语言论》中说过："语言背后是有东西的，而且语言不能离开文化而存在（Sapir，1921：221）。"① 语言与文化的关系是动态的，学习语言必须了解其文化才能更好地交流，想要了解一种文化就要掌握相应的语言。语言是文化的重要组成部分，也是文化最重要的载体之一。同时，语言受文化的影响，是文化的反映。如果没有语言，文化就不为人所知。此外，文化是语言的基础，对语言有着重要的影响，如果没有文化，语言就好比无源之水、无本之木。语言是其背后文化内容的缩影，离开了文化谈语言是行不通的。语言与文化二者相互影响，彼此制约，共同发展。

其次，汉语教学中要重视文化教学和文化传播。语言学习中通常会发生语言迁移现象，也就是一种语言对另一种语言学习的影响，通常是母语对所学外语的迁移。在学习外语时，学习者经常会按照母语的模式，导致在学习外语过程中出现错误。语言与文化密不可分，在跨文化交际中，受本土文化影响的思维方式和表达方式会在不知不觉地迁移到外语学习中。因此，在外语学习中，语言学习者最难处理的就是这种文化差异。同样，来华留学生汉语教学不仅是一种语言教学，同时也是一种文化教学。在如何对待语言教学和文化教学的关系问题上，北京语言大学的刘珣教授强调了文化在国际中文教学中的重要作用，指出"结构—功能—文化相结合"的综合性方法和教学理念适合国际中文教学。因此，应加大文化在国际中文教学中的分量，使国际中文教学的效果得到提升。② 所以，文化教学是

---

① Sapir，Edward. *Language*：*An Introduction to the Study of Speech.* United States：Harcourt，Brace，1921. 221.

② 刘珣（2014）"结构—功能—文化相结合"的汉语教学理念再思考，《国际汉语教学研究》第2期。

汉语教学的重要组成部分，在国际中文教学中，教师在教授汉语语言知识点时，不能忽视文化教学的重要性，应将语言知识与文化教学有机统一起来，从而提升留学生的跨文化交际能力。

此外，在语言教学中还要重视跨文化交际能力的培养。交际能力是指通过各种可能的语言或非语言手段达到一定交际目的的能力，它是一种高度复杂的能力。母语交际能力的获得是一个自然的社会化过程，它与整个社会活动和社会环境有着密切的关系。培养外语交际能力需要高效、科学的教学方法。交际法把培养交际能力作为外语教学的主要目标，不注重语言结构的正确性，而注重意义的理解，特别是说话人在交际中的解释、表达和谈判能力。1984 年，北京语言大学教授张占一提出“交际文化”的概念，将语言教学中的文化内容分为知识文化和交际文化两种。他认为，直接影响两种不同文化背景的人进行语言交际的文化知识属交际文化范畴，留学生如果不懂交际文化就会直接影响交际效果。① 交际是一个过程，学习者仅仅掌握语言形式、语法和功能知识是远远不够的。学习者必须能够在交际中结合语言的意义，使用适合特定社会背景的语言。如果没有足够的语言文化知识，交际就会失败。因此，汉语教学应注重引导留学生将母语文化和目的语文化进行对比，不能仅仅培养留学生的语言技能，还要尽量减少文化差异所引起的文化冲突，培养留学生的跨文化交际能力。

二、文化教学和文化传播策略

文化教学和文化传播在国际中文教育的背景下具有重要性和必要性。

首先，从语言与文化的关系来看，语言和文化不可分割，语言是文化的载体，是社会成员之间交流的工具。文化是语言的基础，语言也不脱离文化而存在。如果不谈语言背后的文化，语言就像没有意义的符号；如果缺乏对文化的了解，语言学得再好也不能准确地、自由交流。这就要求汉语教师在对留学生汉语教学过程中，语言教学和文化教学要互为补充、相辅相成，强调文化教学在国际中文教学中的必要性和重要地位。其次，交

① 张占一（1984）汉语个别教学及其教材，《语言教学与研究》第 3 期。

际过程中需要一定的文化背景，如果没有文化教学，只是以教授词、句、语法为主，即使留学生对汉语词汇和语法等语言知识都掌握了，在日常交际中依然会出现各种问题。所以，在日常教学中，应该引导留学生积累汉语文化知识，避免文化差异。再次，文化教学更能引起留学生的学习兴趣，很多留学生在学习汉语初期都具有畏难心理，觉得汉语非常复杂，而单一的教学方法很难引起留学生的学习兴趣。通过文化教学，将语言背后的文化教授给留学生，不仅可以丰富教学内容，还可以激发留学生的学习兴趣，文化教学的必要性显而易见。因此，为了激发留学生的学习兴趣，让留学生更好地掌握汉语文化背景知识，运用汉语进行自如的交流，有必要坚持文化教学，为留学生跨文化交流做好充分的准备，真正实现国际中文教学的目标。

为培养留学生的跨文化交际能力，在汉语教学中重视和加强文化教学是十分必要的。为了取得良好的文化传播效果，需要采取以下多样化的文化教学策略。

首先，汉语教师需提高自身文化知识。为了更好地在课堂上引入文化教学，汉语教师需自身储备大量文化背景知识，然后才能有的放矢地教授留学生。过去，在外语教学中，教师往往注重语言点而忽视了文化导入在语言教学中的重要性，因此大多数留学生都很了解词汇和语法知识，但却缺乏正确运用语言的能力。当这些留学生与中国人交流时，他们可能会犯很多错误。众所周知，文化的范围很广，包括政治、经济、地理、历史、艺术、宗教、文学和科学。汉语教师应该了解社会生活的各个方面。在语言方面，应该学习日常用语、成语、谚语，因为它们反映了语言背后的文化。汉语教师可以通过阅读书籍、电影、文学作品、与外国朋友交流等方式获得这些知识。

其次，需要培养留学生的文化意识。缺乏文化意识是外语学习的障碍。长期以来，语言知识的教学占据着主导地位，接受过这种教学法的留学生虽然掌握了很多的词汇和语法，但在实际交际中却表现得并不理想。在国际中文教学中，与目的语直接相关的文化知识是首要的。文化方面的不同主要体现在以下几个方面：一是风俗习惯，也就是言语群体在日常生活和交往中形成的习惯和传统。中国人互相问候时通常会问你要去哪里、你吃了没有，以表达他们的关心。然而，同样的问候只会给西方人带来尴尬和困惑。二是心理不同，每个民族都非常珍视价值观和道德观。众所周知，西方国家追求个人主义和平等。西方人喜欢坦率或明确的观点。中国人与他们不同，更加看重谦虚和集体主义，而不是个性、直率。三是历史背景，包括文化的历史发展和文化伦理的积淀。知识与一些历史人物及事件直接相关，必须专门学习。为了尽可能消除文化差异而产生的障碍，汉语教师在文化教学过程中应该遵循循序渐进原则和适度原则，留学生的文化意识应该遵循从简单到复杂、从表面到深层的基本顺序。教师要不断调整其教学的深度和广度。在培养留学生的文化意识时，必须牢记文化教学的最终目的是提高他们的语言知识和交际能力。教师应在语言教学和文化教学之间保持适当的平衡，避免走到排斥语言知识教学的另一个极端。

第三，要注重课堂上文化知识的灌输。课堂教学是文化教学的重要环节，汉语教师要特别注重文化的灌输。比如在口语课上，多引入问候语的文化背景知识。中国人注重人的社会性、人与人之间的关心和体谅，西方人则多数时候以自我为中心。例如，中国人对亲属关系的区分更为细致，西方人对他们的亲戚，如爷爷、奶奶、叔叔和姑姑的称呼范围非常有限。中国人和西方人的参观方式也不同。中国人通常会去拜访他们的亲戚朋友，而不事先通知他们。不过，西方人会习惯性地事先打个电话，以确保主人方便并为他们的来访做好准备。因此，如果留学生不了解语言背后的文化背景，他们就不能很好地理解和使用语言。教师不仅要让留学生了解基本的语言知识，还要让留学生了解汉语的基本文化知识。这样，留学生在使用汉语时，可以养成良好的思维习惯，让留学生更好地进行口语交际。在听力材料的选择上，教师可以让留学生通过观看、收听中国文化类的节目视频，包括涉及旅游文化、饮食文化、服饰文化、建筑文化、宗教文化、茶文化和戏曲艺术等节目，让留学生感受中国文化的博大精深。教师还可以有意识地向留学生介绍当代中国丰富多彩的社会生活知识，比如与节日有关的内容，教师应向留学生介绍这个节日的由来、习俗以及与此相关的饮食文化。此外，教师还可以向留学生介绍小说、书籍等文学作品。一个国家的文学通常是其文化的良好反映。通过阅读某一特定语言群体的作品，留学生在欣赏名著的同时，也能熟悉书中所反映的风俗习惯、文化背景。这些手段可以将一种文化的风俗习惯和价值观直观地呈现给留学生，从而使中国文化物化，产生意想不到的效果。此外，还要进行分析比较。通过对不同文化的分析和比较，留学生可以进一步了解中国文化，这必然会促进他们对汉语交际能力的理解和掌握。

此外，要重视母语与汉语的对比研究。在教学中，不仅要介绍文化知识，还要比较两种语言的差异，使留学生更清楚地了解中国文化。词语是文化信息的重要载体，各种文化特征都能在词语中体现出来。有些词在一种语言中有积极的意义，而在另一种语言中有否定的意思。留学生经常遇到大量文化信息的句子，此时，教师给出文化背景知识，讲清两种文化背景之间的差异，可帮助留学生更好地理解句子，并有助于他们理解整个文本。另外，从第二语言习得的角度看，根据二语习得中显性知识与隐性知识之间的关系，学习者通过不断的学习获得显性知识，而显性知识也可以转化为隐性知识。通过文化信息的导入，第二语言学习者将重点放在母语与第二语言的对比和实践上，从而使第二语言的文化知识成为第二语言学习者的隐性知识，这样跨文化交际才能顺利进行。

最后，还要通过文化实践活动激发留学生的学习兴趣。除了在课堂上进行文化知识教学外，还可以举办一些课外实践活动来弥补课堂的不足，帮助留学生了解更多的文化知识，提高他们的汉语交际水平。例如，带领留学生进行语言实践活动，参观中国各地名胜古迹，体验当地举办的文化活动，让留学生在旅行中学习；举办留学生汉语演讲大赛、诗歌朗诵大赛、书画大赛等，亲自展示自己的中国文化风采；举办饮食文化节等活动，如包粽子、做月饼、包饺子，让留学生在节日氛围中感受中国文化，激发他们学习汉语的热情。总之，作为一名对外汉语教师，不仅要在课堂上融入文化知识，还要学会将文化教学由课上带到课下，通过形式多样的活动，将文化知识传授给留学生，培养出更多知华、友华人士。

结语

由于笔者学识有限，本文探讨了国际中文教育中文化传播的必要性和实现策略，但是并没有给出一个在汉语教学中融入文化教学的最佳方法，只是根据前人经验，总结出几种合适的方法。而如何通过在汉语教学中融入文化教学来培养留学生的跨文化交际能力，仍然是对外汉语教师面临的一项艰巨任务。语言是文化的载体，文化渗透于语言，文化教学不仅可以让留学生更好地用汉语进行交际，还可以提高留学生对汉语学习的兴趣，消除文化差异带来的阻碍。本文通过对语言与文化的关系、文化与汉语教学的关系、跨文化交际能力、文化教学的必要性和实现途径等问题的简要论述，对汉语教学中文化教学和文化传播进行了初步探索。同时，也要注意文化教学和文化在汉语教学中的重要性和不可或缺性，既不能过分强调语言知识而忽视文化教学，也不能因文化知识的融入而放松语言知识教学，二者应合理结合。在汉语教学中，语言教学和文化教学应该一体化，让留学生在良好的学习氛围下，从本质上认知汉语，并提高跨文化交际能力，感受中华文化的魅力。

参考文献

1. 刘珣（2014）“结构—功能—文化相结合”的汉语教学理念再思考，《国际汉语教学研究》第 2 期。

2. 张英（2006）对外汉语文化因素与文化知识教学研究，《汉语学习》第 6 期。

3. 张占一（1984）汉语个别教学及其教材，《语言教学与研究》第 3 期。

4. 周思源（1997）《国际中文教学与文化》，北京语言文化大学出版社。

汉语本科教育中的跨文化理解力探析

赵　璞*

摘　要：本文以习近平总书记关于教育的重要论述为指导，以来华留学本科教育近年的现状为背景，对教育部《来华留学生高等教育质量规范（试行）》中的人才培养目标部分进行了分析，指出“跨文化理解”与整体培养目标的契合，并对“跨文化理解”与“国际理解”“跨文化适应”“跨文化交际”“跨文化认同”和中国文化教学等相近概念进行了辨析，并在辨析中进一步阐释其作为来华留学汉语本科生培养目标的合理性与意义。

关键词：来华留学；本科汉语生；跨文化理解力；培养目标；培养内容

教育对外开放是我国改革开放事业的重要组成部分，党中央、国务院一直高度重视教育对外开放。习近平总书记在“一带一路”高峰论坛、进博会、博鳌亚洲论坛等很多重要场合，都进行过教育对外开放的宣示和论述。2020 年 6 月，教育部等八部门联合发布了《关于加快和扩大新时代教育对外开放的意见》，更是彰显了中国深化拓展与世界各国在教育领域互

* 赵璞，北京语言大学汉语学院在读博士生。

利合作、交流互鉴的意愿，以及为推动构建人类命运共同体贡献力量的决心。

2013 年，习近平主席在致清华大学苏世民学者项目启动的贺信中指出，今天的世界是各国共同组成的命运共同体。战胜人类发展面临的各种挑战，需要各国人民同舟共济、携手努力。教育应该顺此大势，通过更加密切的互动和交流，促进对人类各种知识和文化的认知，对各民族显示奋斗和未来愿景的体认，以促进各国学生增进相互了解、树立世界眼光、激发创新灵感，确立为人类和平与发展贡献智慧和力量的远大志向。① 这是习近平主席对教育对外开放的意义和使命的论述，更是对来华学习、研究的学生、学者的期待。在这段话中，我们可以提取出几个关键词：互动、交流、认知、体认、了解。以上关键词指向了一个重要的概念：跨文化理解。

跨文化理解力（Interculture Awearness）代表跨文化沟通能力的认知层面，强调经由对与自己互动的文化的理解，而改变对环境的个人感观过程。② 跨文化理解是旅居者面对旅居国（地区）的文化差异，尽快达到跨文化适应的基本需求，也是开展跨文化交际的基础。

根据教育部发布的 2019 年全国来华留学生数据统计，该年度共有来自 202 个国家和地区的 397635 名各类外国留学人员在 31 个省、自治区、直辖市的 811 所高等学校、科研院所和其他教学机构中学习，中国已经成为亚洲最大的留学目的地国。随着来华留学生规模的日益增大，“提质”“增效”及推动来华留学教育实现高质量内涵式发展成为重要课题。

在此背景下，2018 年教育部发布了《来华留学生高等教育质量规范（试行）》，其中对人才培养目标做了四个方面的界定。具体表述如下：

学科专业水平

来华留学生在学科专业上的培养目标和毕业要求与所在学校和专业的中国学生一致，符合相应教育层次、专业的教育教学标准或相关

① 教育部课题组（2019）《深入学习习近平关于教育的重要论述》，人民出版社。
② 陈国明（2009）《跨文化交际学》，华东师范大学出版社。

规范。

对中国的认识和理解

来华留学生应当熟悉中国历史、地理、社会、经济等中国国情和文化基本知识，了解中国政治制度和外交政策，理解中国社会主流价值观和公共道德观念，形成良好的法治观念和道德意识。

语言能力

以中文为专业教学语言的学科、专业中，来华留学生应当能够顺利使用中文完成本学科、专业的学习和研究任务，并具备使用中文从事本专业相关工作的能力；毕业时中文能力应当达到《国际汉语能力标准》五级水平。

以外语为专业教学语言的学科、专业中，来华留学生应当能够顺利使用相应外语完成本学科、专业的学习和研究任务，并具备使用相应外语从事本专业相关工作的能力；毕业时，本科生的中文能力应当至少达到《国际汉语能力标准》四级水平，硕士研究生、博士研究生的中文能力应当至少达到《国际汉语能力标准》三级水平。

跨文化和全球胜任力

来华留学生应当具备包容、认知和适应文化多样性的意识、知识、态度和技能，能够在不同民族、社会和国家之间的相互尊重、理解和团结中发挥作用。

本科层次来华留学生应当在本专业领域中具有一定的国际视野，能够在多个国家的实际环境中运用专业知识和技能，并具备参与国际交流与合作的初步能力。

硕士层次来华留学生应当在本学科领域中具有较好的国际视野，能够在多个国家的实际环境中运用和发展本学科的知识、技能和方法，并具备参与国际事务和国际竞争的能力。

博士层次来华留学生应当在本学科领域中具有宽阔的国际视野，能够在世界范围内创新运用和发展本学科的理论、技能和方法，在国际事务中具有竞争优势。

从以上表述中我们可以看出，除了“专业学科水平”之外，其他三个

“对中国的理解和认识”“语言能力”“跨文化和全球胜任力”都与跨文化理解有着密切的关系。可以说，跨文化理解是达成上述三个培养目标最重要的基础，尤其是针对来华留学汉语本科生，更应该把“跨文化理解”作为重要培养内容。

首先，“对中国的理解和认识”。来华留学生都是来自世界不同的国家，在各自的母语环境中成长，带着原有的文化视域，来到中国以后，在新的文化环境中，需要跨文化理解力来解读新的信息，调整文化图式。其次，“语言能力”。这里所说的语言能力当然不仅是指语音、词汇、语篇的能力，也包括语言交际能力。我们都知道，语言中的语义、语用都深受文化的影响，而交际风格更是不同文化的重要体现之一。因此，跨文化理解是顺利运用语言进行跨文化交际的重要前提（关于跨文化理解和跨文化交际两个概念的辨析，后文会详述）。最后，“跨文化和全球胜任力”，其详细解释中的“包容、认知和适应文化多样性的意识、知识、态度及技能”可以基本认为就是“跨文化理解”能力，“在不同民族、社会和国家之间的相互尊重、理解和团结中发挥作用”则是拥有这种能力基础上的更高实践要求。

因此，笔者认为，无论是从国家文化交流互鉴的角度，还是从来华留学教育自身的角度，“跨文化理解”应该是来华留学生的重要培养内容之一。下面，对于“跨文化理解”和相近或相关的几个概念——“国际理解”“跨文化交际”“跨文化认同”和“文化教学”进行辨析，并在辨析中进一步明晰概念的内涵并论证作为来华留学汉语本科生重要培养目标的合理性及意义。

其一，“跨文化理解”与“国际理解”。“国际理解教育”（Education of International Understanding，简称 EIU）是联合国教科文组织在 1946 年提出的，英国、美国等国家更常使用的是 global education，interculture education 等名称。2010 年，我国印发的《国家中长期教育改革和发展规划纲要（2010—2020）》，明确提出要“加强国际理解教育，推动跨文化交流，增进学生对不同国家、不同文化的认识和理解”。可见，“国际理解”的概念是站在某种文化的立场上，以此为基点出发，对世界文化多样性的较为全面认知和理解。就像前文中已经提到的，跨文化理解则“代表了跨文化交际能力的认知层面，强调经由对自己与互动对方文化的理解，而改变对环境的个人观感的过程”。也就是说，跨文化理解是关于确定的对象文化的理解。对于来华留学汉语本科生的培养来说，首要的是从自己国家的文化环境来到中国这一“跨文化”现实，以及对中国文化这一确定的对象文化进行了解、认知。而对于其他更多国家文化的理解，也非常重要，但不是首当其冲的问题。

其二，“跨文化理解”与“跨文化适应”。跨文化适应（Interculture Adaptation/Acculturation）主要指对新的文化环境逐渐感到贴切、适应的过程。在早期跨文化适应的研究中，最经典的是“文化休克”（Culture Shock）概念、U型曲线模型、W型曲线模型几种理论，主要是对跨文化适应过程进行阶段性分析。后来的学者则开始关注帮助人们如何尽量避免文化休克，更快适应新的文化环境，并为此提出影响跨文化适应的因素，包括环境因素、人格因素、社会支持、文化距离等。可见，影响文化适应的因素是多方面的，而跨文化理解，可以帮助克服文化距离这个因素从而使跨文化适应顺利进行。培养来华留学生的高校，都会在各个方面帮助留学生尽快度过到中国以后的跨文化适应阶段。但是这是一个综合的过程，很多因素是外在的或基于个性化的，只有跨文化理解是可以经由培养工作来推动和完成的。

其三，“跨文化理解”与“跨文化交际”。在前文已简单涉及这两个概念。学界一般认为跨文化交际能力（Interculture Communication Competence，简称ICC）是指“在跨文化情境中，某人基于自身的跨文化知识、技能和态度进行有效和得体交际的能力”。陈国明教授则在此基础之上提出ICC模型。该模型包括三个相互依存的层面：认知、情感和行为，跨文化理解就是其中的认知层面。陈国明教授认为，跨文化理解是降低跨文化交际中产生的情境模糊与不确定性的重要途径。每一种文化都有自己独特的信息处理渠道与规则，要完成顺利的跨文化交际，首先要知晓对方的文化，并在沟通方式上互相配合，才能在多元文化的情境下成功完成交际活动。因此，跨文化交际是建立在认知（跨文化理解）和情感（跨文化敏感）基础上的行为，跨文化理解能力影响着跨文化交际的效力，但同时跨文化交际也受到交际技巧、交际环境等多种因素的影响。对于来华留学汉语本科生而言，跨文化交际能力是更高的、与每个人性格特征关联得更紧密的一项能力，很难要求所有学生都达到一致的跨文化交际水平。而跨文化理解完全可以通过授课、训练、实践等多种方式来实现。

其四，“跨文化理解”与“跨文化认同”。文化认同指的是个人对一种特殊文化或者族群的归属感。旅居者顺利度过跨文化适应期以后，完全可以达到在不同文化认同间自如切换的状态。例如，一个长期居住在美国的华裔人士，可能与亲人和中国朋友用一套较为传统的中国式交际方式，但是在公司完全用另外一套更美式的交际方式与同事进行交流，完全不会感到困惑。作为中国的教育者，我们当然希望更多的学生能对中国文化产生认同感。但是，对于留学的学生而言，把文化认同作为培养目标是不现实的，毕竟学生的个体情况千差万别，有的本国文化与中国文化相近，更容易适应和认同，有的则差异非常大，能够做到跨文化适应已经不容易，很难达到认同。另外，作为留学目的国，把“跨文化认同”作为培养目标，则容易产生强行“文化输出”的负面印象。

其五，“跨文化理解”和中国文化教学。如前文所说，对学生的跨文化理解力教育是培养认知能力，或者说信息加工、转化和整合能力。而中国文化教学更倾向于知识的传授。用一个例子来说明，这两者就类似于维生素 D 和钙的关系。我们知道，医生都会推荐父母给婴幼儿补充维生素 D，这是因为只有在维生素 D 充足的情况下，钙才能被较好地吸收和利用。同理，不具备充分的跨文化理解能力，仅学习一些知识层面的文化概念，知其然而不知其所以然，就很难内化于思想，只能说是知道而不能说是理解。在跨文化理解力的参与下，学习到的知识与原有的文化视域可以进行“意义的协商”，通过对话、反思、重构建立新的认知与经验。这才是我们对学生进行中国文化知识教学的目标。

以上辨析了“跨文化理解”及与其相近的几个概念，不难看出，在跨文化理解方面着力进行教育和训练是非常必要的。学生只有超越原有的文化身份，在接触到不同价值理念时能够开放、平等地对话，才有可能完成真正的跨文化理解、交流和认同。

2014 年 3 月，习近平主席在联合国教科文组织总部的演讲中指出：文明是多彩的，文明是平等的，文明是包容的。中国人早就懂得了“和而不同”的道理。我们应该推动不同文明互相尊重、和谐共处，让文明交流互鉴成为推动人类社会进步的动力、维护世界和平的纽带。2020 年，习近平主席在第 75 届联合国大会一般性辩论上的讲话中再次提出：“我们要树立你中有我、我中有你的命运共同体意识，跳出小圈子和零和博弈思维，树立大家庭和合作共赢理念，摒弃意识形态争论，跨越文明冲突陷阱，相互尊重各国自主选择的发展道路和模式，让世界多样性成为人类社会进步的不竭动力、人类文明多姿多彩的天然形态。”正如习近平主席所说，科技的进步、资讯的发达让世界前所未有地紧密相连，文明间的不同和冲突也前所未有地被置于眼前。“不同”是天然的必然，“和”是尊重不同、达成协同的愿景。从“不同”到“和”之间，是一条需要共同跨越的理解之路。

在席卷全球的新冠肺炎疫情的影响下，在国际政治经济形势百年未有大变局的激荡中，来华留学生的数量可能会有所减少，但是每一位学生都是我们加强与世界联系和沟通的重要窗口。这些学生不管是亲身来到中国，还是通过互联网修习课程，培养他们的跨文化理解能力，就是培养能够理解中国的全球伙伴，就是培养共同建设人类命运共同体的生力军。

参考文献

1. 教育部课题组（2019）《深入学习习近平关于教育的重要论述》，人民出版社。

2. 高一虹（2002）跨文化交际能力的培养：“跨越”与“超越”，《外语与外语教学》第 10 期。

3. 王熙（2009）21 世纪国际教育的挑战：跨文化身份的可协商性，《全球教育展望》第 12 期。

4. 李毅（2020）人类命运共同体观下的国际理解教育互动研究，《世界教育信息》第 2 期。

5. 张蓉、龚灵（2020）我国国际理解教育研究回顾与反思——基于中国知网（CNKI）的文献分析，《教育与教学研究》第 5 期。

6. 陈慧、车宏生、朱敏（2003）跨文化适应影响隐私研究评述，《心理科学进展》第 11 期。

7. 彭凯平、王伊兰（2009）《跨文化沟通心理学》，北京师范大学出版社。

8. 陈国明（2019）《跨文化交际学》，华东师范大学出版社。

9. 李晓琪（2019）《汉语作为第二语言教学的跨文化交际研究》，商务印书馆。

10. 祖晓梅（2015）《跨文化交际》，外语教学与研究出版社。

11. 胡文仲（1999）《跨文化交际学概论》，外语教学与研究出版社。

论姚木兰与林黛玉的艺术共性

——从《京华烟云》对《红楼梦》的仿拟说起

刘奕男*

摘　要：林语堂在谈到《京华烟云》的创作时曾指出，书中塑造的人物具有明显的从《红楼梦》中进行模仿再造的痕迹。本文针对《京华烟云》中塑造得较为出色同时也是从《红楼梦》中模仿再造得较为成功的姚木兰这一人物形象，通过文学创作与接受、社会心理学等理论，结合林语堂在该小说和其他著作中的相关思想，分析该人物取自林黛玉的特征和二人间的艺术共性。

关键词：红楼梦；京华烟云；人物；林黛玉；姚木兰

《红楼梦》自18世纪中叶问世以来，便对中国后世作家及文学创作产生了广博而持久的影响。出生于1895年、创作繁荣期出现在20世纪中前段的现代作家林语堂接受这种影响的痕迹颇为明显。在他的创作中，有相当部分与《红楼梦》存在着关联，其中以完成于1939年的长篇小说《京华烟云》为典型。林语堂曾说自己创作《京华烟云》时重人物而轻结构，用意在于“描写人物性格之不同”，他在故事中塑造的人物也具有明显的

* 刘奕男，北京语言大学文学博士。

从《红楼梦》中模仿再造的痕迹。对于《红楼梦》的人物塑造，历代学者和评论家都给予了极高的评价，如清代评点家洪秋蕃曾说："《红楼》妙处，又莫如描摹之肖。性情各以其人殊，声吻若自其口出，至隐揭奸诈胸藏，曲绘媟亵情状，尤为传神阿堵。"[①] 林语堂也对《红楼梦》的人物塑造进行了高度肯定，他说："黛玉和宝玉，已成为全民族的情人，凤姐的泼辣，妙玉的灵慧，一个有一个的性格，一个有一个的可爱处"，[②] 这也直接影响到《京华烟云》的创作。林语堂在《给郁达夫的信——关于瞬息京华》[③] 中谈到这部小说的人物塑造时指出：重要人物约八九十，丫头亦十来个，大约以《红楼》人物拟之，[④] 在谈到女主角木兰时他也直指"木兰似湘云（而加入陈芸之雅素）"——除兼具史湘云的脂粉英雄气和陈芸的雅素之气外，木兰作为林语堂原创的人物形象，与林黛玉这一形象的艺术共性也极为显见，林语堂未经明说而意味隽永的表达正体现了他含蓄而精微的艺术手法。

一、从文学创作与接受的角度看木兰身份的二重性

（一）作为文学形象的木兰

从文学创作的角度看，作者构思时往往会借助特定的文学材料生发出新的文学作品和文学形象，其中，"综合"是作者塑造人物形象时常用的方式。所谓"综合"，即作者根据自己的中心意念，筛选材料中可服务于中心意念的部分，经过综合性加工，传达出新的整体意象或思想。[⑤] 木兰作为林语堂塑造的一个文学形象，既存在着从《红楼梦》人物身上汲取艺术特征而表现出的与之的相似性，也具有经林语堂艺术加工后呈现出的不同于《红楼梦》人物的全新特点。

---

① 冯其庸（2008）《重校八家评批红楼梦》，江西教育出版社，第17页。

② 林语堂（2013）《生活的艺术》，万卷出版公司，第230页。

③ Moment in Peking 存在"瞬息京华""京华烟云"两种汉译名，前者为郁飞翻译，后者为张振玉翻译。

④ 林语堂（1994）《拾遗集（下）》，东北师范大学出版社，第296页。

⑤ 童庆炳（2004）《文学理论教程》，高等教育出版社，第128页。

韦勒克在谈到小说创作时曾指出："塑造人物最简单的方式是给人物命名，因为每一个称呼都可以使人物变得生动活泼、栩栩如生和个性化"。[①] 在《京华烟云》英文原稿中，林语堂如是交代木兰名字的由来：

> Mulan (magnolia) was the name of a Chinese Joan of Arc, celebrated in a well-known poem, who took her father's place as a general in an army campaign for twelve years without being recognized and then returned to put on rouge and powder and to dress as a woman again. [②]

故事中木兰的父亲姚思安为女儿取名的过程，实际上反映了作者给笔下人物命名的过程。"木兰"作为汉语词汇，具有多种义项：一指香草名；二指木名；三指人名；四指围场名。[③] 从《京华烟云》原文可以看出，姚木兰的名字取自北朝《木兰诗》中"木兰替父从军"的典故，括弧中标注magnolia意为木兰花，可见在作者的设计中，"木兰"不仅仅代表与替父从军的女子花木兰同名，也有作为花木的象征成分。

在中国古代诗歌中，木兰是一种常见的花木意象，如《楚辞・离骚》中"朝搴阰之木兰兮，夕揽洲之宿莽"一句，木兰象征作者坚贞的品德与高洁的人格。再如晋潘岳《西征赋》"门磁石而梁木兰兮，构阿房之屈奇"一句，木兰作为乔木中的良品，又名杜兰、林兰，具有"状如楠树，质似柏而微疏，皮辛香似桂，厚者似厚朴，叶大"等特征。综合上述特点，可看出作者以"木兰"为笔下钟爱女性人物的名字，赋予了她品格出众、德行高尚的人格基础。

（二）作为文学接受者的木兰

当进入小说《京华烟云》的语境，将其中的人物视作现实人物，那么他们在日常生活中谈论文学作品，又相当于以文学接受者的身份进行文学

---

① ［美］韦勒克・沃伦著，刘象愚等译（2010）《文学理论》，江苏教育出版社，第256页。

② 本文所引 Moment in Peking 英文原文以外语教学与研究出版社2009年版为参考。

③ 广东、广西、湖南、河南辞源修订组（1988）《辞源（修订本）》，商务印书馆，第809页。

评论。在这一重话语体系中，《红楼梦》又可视作一部文学作品而存在。

《京华烟云》中人物谈及《红楼梦》的情形并不罕见。第十六章中，姚府众人持蟹赏菊度中秋，傅增湘先生考木兰“元黄就是蟹黄的典故出自何书”，木兰答到是《红楼梦》中薛宝钗的螃蟹咏诗；再如第三十三章中，木兰和宝芬一段谈话，宝芬表示姚府园子中的生活就如同《红楼梦》中大观园的生活；最值得关注的是第十九章，当木兰与立夫谈论起阅读《红楼梦》的感受，在场众人就人物喜好纷纷发表意见：

> 莫愁说：“二姐是说《红楼梦》呢，她同情的是林黛玉。”
> 迪人说：“我知道。二妹喜欢林黛玉，三妹喜欢薛宝钗。”
> 珊瑚说：“在那本小说里头，每个人都喜欢和自己相似的人。”①

从文学接受理论看，在小说阅读的过程中，读者有时会融入作品，为特定的人物或情节所吸引，与主人公一起欢乐悲戚。② 读者作为文学接受的主体，在阅读作品的过程中，由于个人或社会的原因，在心理上会形成特定的阅读期待，希望作品表现出合乎自己的意愿与人生态度。如果读者期待视野中的情感经验与作者或作品中的特定人物的情感经验相同或相似，那么该读者便会与作品形成一种强烈的心灵感应状态，这即是文学接受过程中的共鸣现象，③ 这是与接受者的个性、气质、性别、年龄、职业、经历、人生观、文化修养、审美趣味、艺术经验、期待视野及阅读心境都相关联的一个过程。④ 从上述情节中看，木兰等人作为《红楼梦》的接受者，与书中特定的人物产生了思想或情感共鸣，这种共鸣正是基于珊瑚指出的“和自己相似”，在英文原作中莫愁所说的“同情”以 sympathy 一词表达，也有“相投”和“志同道合”之意。从木兰作为《红楼梦》的接受主体的身份看，她之所以喜欢黛玉，必然是因为黛玉这一文学形象所具有的特征符合了木兰深层的审美意味、情感境界、人生态度及思想倾向等

---

① 本文所引《京华烟云》中文原文以万卷出版公司 2013 年出版的张振玉译本为参考。
② 周世华（2003）小说读者接受心理初探，《广西社会科学》第 4 期。
③ 童庆炳（2004）《文学理论教程》，高等教育出版社，第 303 页。
④ 童庆炳（2004）《文学理论教程》，高等教育出版社，第 281 页。

方面的期待。

二、居于全书“主中之主”的结构地位

论及木兰与黛玉的艺术共性，首先可以从作者创作的角度将二人在故事情节中所处的地位进行对比。

黛玉是《红楼梦》中具有重要叙事地位的女性人物。清人赵之谦曾说：“《红楼梦》众人所着眼者，一林黛玉。自有此书，自有看此书者，皆若一律。”① 第三回作者叙述黛玉进贾府一段情节，甲戌本就出现“今黛玉为正十二钗之冠”一段夹批。② 从作者的创作构思看，第五回宝玉在太虚幻境时所读金陵十二钗正册中，黛玉、宝钗二人合居首位，相比之下黛玉地位应更重——后文众仙姑演绎的《红楼梦十二曲》中《终身误》一曲合表黛钗，《枉凝眉》一曲专表黛玉，而宝钗则并没有专属的曲子。王希廉在谈到《红楼梦》中黛玉与宝钗的平衡关系时讲：“若就荣国一府而论，宝玉、黛玉、宝钗三人为主；若就钗、黛两人而论，则黛玉却是主中主，宝钗却是主中宾。”③ 可见在作者、批书人、评书者的心中，黛玉均超越宝钗，成为《红楼梦》中具有最郑重地位的女性角色。

余英时在《红楼梦的两个世界》中讨论过《红楼梦》情榜的排序问题，他认为“书中诸人与宝玉之间关系的深浅、密疏，必然会在很大程度上决定着他们在情榜上的地位”，④ 从正册的判词和画上看，黛玉和宝钗由于与宝玉最为密切而并列第一，但他推测在末回情榜中，黛玉最终仍要比宝钗高出一头，这一点可由宝玉之心一直偏向黛玉得到证实。⑤ 从红学界普遍认同的“晴有林风，袭乃钗副”观点来看，既然又副册中晴雯与袭人分列一二，那么在正册中，黛玉也极有可能高于宝钗一筹。

① 一粟（1963）《红楼梦卷》，中华书局，第376页。

② ［清］曹雪芹著，脂砚斋评，岳仁整理辑校（2015）《红楼梦脂汇本》，岳麓书社，第32页。

③ 黄霖、韩同文（2000）《中国历代小说论著选》，江西人民出版社，第568页。

④ 余英时（2002）《红楼梦的两个世界》，上海社会科学院出版社，第49页。

⑤ 余英时（2002）《红楼梦的两个世界》，上海社会科学院出版社，第97页。

再看《红楼梦》的故事情节，“黛玉还泪”作为故事缘起和这桩“风流冤案”发展的重要线索之一，叙事意义之重无须赘言。俞平伯曾就“还泪”之说提出《红楼梦》中的林黛玉是作者自比的观点，因为甲戌本第一回脂批有“能解者方有心酸之泪，哭成此书。壬午除夕，书未成，芹为泪尽而逝”一句，这是评书人以曹雪芹比书中林黛玉的证据。此回另有两条脂批写到“知眼泪还债大都作者一人耳”和“细思绛珠二字岂非血泪乎”，俞平伯认为这里所说的血与泪分明是作者真实的自叙。①

由上可见，从曹雪芹创作《金陵十二钗》册页的整体设计、黛玉在全书情节中所体现出的重要地位，以及黛玉所引发的作者内心共鸣上看，黛玉作为《红楼梦》中第一女子，可谓当之无愧。

《京华烟云》中，木兰也是作者林语堂着力塑造的一个女子。在最初的计划中，林语堂一度想把“木兰”作为全书的题目，他曾说过：“若为女儿身，必做木兰也”，这说明在很大程度上木兰承载了林语堂的异性身份想象。《京华烟云》一书以木兰的一生作为叙事线索，讲述她从享受庭园生活的富家小姐（10 岁时）到成为中国劳苦大众中的一员（47 岁时）这 37 年之间的命运变迁。林语堂在谈到书中人物时曾说：“以全书结构而言，木兰，莫愁，立夫，姚思安，为主中之主”，又说“以私意观之，木兰，莫愁，曼妮，立夫，姚思安，阿妈，华大嫂为第一流人物”，可见木兰与莫愁两个女性人物既拥有故事中重要的地位，也获得了作者的高度肯定。二人同为富家女，外表美丽性情柔和，若进一步论一轩轾，显然林语堂的感情更倾向于木兰。作者在《京华烟云》第五章中写道：“从成长及人格形成的过程上看，木兰是在母亲的智慧与父亲的知识双重熏陶中长大的，妹妹莫愁随后而至，而在智慧上进步大，在知识上进步小”——故事中姚氏姐妹的父亲姚思安是一位颇具道家色彩的人物，沉潜黄老之术多年，泰然从容，人格中饱含林语堂所欣赏道家哲学的精神；相比之下，她们的母亲姚太太则倾向于世俗化，全书开篇便写她缺乏一个有教养妇女的学问和气质，喜欢发号施令、性格固执独断。从这个角度看，木兰较于莫愁，性格受父亲的影响更大，这显然更符合林语堂所崇尚的道家精神，因

① 俞平伯（1988）《俞平伯论红楼梦》，上海古籍出版社，第 718 页。

而在整部小说中，木兰得以超越莫愁，成为第一女主人公，作者甚至直接将《京华烟云》上篇命名为“道家女儿”。

三、人格中的近情精神

林语堂在《思想的艺术》一文中说过：“近情精神实是人类文化最高的、最合理的理想，而近情的人实在就是最高形式的有教养的人”，[①] 他认为近情是与逻辑相对的一种认识世界的方式。有别于科学思想严格、客观、专门化的特征，近情表现的是对快乐的探索、对人生乐趣的不断追求，这又与道家所提倡的重返自然的田野哲学存在一定的吻合。

《红楼梦》开篇作者便说此书“大旨不过谈情”，有现代评点者指出：“‘谈情’与‘治理’相对，亦与‘载道’相悖，而与明人汤显祖、冯梦龙所倡之‘情’相通。”[②] 在《红楼梦》众多人物中，最具近情精神的非宝玉与黛玉二人莫属。第十九回中脂砚斋评价宝玉时曾提到：“说不得情痴情种，恰恰只有一个颦儿可对，后观情榜评曰：‘宝玉情不情，黛玉情情。’此二评自在评痴之上”，[③] 可见，宝玉是作者特别塑造的一个专注谈情，而轻视情以外社会准则的人物。吴宓在《红楼梦新谈》中谈到宝玉具有的诗性人格，认为其中一大特点在于“惟以美术上之道理，为察人阅世之准则”——所谓美术家，即以“妍媸美丑为上下去取之权衡”，不像哲学家一样善辨真伪，也不像道德家一样甄别善恶，而只着重于从审美的角度出发，求心之所适。[④] 从这个角度讲，宝玉身边唯一可以在情感世界与之产生共鸣的人唯有黛玉，“情”字在他们的精神世界中拥有至高无上的地位，二人“情不情”与“情情”的特点决定了他们会将由心底自发的感情作为人生重要的追求。

---

① 林语堂（2013）《生活的艺术》，万卷出版公司，第 305 页。

② 曹雪芹原著，程伟元、高鹗整理，张俊、沈治钧评批（2013）《新批校注红楼梦》，商务印书馆，第 10 页。

③ ［清］曹雪芹著，脂砚斋评，岳仁整理辑校（2015）《红楼梦脂汇本》，岳麓书社，第 221 页。

④ 吕启祥、林东海（2015）《红楼梦研究稀见资料汇编》，人民文学出版社，第 24 页。

在世俗眼光中，宝玉是个“看见燕子，就和燕子说话；河里看见了鱼，就和鱼儿说话；见了星星、月亮，他不是长吁短叹的，就是咕咕哝哝的”举止有些不合常理的人，但这却是宝玉“情不情”的外在表现。第八回中，脂批将“情不情”解释为“凡世间之无知无识，彼俱有一痴情去体贴”,[①] 这里所谓“知识”是佛教用语，佛教中以“善知识”指了悟一切知识，高明出众的人。[②]《红楼梦》第六十三回宝玉接到妙玉的拜寿帖，在路上偶遇岫烟，宝玉说妙玉之所以愿同自己来往，也是看中他“是个些微有知识的”。这里所说的“知识”，正是宝玉的悟性，及由此悟性带来的对世界的情感和认识。

和宝玉相类似，从黛玉身上，我们也可以感受到她对自然万物的钟爱与感同身受。比如《红楼梦》第三十五回写黛玉在花阴下站了半日，和紫鹃一起回到潇湘馆后的场景：

> 一进院门，只见满地下竹影参差，苔痕浓淡，不觉又想起《西厢记》中所云“幽僻处可有人行，点苍苔白露泠泠”二句来，因暗暗的叹道：“双文虽然命薄，尚有孀母弱弟。今日我黛玉之薄命，一并连孀母弱弟俱无。”想到这里，又欲滴下泪来。不防廊下的鹦哥见黛玉来了，嘎的一声扑了下来，倒吓了一跳，因说道：“你作死呢，又扇了我一头灰。”

黛玉由夏日早晨的潇湘馆院景，联想到所读过的曲辞，进而联想到自己的身世飘零，可见她于一草一木中皆倾入情感。正如林语堂所说“常和大自然的伟大为伍，当真可以使人的心境渐渐也成为伟大”,[③] 黛玉与所居院落中的一切生灵均存在心灵的交流。廊檐下养的鹦鹉便是黛玉寄托情感的一个对象，由她对鹦鹉关心并教它念诗可以看出她如此留恋世间的鸟语

---

① ［清］曹雪芹著，脂砚斋评，岳仁整理辑校（2015）《红楼梦脂汇本》，岳麓书社，第107页。

② 广东、广西、湖南、河南辞源修订组（1988）《辞源（修订本）》，商务印书馆，第287页。

③ 林语堂（2013）《生活的艺术》，万卷出版公司，第211页。

花香。再如第二十七回，写黛玉因与宝玉产生误会，宝玉前来潇湘馆赔罪，黛玉不予理睬，却在离开潇湘馆的时候，还叮嘱紫鹃“把屋子收拾了，下一扇纱屉子，看那大燕子回来，把帘子放下来，拿狮子倚住。烧了香，就把炉罩上”。甲戌本脂批曰：“总在欲言不言难禁之意了却‘情情’之正文也。”①

宝玉、黛玉同为具有艺术天性，喜欢爱好与研究大自然的近情之人，二人的“情不情”与“情情”并非两个相对的概念，如果说，宝玉对世间一切没有情感的事物都能赋予真切的情感，那么黛玉又何尝不曾感念于“花落水流红”，悲叹“花魂鸟魂总难留”？宝玉爱惜自然万物之情，唯有黛玉最能领会，这也使她成为大观园中与宝玉最具共鸣的知音。正如冥飞《古今小说评林》所言：“大观园姊妹众多，亦无有能如林黛玉能得宝玉纯一之爱情者。”② 有研究者指出：将“情不情”与“情情”两个考语相结合，反映出对世间所有有情与无情之物，俱有一种痴情去体贴，这是《红楼梦》有关伦理文明与生态文明的一种独特表达。③ 可见，宝玉与黛玉二人，在对世间万物投注情感这一方面是殊途同归的。

林语堂高度肯定钟爱万物的性情，将它形容为“由于酷爱人生而产生的，并受了历代浪漫文学潜流的激荡，最后又由一种人生哲学——大体上可称它为道家哲学——承认它为合理近情的态度”，④ 在《吾国与吾民》中他高度肯定了《红楼梦》因“深切丰富的人情”而不愧为世界伟大的作品。《京华烟云》中，林语堂则把这种近情精神赋予了她笔下最理想的女性姚木兰。木兰曾说过：“我喜欢有精神、有浪漫情操的女孩子，她们不寻常，不完全是规规矩矩的女子。”⑤ 对这样一种现象，美国社会心理学家弗里茨·海德用“平衡理论”进行阐释，他说：“每个个体都有强烈的欲望要维持自己对他人或事物态度的协调一致性，而这种一致性可以通过喜欢

① ［清］曹雪芹著，脂砚斋评 岳仁整理辑校（2015）《红楼梦脂汇本》，岳麓书社，第322页。

② 一粟（1963）《红楼梦卷》，中华书局，第646页。

③ 孙逊（2014）“情情”与“情不情”：红楼梦伦理文明和生态文明的现代阐释，《红楼梦学刊》第3辑。

④ 林语堂（2013）《生活的艺术》，万卷出版公司，第119页。

⑤ 林语堂（2013）《风声鹤唳》，万卷出版公司，第264页。

或不喜欢来达到。”[①] 按照社会心理学的观点，木兰既然喜欢黛玉，必是出于她们在人生态度、价值观、兴趣等方面的相似性。与黛玉一样，木兰也是个拥有诗性人格的女子，她评判世间万物同样是以审美为标准。《京华烟云》的第一章写姚家南迁，十岁的木兰在选择骡车时，选了骡子瘦小但骡夫长相和善的那一辆——她认为，骡夫的长相比骡子的好坏更重要。而在第十四章中，木兰欣赏青年孔立夫，看到他穿的西式皮鞋由于疏于擦油保养而颜色黯淡，作者写她与妹妹莫愁进行了一番交流——莫愁希望立夫把鞋脱下来，交给丫鬟去擦擦亮，理由是她认为仪表很重要；木兰则认为妹妹多此一举，因为在她看来，外观无伤大雅。木兰与莫愁态度上的区别，恰恰反映出二人对事物所重视角度的不同——相比莫愁更在意那些能够反映在表层的特征，重视诸如衣着应当干净整洁一类的社会惯例，木兰倾向于突破某些人司空见惯的标准，更愿追求灵觉层面的欣赏与契合。再如，当木兰与莫愁第一次见到素云的时候，尽管二人都感受到她身上矫揉造作的官宦气，但木兰仍旧欣赏她“西施捧心”的姿态，这源于她见到美女时一贯的爱慕；而莫愁则在私下里将自己对于素云的嫌弃告诉了木兰——可见在评判一个人的时候，木兰较于妹妹莫愁，基于情感方面的非理性成分占了更大的比例。

除去在与他人的交往中经常获得审美体验之外，在木兰的眼中，自然界所有的生灵都是值得怜爱与尊重的，如黛玉对万物生灵存有一种休戚相关的认同，木兰的近情精神，也表现在对小生命的无尽关爱中。10 岁那年，木兰在曾家生活，一次曾家大少爷平亚与三少爷孙亚斗蛐蛐，当周围的孩子们都饶有兴致地观战时，唯有她由于不忍看到其中任何一只战败受伤而走开了，她认为那是一种“可怕的屠杀”；几十年以后，在夜幕降临的苏州河上，年近四旬的木兰躺在甲板上欣赏着岸上飞来的萤火虫，一只萤火虫飞过来沿着她的胳膊向上爬，妹妹莫愁便伸手将它打了下去。木兰看着受伤的萤火虫滚落在甲板上，转眼间光亮消失，不禁难过地责怪妹妹——在以现实眼光审视世界的莫愁看来，萤火虫无非一只普通不过的小虫子；但在富有浪漫情怀的木兰眼里，它却是一条美丽的生命，人们原本

① 侯玉波（2013）《社会心理学》，北京大学出版社，第 153 页。

不应戕害它。

因近情而看重精神价值，因精神价值的富有而热情地享乐生活，这是黛玉和木兰所共同具有的人格特征。黛玉和木兰也因而成为《红楼梦》与《京华烟云》中拥有诗情画意、心境伟大的典型女性形象。

四、戢鳞潜翼的人生追求

戢鳞潜翼，意为鱼儿收敛鳞甲，鸟儿收起翅膀，比喻人退出官场，归隐山林。

在中国社会的语境中，官场似乎是一个与名利相绑定的概念。美国汉学家费正清在《美国与中国》一书中谈到中国的社会秩序时讲道："自古以来，官职是获得财富和清闲的关键，因为官吏最有机会增加他在已有产品中所获得的份额。有了当官的地位，就有权给人排难解纷并从中取利"，[①] 他进一步指出涉足官场是许多中国人向往的一种生存状态。这样的社会背景渐渐分化出了对官场向往或回避这两种截然相反的人生追求。

《红楼梦》作为反映中国宗法社会末期的一部作品，在揭露官场声臭这一点上做到入木三分。书中的贾雨村是一个选择仕途之路的典型形象，原本一介穷儒的他，青年时期怀有"不久居人下"勃勃雄心，考取功名一朝为官。起初他还保留着几分书生意气，但自官授应天府时起，便逐渐谙熟官场钻营之道——从徇私枉法错判葫芦案到后来陷害无辜抄了石呆子的家，贾雨村人格的异化体现了一个书生蜕变为枭雄的过程，也反映出人为了适应社会而一步步泯灭自己的良知与本性的可悲之处。清代大某山民对贾雨村的发迹道路给出了这样的评价："雨村在贫困中，犹不失读书人本色。不知后来一入仕途，且居显要，便换一副面目肺肠"，[②] 可谓中的。再如书中借居贾府的一众幕僚清客，成日插科打诨，无甚才学，无非附庸风雅，拉大旗作虎皮。这些人物作为另一个腐朽的侧面，展现了中国宗法社会末期一种独特的文化现象。

---

① ［美］费正清著，张理京译（2008）《美国与中国》，世界知识出版社，第47页。

② 冯其庸纂校订定（2008）《重校八家评批红楼梦》，江西教育出版社，第22页。

在贾府一众追名逐利的男性中，唯有宝玉做了仕途经济的“叛徒”，厌恶走社会期许他选择的道路，厌恶成为众人眼中读书上进的“禄蠹”。第三十二回写贾雨村前来贾府拜访，他心中一阵不自在，随后湘云的一番善意奉劝反招致宝玉一顿抢白。第三十六回写宝玉挨打之后将《四书》之外的古书付之一炬，从此更加忘形，直接把劝诫他的一众女子归为“国贼禄鬼之流”，毫不留情。

吴宓在谈到宝玉的诗人性情时讲道：“即质诸常人，凡有几分之幻想，即有几分之诗情。即皆有类似宝玉之处。大抵人之少时，幻想力最强，年长入世，则逐渐销减。如冰雪楼台，见日融化。”① 可见对于人而言，生来都具有些无邪的性情，但倘若不珍视自己天性中的纯良，失去对它的保护，则它会随着成长及来自社会规则的逐渐同化而消失殆尽。比如《红楼梦》中的甄宝玉，少时的他谈女儿之“尊贵”“清净”，怀有和贾宝玉相同的“情痴”灵性；然而在后四十回中，两位宝玉会面，贾宝玉原以为遇见与之同心的知己，不想却是一番冰炭不投的感受，曾经富有诗情与幻想的甄宝玉，一朝也步上了贾雨村的后尘。

贾宝玉形容女儿是水做的骨肉，男人是泥做的骨肉，每每他对男人们大谈仕途经济、追逐功名利禄的行为感到厌倦时，他便渴望在女儿世界中寻找到一些快乐。然而，这些深居宅院的小姐和丫鬟，有一些偏偏也学得冠冕堂皇，其中最令宝玉心烦意乱的当属宝钗——她作为宗法社会生存法则的忠实信徒，三番五次、苦口婆心地劝讽警诫宝玉学为官做宰之道。正是在这样一种“唯有功名忘不了”的社会声浪中，唯有林黛玉独树一帜，自行其是，从不应和那听起来的“世间正声”，也正是因为这一点，她才成为贾宝玉真正的知音。书中写“独有林黛玉自幼不曾劝他去立身扬名等语”，因而宝玉“深敬黛玉”。当湘云随声附和奉劝宝玉学仕途经济遭抢白时，宝玉的一句“林姑娘从来说过这些混账话么”，充分说明了她在宝玉心中产生了多么强烈的共鸣。

在这一点上，木兰与林黛玉又是很相似的。《京华烟云》所描绘的民国时期的中国社会，也处于巨大的变革之中，人与人之间的熙来攘往中弥

---

① 吕启祥、林东海（2015）《红楼梦研究稀见资料汇编》，人民文学出版社，第25页。

漫着浓重的追求金钱、名望、地位的气味。故事开篇作者便写作为京官的曾老爷，携家口返回泰安老家时，在进城时得到了包括知府知县在内的全城百姓的迎接。在书中，林语堂将官场形容为深海，认为只有富有精力才智，再加上几分黑心的人，才能够乘风破浪，飞黄腾达——从这些词语的选择中，足可见他对于走仕途道路所持的退避三舍的态度。小说中作者塑造的牛氏夫妇便是典型的名利场中的钻营之徒：牛似道一脸庸俗贪婪，凭着晚清腐败的社会制度卖官鬻爵，节节高升；牛太太马祖婆翻云覆雨、利欲熏心，为了获得更大的利益，精心挑选未来的女婿。至于牛家的大女儿素云，则是作者塑造的一个典型的礼教社会官宦人家的小姐形象：穿着举止谈吐都有些过于高雅，流于矫揉造作而缺少天真自然。十五岁的她便能把官场中的官名、人名背得滚瓜烂熟。

曾先生虽然不是一身铜臭之人，但却笃信儒家所提倡“学而优则仕”的信条，成为延续传统官场气息的“高雅之士”，相比之下，小儿子曾孙亚却是个不热衷官场生活的另类的青年。当然，这一点与他的妻子木兰有着难以割舍的关系——木兰深悉丈夫对于做官的抵触，也清楚他性格中决定他不适合做官的因素，因而从不建议他接近官场。她从周围人的尔虞我诈中，也早已洞悉官场中的虚情假意。木兰看不起做官之人在下级面前威风凛凛，一转眼到上级面前便畏缩如鼠的谄媚之道，对于这套虚与委蛇的官架子，她毫不留情地把它同不爱换内衣却专门在应酬时穿得干净整洁的女人联系在一起。木兰说一个人“内衣清白，外穿布衣，也胜似内衣污秽，外罩绸袍”，也始终如一地信奉父亲“正道而行，邪恶不能侵”的人生格言。所以，她也能发表这样同样惊世骇俗的言论。

木兰对官场的这种态度便是作者林语堂人生哲学的一种投射。林语堂是个崇尚悠闲生活的人，他认为懂得享受悠闲产生于对人生的酷爱。他喜爱那些懂得享受悠闲生活的人，在他看来，享受悠闲，是需要拥有恬静的心地和乐天旷达的观念的。林语堂曾说：“陶渊明、苏东坡、白居易、袁中郎、袁子才，都曾度过一个短期的官场生活，政绩都很优良，但都为了厌倦那种磕头的勾当，要求辞职，以便可以回家去过自由自在的生活。”①

---

① 林语堂（2013）《生活的艺术》，万卷出版公司，第120页。

可见，在林语堂的人生追求中，为官做宰并非他的终身所愿，他的人生乐趣在于欣赏自然风光，在于拥有广阔的胸怀。《京华烟云》中，木兰谈起自己的人生理想时便体现了这一点。22岁的木兰在新婚后燕居曾府，在一次和丈夫聊起对未来生活的设想时说：

> 我到西直门外头看见那些船夫，心想我应当像他们一样。咱们也应当有那么一条船。你想象一下儿，有朝一日，堂堂的曾少爷成了那么个船夫，我，这位姚家的千金小姐，成了一个船娘！我的大脚片子正好站在船上撑船！

她也把“骑鹤遨游”“萍踪浪迹”作为夫妻二人共同的追求，向往诗情画意的人生。在十多年以后，木兰和孙亚也的确实现了这个承诺，他们逃离了北平的政治纷纭，南迁杭州在西子湖畔过起了简朴的田园生活。

然而，林语堂所谓的自由自在，并非过一种象牙塔内的生活。他认为，这种消极放浪的哲学虽然体现了生活的无忧虑和内心的坦白，但并没有转变为玩世主义。林语堂讲道：“中国最崇高的理想，就是一个不必逃避人类社会和人生，而本性仍能保持原有快乐的人。”① 这体现在他所塑造的理想型人物中，便是木兰既可寄情山水与诗词，也懂得如何扮演好她的社会角色——林语堂并非提倡遁世隐者，他认为在拥有一种积极的生活态度的同时，能够平心享受生活中的美好对于拥有完整的人生体验来说格外重要。

结语

以《京华烟云》中姚木兰表达对林黛玉的喜爱来看，木兰作为文学接受者对《红楼梦》和黛玉这一人物产生的文学共鸣无疑是二者艺术相似性的最直观的证据。林语堂对《红楼梦》的欣赏作为创作《京华烟云》的重要动机，以黛玉的文学特征为底色而创造的姚木兰这一形象则是与自身审

① 林语堂（2013）《生活的艺术》，万卷出版公司，第88页。

美旨趣融合后的产物。木兰相比黛玉，在人格中的近情精神、鄙弃官场而向往田园生活，以及拥有故事脉络中主导性的叙事地位等特点上，都具有极大的相似性。由此可见，文学形象的产生，是仿拟和作者本人的性情追求相结合的结果。一个丰满的文学形象，既包含着作者与前人的对话，更是作者与自身对话的产物。

面向本科留学生的跨文化交际课教学方案探讨

史艳岚*

摘　要：汉语国际教育要重视对留学生的跨文化交际能力的培养。留学生在新的社会文化环境中会出现跨文化适应问题，如文化休克、跨文化障碍、心理焦虑和抑郁等，影响第二语言的学习。因此，留学生既要掌握必要的跨文化交际理论，更要在实践中提高跨文化交际能力。汉语教师在课堂语言教学和文化教学的同时，要把跨文化交际知识融入课堂，根据学生的实际情况和需求设计课程大纲和教学方案。用案例分析、小组讨论和情境表演的方式帮助留学生深切体会跨文化交际中的冲突和问题，并主动探究问题产生的原因和解决问题的办法，从而提高留学生的语言能力和跨文化交际能力。

关键词：汉语国际教育；本科留学生；跨文化交际课；教学方案；跨文化交际能力

* 史艳岚，北京语言大学汉语学院教师。

一、引言

随着中国社会国际化程度的加深，越来越多的外国留学生选择到中国留学。来华留学生除了语言交流上的障碍，也深受文化差异的困扰。有些学生因为缺乏跨文化交际知识和能力，在与人交往的过程中产生冲突和矛盾；有的学生不善于接受新事物和新环境，自我局限在个人空间内，很难走进中国社会；有些同学因为对中国有偏见和刻板印象，评价社会事件态度偏激或者极端，站在中国人的对立面。由于汉语教学过于重视语言教学而忽视传授跨文化交际知识和培养跨文化交际能力，留学生面对跨文化交际问题缺乏应对策略。崔永华先生在《汉语国际教学的目标是培养汉语跨文化交际能力》一文中强调“跨文化能力教学是跟语言能力教学、交际能力教学一体进行的，其终极目标是培养跨文化交际能力”；提出应当“重新构建结构—功能—文化相结合的教学思路和模式，根据汉语和汉语教学的特点，研制相应的教学大纲，明确教学内容，探索教学途径，把培养汉语跨文化交际能力落到实处”。笔者在给汉语国际教育专业硕士生教授《跨文化交际》课程时，特别研讨了针对留学生开设跨文化交际课程的必要性，在本科留学生跨文化交际课程的教学计划、教学内容、教学方法等方面做了一定的探索，初步制定了留学生跨文化交际课程的教学方案。

二、培养留学生跨文化交际能力

（一）开设留学生跨文化交际课程的必要性

胡文仲先生认为，跨文化交际指具有不同文化背景的人们之间的交际。跨文化交际是不同价值取向和态度观念之间的交流碰撞和融合的心理过程，表层的文化符号和深层的价值观文化取向都能体现出文化差异。在跨文化交际中需要积极主动地去了解对方的文化特性，解决各种由于文化差异产生的交际问题。

外国留学生到中国来学习汉语，期待能够把学到的汉语知识技能以及中国文化运用到实际生活中，和中国人进行交际，融入中国社会生活。由于留学生和中国人语言不通，生活的文化背景完全不同，在留学过程中会遇到很多困难，包括生理和心理上的各种不适应——交不到朋友，感到孤单；与预期出入较大，不能接受现实情况；生活的社会背景不同，价值文化取向差异较大。学习生活中交流困难，不能正确理解他人的意图，无法融入社会生活等。这些不适应会带来消极影响，导致心情不好，学习退步，感到焦虑；甚至由于抑郁、悲观而休学、退学。老师和学校应该伸出援手，帮助留学生解决跨文化交际中的问题和困惑，提高跨文化交际的能力。因此，专门面向留学生有针对性地开设“跨文化交际课程”非常有必要。

（二）跨文化交际能力的培养策略

汉语国际教育的文化教学既包括知识文化，也包括交际文化。知识文化是客观的存在，可以总结其规律性。交际文化则是动态变化的，隐含在文化群体成员的言行举止之中。和知识文化不同，交际文化无法通过反复操练直接获得，必须通过详细的解释说明以及亲身体验经历才能掌握。交际文化的不成文性和习得方式的复杂性，增加了交际能力的培养难度。经过和留学生的互动交流，我们认为可以采取理解—感受—实践这一层层深入的模式，引导留学生将交际文化知识转化为跨文化交际能力。

1. 培养留学生的跨文化交际意识

培养跨文化交际意识的第一步是要树立文化多样性的认识。交际双方都要意识到彼此间的文化差异，留学生需要理解中国人的思维方式，交际的时候多注意民族特点和习惯。教师要强调文化平等和互相尊重的观念，请学生将本民族和中国的交际文化进行对比并归纳整理，让留学生从多方面感知不同文化的差异。组织学生通过社会实践、观看电影、电视节目来感受中国人的日常生活和交往习俗，增强文化敏感性；还要对留学生进行交际得体性训练，请学生对跨文化案例的故事情节进行模拟和重现，尝试亲自解决问题。在课堂上还可以由留学生自己再现学习生活中的跨文化交际失败案例，从中分析发生问题的原因，并且找出解决问题的方法。实践证明，情景再现式的模拟表演和跨文化交际案例分析是培养留学生跨文化交际意识和能力的有效途径。

2. 培养留学生不同层次的跨文化交际能力

跨文化交际体现在表层文化和深层文化。表层语言交际侧重词汇文化含义和语用意义，比如不同的语言中称谓语、敬辞、谦辞、动物词和颜色词等都有很大的差异。学生应了解中国人的言语交际习惯和禁忌，可以采用角色扮演的方式让学生加深理解并进行演练。角色扮演的主题要适应学生的汉语水平，以实用为原则，贴近学生生活。表层非语言交际侧重从体态语、副语言、时间观念和空间利用等角度进行对比分析，让学生通过模拟表演和分析总结来认识非语言交际中需注意的问题。

深层文化包括价值观念、伦理道德、风俗习惯、人生信仰、生活方式和行为规范等。可以从个体集体主义、权力距离、高低语境文化、人际关系和交往习俗等方面进行不同文化间的对比。创造典型情境，让学生身处其中，增加学生的跨文化交际体验。鼓励学生尽可能多地参与各项活动、与中国朋友交往，让学生在实践中亲身感受文化差异，如参加语言实践活动、志愿者服务活动、与中国学生的各种联欢、去中国朋友家做客等。

跨文化交际课程目标是让留学生了解中国人的交际习惯、培养跨文化交际意识、能够灵活机动地解决跨文化交际中出现的问题。课程循序渐进——学习交际文化知识、感受交际场景、学生模拟情景再现、分析原因和解决问题。鼓励留学生和中国人进行真实的交际，在交际实践中提高跨文化交际能力。对跨文化交际中的一些敏感问题要做好准备，用事实说话，讲好“中国故事”。专门面向留学生开设讨论中国热点问题的课程，要以生动的事实让留学生们认识到真正的中国不同于被外媒歪曲的中国。每一位具有跨文化交际能力的留学生都是未来国际上的“中国文化大使”。

三、留学生跨文化交际课程教学方案

面向本科留学生的跨文化交际课程教学方案如下：

课程名称：跨文化交际

教学对象：本科留学生（三年级以上中高汉语水平的留学生）

教学目的：

1. 使本科留学生具有跨文化交际的意识，了解中国人的价值观、风俗习惯、思维方式和行为模式等与自己国家的不同，并能够客观看待文化差异，对不同的文化保持尊重的态度。

2. 使学生掌握一定的跨文化交际的能力，缩短留学生对中国社会的心理距离，“入乡随俗”，尽快融入中国社会，了解社会热点，在中国顺利地生活和学习。

3. 使学生能够利用所学的跨文化交际知识和方法解决跨文化交际中出现的实际问题。

课程类型：公共必修课

课时安排：共 15 周，每周 2 学时。

教学内容：跨文化交际基本理论、语言交际、非语言交际、社会交往、人际关系、价值观、跨文化交际障碍、跨文化适应、跨文化交际和第二语言学习等。

教学方法：采用教师讲授、案例分析、学生讨论、情景模拟实践相结合的教学方法。

教材建设：编写专门针对各国留学生的《跨文化交际指南》，内容包括外国留学生在中国发生的各种真实的跨文化交际案例及简要分析，引导学生初步树立跨文化交际意识。

教学计划：

第一周：跨文化交际课程简介、跨文化交际理论

第二周：语言交际及非语言交际

第三周：语言交际及课堂讨论、案例分析

第四周：非语言交际及课堂讨论、案例分析

第五周：社会交往

第六周：社会交往课堂讨论、案例分析

第七周：人际关系

第八周：人际关系课堂讨论、案例分析

第九周：价值观与文化模式

第十周：价值观课堂讨论、情境模拟和实践

第十一周：跨文化交际障碍及案例分析

第十二周：跨文化交际障碍情境模拟和实践、学生报告

第十三周：跨文化适应及案例分析

第十四周：跨文化适应情境模拟和实践、课程总结

第十五周：学生提交跨文化交际课程论文

具体教学安排：

第一周：课程介绍

1. 向同学介绍本学期的教学计划，包括教学内容、课程安排、教学方式、作业、考查方式和小组任务等等。概括介绍跨文化交际的定义和基本理论。采取学生自愿和老师分配相结合的方式，将学生分成若干小组，每组需包含不同文化背景的学生。

2. 语言交际：汉语词汇的文化意义、汉语的语用规则、中国人的交际风格等。采用图片、视频等多媒体辅助教学以及案例分析的教学方式。

3. 布置作业：请留学生列出本国语言中的文化词语、语用规则、特有的交际方式等。

第二周：语言交际

1. 以小组为单位，分享讨论自己国家的关于词汇意义、语用规则、交际方式的内容，随后推举成员进行小组汇报。

2. 案例分析：老师根据教学内容展示一篇典型案例，请同学分组对案例进行分析和讨论。讨论后学生可自由发言，表达观点。

3. 老师对讨论和案例分析进行总结，鼓励学生发表自己的看法。

第三周：非语言交际

1. 非语言交际的表现、特点和作用。

2. 眼神、手势、身势、面部表情及服饰。

3. 时间观和空间观。

第四周：非语言交际讨论、案例分析

1. 以小组为单位，讨论不同国家的关于非语言交际的文化内容，随后推举小组成员进行汇报，与同学分享各国非语言交际的特殊性。

2. 案例分析：老师根据教学内容展示典型案例，请同学分组对案例进行分析和讨论。

3. 教师总结和评价。

第五周：社会交往

1. 见面与告别语。

2. 恭维与谦虚。

3. 送礼与回礼。

4. 宴请与招待。

第六周：社会交往讨论、案例分析

1. 以小组为单位，讨论不同国家社会交往的特点，随后推举一名小组代表进行小组报告。

2. 案例分析：老师根据教学内容展示典型案例，请同学分组对案例进行分析和讨论。注意文化对比，找出文化差异。

3. 教师总结和评价。

第七周：人际关系

1. 家庭的地位和作用。

2. 中国人家庭化的社会关系。

3. 关系网、交际圈。

4. 跨文化交际中的人际关系。

第八周：人际关系讨论、案例分析

1. 以小组为单位，讨论不同国家人际交往的特点，随后推举小组成员向全班同学汇报小组讨论的结果。

2. 案例分析：老师根据教学内容展示典型案例，请同学们对案例进行分析和讨论，着重对比中外人际交往的不同。

3. 课程小结。

第九周：价值观

1. 什么是价值观。

2. 价值观与交际的关系。

3. 中国人的价值观和文化模式。

4. 对比中西方不同的价值观。

第十周：价值观讨论、情景模拟

1. 以小组为单位，讨论不同国家的价值观和文化模式，随后推举小组成员向全班汇报。

2. 案例分析：选取最新发生的典型案例，教师引导学生讨论，分析中西方价值观的不同。

3. 情境模拟：老师组织角色扮演活动，设定情境，学生自行设定剧本。

4. 学生自评和互评，老师对学生的课堂实践进行总结和评价。

第十一周：跨文化交际障碍　案例分析

1. 跨文化交际中的语言障碍、情感障碍和态度障碍。

2. 典型案例分析：刻板印象和民族中心主义。

3. 老师引导学生开展关于刻板印象和民族中心主义的讨论。

4. 总结和评价。

第十二周：跨文化交际障碍　情景模拟、课堂实践

1. 情境模拟和课堂实践：老师组织角色扮演活动，设定留学生在中国遇到跨文化交际障碍的情境，表演成功的案例和失败的案例。

2. 学生讨论解决问题的方案，教师总结和评价。

第十三周：跨文化适应　案例分析

1. 跨文化适应过程。

2. 文化休克。（返乡休克、文化冲突）

3. 跨文化适应的影响因素。

4. 学生分享自己跨文化适应的过程。

第十四周：跨文化适应　情境模拟　课堂实践

1. 情境模拟和课堂实践：老师组织角色扮演活动，设定留学生跨文化适应的情境，学生可根据自己的经历进行改编。不同的小组表演不同的故事。

2. 学生讨论跨文化交际的得体方式。

3. 老师对学生表现进行总结和评价。

第十五周：提交学期论文。

学生根据本学期所学的跨文化交际理论和实践，结合自己的跨文

化交际亲身经历，写一篇期末论文，阐述自己学习跨文化交际课程的认识和收获。

总体而言，面向本科留学生的教学方案要有目标和针对性，翻转课堂（学生自学、教师引导、课堂实践相结合）是实现教学方案的基础。教师要布置课前任务、引导学生掌握跨文化交际知识、组织学生讨论、进行案例分析等。课程考核方式灵活，既有过程性评价（预习、课堂参与、情景模拟、小组报告等），也有期末学期论文。在课堂上结合留学生的实际情况和跨文化交际问题进行分析，调动学生学习的积极性。鼓励学生观看中国的电影电视、实地采访、进行调查问卷、表演小品、拍短视频、考察社会现象等，把课上所学的知识运用到实际中去，使学生能够正确、得体、自然地传达和接收交际信息，学会避免文化误解或文化冲突。跨文化交际课的目标就是培养学生利用汉语进行跨文化交际的能力，汉语教师自己要了解多元文化、成为成功的跨文化交际者，增强学生的跨文化交际意识，把培养留学生跨文化交际能力贯穿于整个汉语教学的始终。

参考文献

1. 胡文仲（1999）《跨文化交际学概论》，外语教学与研究出版社。
2. 胡文仲（2004）《跨越文化的屏障》，外语教学与研究出版社。
3. 姜丽萍（2008）《对外汉语教学论》，北京语言大学出版社。
4. 毕继万（2009）《跨文化交际与第二语言教学》，北京语言大学出版社。
5. 祖晓梅（2015）《跨文化交际》，外语教学与研究出版社。
6. 崔永华（2020）对外汉语教学的目标是培养汉语跨文化交际能力，《语言教学与研究》第 4 期。
7. 王振亚（1993）以跨文化交际为目的的外语教学，《外语界》第 1 期。
8. 许果、梅林（2002）文化差异与跨文化交际能力的培养，《重庆大学学报（社会科学版）》第 8 卷第 6 期。

9. 周小兵（1996）对外汉语教学中的跨文化交际，《中山大学学报》第 6 期。

10. 朱俊华（2017）外国留学生跨文化交际能力现状考察及教学对策，《辽宁师范大学学报（社会科学版）》第 3 期。

浅谈语境化在跨文化教学中的意义

舒　燕*

摘　要： 语境化是对纷繁多样的信息进行编码和解读的动态过程。从汉语作为第二语言文化教学理论与实践出发，探讨语境化作为一种教学原则在跨文化教学中的意义，旨在为汉语作为第二语言文化教学与教材编写提供新思路，有助于教师在文化教学中提升跨文化意识，也有利于汉语学习者加深对汉语和中国文化特质的认知与理解，切实提高跨文化理解能力与汉语表达能力。

关键词： 语境化；汉语作为第二语言；教学原则；跨文化

引言

汉语作为第二语言文化教学，选取什么样的教学内容以及采取何种教学方法取决于教师对教学目标的理解以及对教学原则的把握。什么是文化？中国文化有哪些基本特点？如何进行文化教学？对此类问题的认知与理解需要跨文化视角。赵明（2016）认为，“文化问题是制约国际汉语教

---

* 舒燕，北京语言大学汉语学院教师。

育学科的软肋之一”。其重要原因在于目前国内学术界部分学者对什么是“文化”还不清楚。“外语/第二语言教学中的‘文化’与文化学的‘文化’定义大不相同，在教学中必须要对‘文化’这一‘X’（变量）做限定。”① 从跨文化视角来看，文化不仅是知识体系，而且是交流实践。转变文化观念，从语境入手，将语境化作为汉语第二语言文化教学的一个原则，有助于提升学习者的跨文化理解能力和表达能力，从根本上提高文化教学质量。

近20年来，在汉语国际教育事业迅速发展的大背景下，国内学界对汉语作为第二语言教学中的文化教学观念进行了深入反思。周健（2000）指出“在使用第二语言的跨文化交际中起制约作用的不仅仅是目的语文化”，“母语文化也参与了交际，并具有相当重要的作用”。为此，作者“讨论了跨文化交际语境中的文化混融现象及其产生的原因，以及对外汉语教学的若干对策。”② 亓华在论文中也强调：“对外汉语文化教学需要进行文化观念的转型。转型主要体现在三个方面：第一，突破狭隘的‘交际文化’观念，建立国际文化的大视野；第二，突破‘文化定型’观念，以克服跨文化理解的障碍；第三，变‘文化依附’为‘文化交融’。”③ 赵明（2016）结合全美外语教学委员会（ACTFL）新修订的《全球外语学习标准》（2014版）与《21世纪外语学习标准》（2006版）中对文化教学理念的比较分析，对汉语作为外语的文化教学观提出四点新认识，其中之一是将国际汉语教育中的文化理解为一种语境，认为结合语境讲解语言是使学习者得体使用语言的重要保证。”④

随着国际汉语教育学科的创立与发展，语境化在汉语作为第二语言文化教学中的意义日益凸显。作为一门新兴学科，国际汉语教育的理论建设与教学实践既要借鉴国外第二语言教学理论与方法，又要准确把握汉语和

① 赵明（2016）对国际汉语教育中“文化”的再认识——由《全球外语学习标准》引发的思考，《云南师范大学学报（对外汉语教学与研究版）》第14卷第4期。

② 周健（2000）试论文化混融语境中的交际与汉语教学，《汉语学习》第4期。

③ 亓华（2000）汉语国际推广与文化观念的转型，《北京师范大学学报（社会科学版）》第4期。

④ 赵明（2016）对国际汉语教育中“文化”的再认识——由《全球外语学习标准》引发的思考，《云南师范大学学报（对外汉语教学与研究版）》第14卷第4期。

中国文化的基本特征，在实践中不断探索自身的发展道路。

一、"语境机制"和"语境化"教学

语境这一概念是由英国人类学家马林诺夫斯基（B. Malinowski）在 20 世纪初提出的。20 世纪 70 年代，霍尔（E. T. Hall）在《无声的语言》和《超越文化》中进一步探讨了语境的意义以及语境机制在语言交流中的作用。霍尔认为"语境机制大概至少涉及完全不同却相互联系的两种机制：一种在生物体内，另一种在生物体外。第一种机制在大脑中发生，它可能是过去经验（程序化、内化的语境）的功能，可能是神经系统的结构（先天语境机制），也可能是两者兼而有之。第二种机制是外在的过程，这个外在的过程包括事件发生的情景和/或环境，也就是所谓的情景性语境机制（situational contexting）和/或环境性语境机制（environmental contexting）过程。"[①] 从功能来看，文化具有筛选作用。"文化的构成是一系列情景性的行为模式和思维模式"，情景决定着你吸收和略去的东西，而"语境化"则是"对付极为繁复的人际交往的一个重要办法，它使系统不致因信息超载而陷入困境"。[②] 美国弗吉尼亚理工学院外国语言文学系主任朱迪恩（Judith L. Shrum）和美国印第安纳大学西班牙语和外语教育特聘教授艾琳（Eileen W. Glisan，2004）认为：语境化有两层含义——其狭义指"根据语篇上下文来学习和理解语言的意义"；其广义指"创设富有意义的课堂教学环境，也包括将外语教学置于整个社会发展需求的大环境之中"。语境化教学的特点在于"注重语言在使用中的意义、注重真实的语言交际情景、交互式的学习活动以及通过语言学习来吸收其他学科的新知识"。[③]

汉语作为第二语言教学的语境因素主要有三个方面：（1）课堂教学环

---

① 爱德华·霍尔（Edward T. Hall），何道宽译（2010）《超越文化》，北京大学出版社，第 85 页。

② 爱德华·霍尔（Edward T. Hall），何道宽译（2010）《超越文化》，北京大学出版社，2010 年第 76、13、88、82 页。

③ ［美］J. L. Shrum and E. W. Glisan（2004）*Teacher's Handbook: Contextualized Language Instruction.*（《教师手册：外语教学语境化》），外语教学与研究出版社，第 F8 页。

境，包括物理环境以及由教师和不同文化背景的学生所共同构成的文化心理环境；（2）跨文化交际双方在交流过程中所依托的具体情境或文本的上下文，包括事件发生的时间与空间；（3）汉语作为目的语所赖以产生的社会文化环境。

在跨文化教学中，由于多种语境同时存在，无论教师还是学生都需要在特定语境下对输入和输出的信息进行编码和解读，而语境化则是“对纷繁多样的信息进行编码与解读的动态过程”。在跨文化教学中重视语境的作用，将语境化作为一种教学原则，有助于增强教师的跨文化意识，不断改进教学方法，切实提高教学质量，也有利于加深汉语学习者对中国和世界文化的多元性、共同性和差异性的深层理解，促进彼此之间的互动交流。

二、汉语的语境特征与跨文化教学目标

汉语是一种高语境语言，这一特征植根于中国历史文化传统。中国文化是一种以农耕文化为主体的伦理型文化，在人际关系中既重视地位、身份、等级，讲求尊卑上下、长幼有序，又重视因血缘、亲缘和地缘关系而产生的亲情、友情、乡情。中国人特别重视维护人际关系，由此产生一系列特有的风俗礼仪。由于汉语和中国文化的语境异常丰富复杂，因而汉语表达具有灵活性与多样性特点，对于汉语学习者来说这一点很难理解和把握。为此，教师不仅需要了解汉语和中国文化的语境，而且要了解学习者由于缺乏对语境的了解而产生的困惑，在教学中将语境化作为一项原则，因材施教。

20 世纪 80 年代以来，随着第二语言教学界对语言和文化关系的深入探讨，越来越多的语言教师和研究者认同第二语言文化教学的主要目标是培养跨文化能力（Intercultural Competence，简称 IC）。“跨文化能力是一种比跨文化交际能力范围更广、要求更高的能力”，包括文化意识、知识、态度、技能等不同维面，其中文化意识和态度是跨文化能力的核心内容。跨文化能力在本质上更接近于一种社会—文化能力，其形成是一个动态的

过程。[①] 陈申（2001）将20世纪语言文化教学模式归纳为以下三种，即地域文化学习兼并模式、模拟交际实践融合模式、多元文化互动综合模式，简称兼并、融合、综合模式，[②] 而“目前影响最大，最值得借鉴的是Kramsch的‘多元文化互动理论’和文化教学模式”。[③] 这一模式强调在目的语文化和学生母语文化之间以及不同民族文化之间的双向乃至多向互动关系。在文化教学过程中，教师要有明确的跨文化意识、包容的文化态度、丰富的跨文化知识和娴熟的教学技能，才能保证跨文化教学目标的实现。

总之，汉语作为第二语言中的文化教学在本质上是一种实践活动，是多元文化背景下的互动和交流，不同国别和文化背景的学生同堂上课构成“多元文化语境”。[④] 将语境化作为文化教学的一项原则，是接近乃至实现跨文化教学总体目标的有效途径。

三、语境化在跨文化教学中的运用

将语境化作为教学原则运用于汉语作为第二语言文化教学需要注重四个方面：注重意义学习；注重情景/情境学习；注重交互式学习；注重延伸学习。本文主要探讨跨文化教学中的交互式学习。

交互式学习的理论基础来源于互动社会语言学，强调多元文化互动式教学以及不同文化之间的对比，[⑤] 其奠基人是约翰·甘柏兹（John Gumperz）。出于对语言、文化、社会、历史的整体关系以及对当代社会交际问题的关注，约翰·甘柏兹的研究方向一贯注重“语言行为作为交际行为在社会生活中的功能，以及包含言语内容的互动行为的整体意义”。[⑥] 甘柏兹提出“语境化线索”，认为意义是互动过程的产物，不能把它们像单词一样脱离语境单独讨论。缺乏对语境化信息的理解就可能引起误会。“这种交际中

① 参见祖晓梅（2003）跨文化能力与文化教学的新目标，《世界汉语教学》第4期。
② 陈申（2001）《语言文化教学策略研究》，北京语言文化大学出版社，第21—101页。
③ 亓华（2007）汉语国际推广与文化观念的转型，《北京师范大学学报》第4期。
④ 亓华（2007）汉语国际推广与文化观念的转型，《北京师范大学学报》第4期。
⑤ 参见亓华（2007）汉语国际推广与文化观念的转型，《北京师范大学学报》第4期。
⑥ 徐大明（2002）约翰·甘柏兹的学术思想，《语言教学研究》第4期。

的误会通常被认为是一种失言，听话人有可能据此错误地判断说话人的意图。这种现象很难被认作是单纯的语言偏误。”① 在文化融合教学模式中，师生之间、学生之间的互动交际是教学成功与否的关键。②

以民俗课教学为例。民俗是一个国家和民族在历史和社会发展进程中为满足群体生活的需要所创造和传承的生活文化。民俗与普通人的日常生活密切相关，反映了老百姓的思想情感。汉语作为第二语言学习者不仅要了解中国历史、哲学、作家文学、庙堂艺术等大C文化，而且要了解中国社会风俗、民间礼仪等小C文化。只有这样，才能做到真正掌握汉语，得体地进行跨文化交流。在课堂教学中，对于教师来说“最大量、最频繁、最具实质性的挑战，往往表现在语言形式与文化内涵在施教过程之中如何结合的问题上。”③ 在文化教学中，教师需要根据学生的文化背景和学习需求选择合适的文本并恰当运用语境化原则，才能保证语言文化教学目标的实现。

例如，民间传说故事作为代代相传的口头叙事文学作品是自带语境的语言学习材料，一些优秀的民间传说故事无论在情节内容还是语言形式上都经过了千锤百炼，至今在百姓生活中广为流传。将民间传说故事引入汉语作为第二语言文化教学，有助于实现“语言文化贯通式教学”。④

根据语境化原则，文化教学所选取的文本应具有经典性/传承性、常识性与规范性，能体现民族文化和地域文化的基本特色。与语境化原则相关的课堂教学原则是互动性与实践性。在跨文化教学中，互动性主要指文化教学与多元文化对比相结合；实践性则强调文化感知与文化体验。对于第二语言学习者来说，对目的语文化的真正理解和把握主要来源于实践。在跨文化教学中，教师应创设丰富的语境，尽可能提高语言输入质量，以帮助学习者加深对目的语文化的认知与理解。另一方面，也要引导学习者

① 约翰·甘柏兹，徐大明、高海洋译（2001）《会话策略》，社会科学文献出版社，第172页。

② 陈申（2011）《语言文化教学策略研究》，北京语言文化大学出版社，第128页。

③ 姬建国（2001）汉语国际教育的跨文化实质及其理论实践意义，《汉语国际传播研究》第1期。

④ 亓华（2007）曾对“语言文化贯通式教学”的作用与方法进行过讨论。参见亓华（2007）汉语国际推广与文化观念的转型，《北京师范大学学报（社会科学版）》第4期。

自觉提升实践意识，积极参与以目的语为媒介的文化实践活动，将实践纳入第二语言文化学习和习得的全过程。

总之，语境化原则有助于教师转变教学观念，拓宽教学思路，丰富教学内容，改进教学方法；也有助于化解文化教学中的难题，从历史、地域与多元文化层面加深学习者对中国文化和世界文化的认知。此外，通过个案教学或情境化教学，有助于将抽象的文化观念转化为对具体人物、作品或事件的分析，引导学生管中窥豹，培养自主学习能力、问题意识和文化反思能力。

结语

当今政治多极化、经济全球化及多元文化背景下的汉语国际教育学科创立与发展对跨文化教学提出迫切性和高要求，将“语境化”作为一种教学原则运用于文化教学具有重要意义。跨文化教学的目标是使学习者通过对汉语、中国文化以及世界文化的学习，减少文化误读，以尊重、平等、包容的心态对待人类丰富多样的文化。而语境化作为一种教学原则有助于学习者不仅知其然，而且知其所以然；不仅了解文化的表层，而且认知文化的肌理。对教师而言，语境化原则有助于加深对自我文化与他者文化的认知与反思，提升“跨文化教学意识”和“跨文化施教能力”，从而达到跨文化传播的目的。在文化教学中贯穿语境化原则还有助于提高文化教材编写质量，使平面、单一的教材变为立体多样的教材形式，更好地满足海内外汉语学习者的文化需求。